中国残留日本人

「棄民」の経過と、帰国後の苦難

朝日新聞記者
大久保 真紀
Okubo Maki

高文研

もくじ

Ⅱ　「強行帰国」で国を動かした12人の残留婦人

III 政府の強制退去命令とたたかった井上さん家族の「きずな」

はじめに

中国残留日本人の存在を知って二〇年以上になる。

当時、私はまだ大学生だった。身元がわからない中国残留孤児たちが来日し、肉親捜しをしているという新聞やテレビの報道が、連日大々的に行われていた。無知な私はまだ、この残留日本人がどうして生まれたのか、などという歴史を知らず、ただ、人民服を着て、中国語しか話せず、いかにも中国人という人たちが涙ながらに「私は日本人」と訴える姿に、「この人たちはだれ?」という単純な疑問を感じたに過ぎなかった。

だが、なぜか彼らの姿は、私の心を捉えた。彼らの心の内を知りたいと思い、「新聞記者になったら、いつか残留日本人たちのことを取材したい」と漠然と考えていた。

一九八七年に念願の新聞記者になり、その後、機会を見つけて取材を続けているうちに、すでに一九年が経ってしまった。

日々生起するさまざまな出来事を取材し、報道しなくてはならない新聞社で、ひとつのテーマにこだわり、追い続けるということはなかなか難しいことでもある。さまざまなことを追いかけなくてはならず、時期によってはどうしても取材の濃淡が出てきてしまう。しかし、他の担当をしながらでも、休みを削ってでも、時には細々としかできなくても、私は残留日本人たちの取材を続けてきた。

それは取材をすればするほど、残留日本人に会えば会うほど、歴史に翻弄された彼らの人生と、その過酷な人生を懸命に生き抜いてきた彼らの姿に魅せられたからだった。決定的になったのは、入社四年目の一九九〇年、戦後四五年にあたるこの年に、当時在籍していた静岡支局から中国に出張に行き、「残留婦人」と呼ばれる女性たちに出会ったことだった。敗戦当時一三歳以上で、「国から自分の意思で残った」とされた人たちだ。

戦後の日本、それも高度経済成長期に生まれ育った私には想像ができないほどの貧しさの中で、残留婦人たちは暮らしていた。敗戦時一二歳以下で、自分の身元がわからない残留孤児よりも年齢が高い残留婦人たちは、ほとんどが流ちょうな日本語を話す。その彼女たちが、実は日本に帰りたくても帰ることができないでいたことを知った。突然訪れた新聞記者である私に、「日本語が話せて、今日はうれしかった」と笑顔を見せ、別れ際に「何にもないけど」とありったけの飴やみかんを私のジャケットのポケットに押し込んでくれた。ちょうどそのころの私の年齢で、彼女たちは、敗戦国の民として、中国の大地に残され、生きるために、家族を助けるために、貧しい中国人の嫁となったのだ。自分がその立場にあったらと考えると、胸が張り裂けそうになった。

残留婦人たちは、かつての日本人女性としての慎ましさを持ち続け、控えめでやさしい。当初は、苦難の道を歩いてきてどうしてそんなにやさしくなれるのかと思ったこともあったが、多くの方々とお会いし、どれだけの涙を流してきたかわからないほど悲しい、つらい思いをしてきたからこそ、逆に人としてやさしいのだと感じている。

本書では、一九年の取材の中で出会った人たちの中から何人かを選んで、三つの章に分けて執筆させていただいた。

池田澄江《すみえ》さんは、私が静岡支局から東京本社の社会部に転勤になったその年に出会った方だ。私が最も早く出会った残留孤児のひとりである。彼女は、当時すでに法律事務所に勤めていて、ほかの孤児たちのために懸命に働いていた。私は、その姿に心を打たれた。まさしく池田さん自身がさまざまな苦難を乗り越えてきたからこそ、ほかの孤児の気持ちが痛いほどよくわかり、放っておけないのだ。池田さんは、孤児の中ではさまざまな意味で先駆的な存在であり、いまは全国に広がる国家賠償請求集団訴訟のリーダーのひとりでもある。

二番目に登場する一二人の残留婦人たちは、私の記者人生を変えたとも言える人たちだ。彼女たちは一九九三年に「日本で死にたい」と何の頼りもないまま日本に「強行帰国」した。それまで、私は少しずつ残留日本人の記事を書いてはいたが、社会的な関心も薄くなり、新聞社の中でも決して記事の扱いは大きくなかった。ところが、一二人の「強行帰国」は社会の注目を集める事件となり、一気に残留日本人問題への関心が社会的にも新聞社的にも高まった。それまでは細々と取材してきたが、この事件をきっかけに取材の場も、紙面での発表の場も広まった。しかも、彼女たちから、そして彼女たちの取材から教えてもらったことが本当に多かった。私は彼女たちによって記者として鍛えられ、生かされたと思っている。こうした個人的な思いは別にしても、控えめなやさしい一二人が命がけで行動した「強行帰国」は、いつかまとめて書きたいと思い続けてきたものだ。

第三章は、二〇〇二年、福岡に赴任しているときに出会った井上鶴嗣《つるじ》さん一家。鶴嗣さんの中国人の妻の連れ子が日本政府から強制退去処分を受け、それに立ち向かった家族たちを追った。井上さん一家の姿からは、家族とは何なのか、ということを改めて考えさせられた。いまの日本の社会が忘れかけている家族の風景がそこにはあった。

三つの話に共通するのは、いずれも、恋いこがれる祖国・日本に帰国し、家族とともに暮らすという夢を実現するために、いくつもの困難を、周囲の人たちの協力を得ながら実現させたということだ。だが、一方で、日本人である彼らが、なぜ、これほどまでの苦労をしなければ自分の国・日本で暮らすことができないのだろうか、という疑問が消えなかった。そこに私たちが暮らす日本という国の本質が見える。

この本は、国という大きな「壁」に闘いを挑んだ人たちの記録でもある。

中国東北（旧満州）地方全図

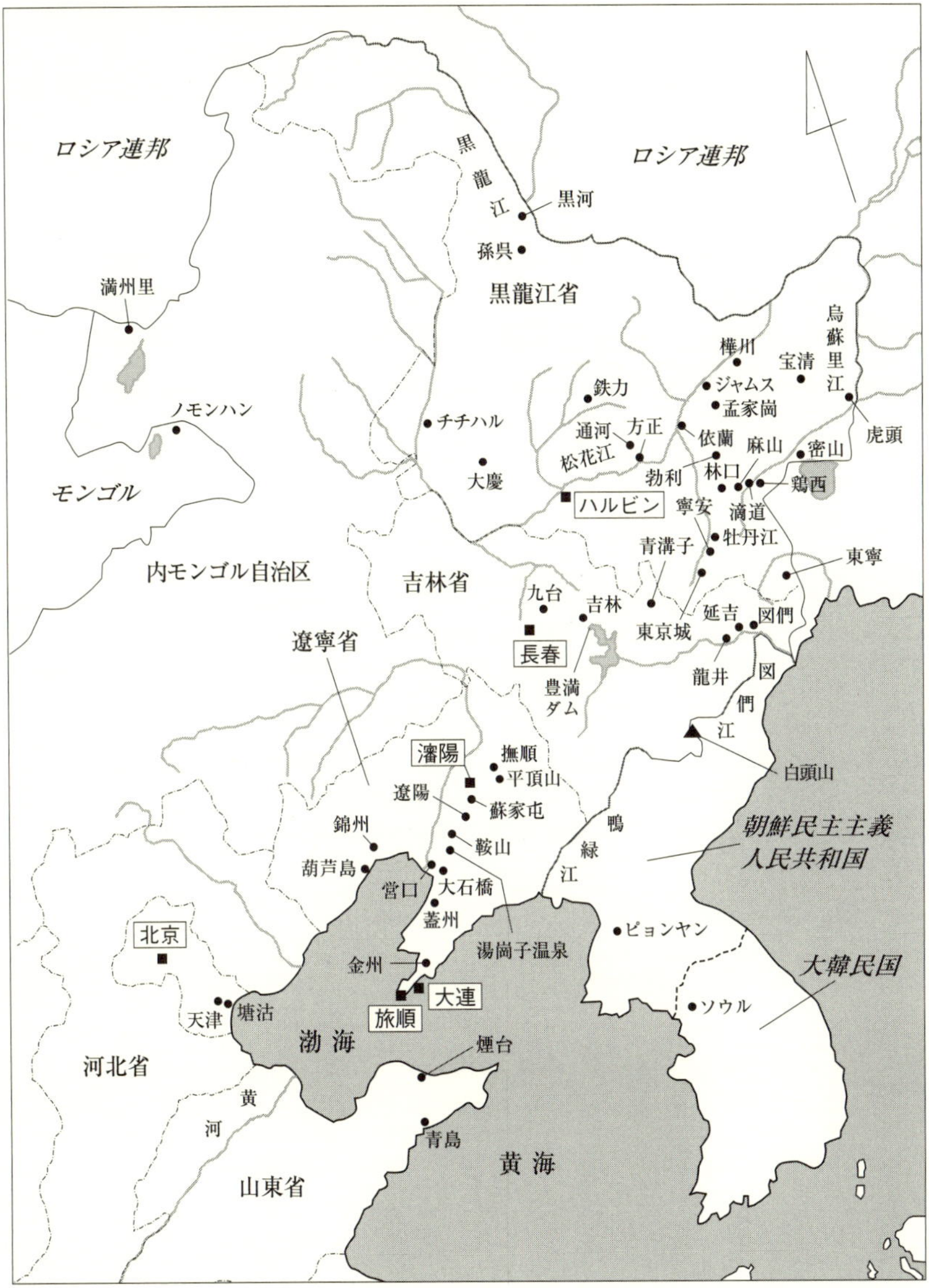

装丁＝商業デザインセンター・松田礼一

I 「原告番号1番」池田澄江さんのたどった60年

2002年12月20日、中国残留日本人孤児の国家賠償請求訴訟の東京第一次訴訟の提訴前のデモ行進。約800人が東京・永田町周辺をシュプレヒコールをあげながら歩いた

「日本政府は本当に冷たい」

いつもは柔和で、やさしい池田澄江《すみえ》さんの目がにらみつけるような光を帯びた。

二〇〇五年一二月二二日。東京地方裁判所一階にある一〇三号法廷で、この日、池田さんは原告証人尋問に立っていた。日本に帰国した中国残留日本人孤児の八割を超える約二一〇〇人が、国は孤児の早期帰国支援と帰国後の生活支援を怠ったとして賠償請求を求めている訴訟での弁論だ。全国一五の地裁で訴えている中国残留孤児集団訴訟は、二〇〇二年一二月二〇日に提訴した東京訴訟を皮切りに全国に広がった。池田さんは、関東地方に住む一〇〇〇人を超える原告を抱える東京訴訟の原告団代表であり、原告番号一番の原告である。

この日、青いスーツに身を包んだ池田さんは午後三時すぎから陳述を行っていた。弁護人の質問に答えて進められていたやりとりの終盤、体の向きを四五度ほど右に動かした。そして、被告席に並ぶ十数人の国側代理人たちに視線を向けた。

私は池田さんとは一五年以上のつきあいになるが、これほど厳しい視線と険しい表情を見たのは初めてだ。にらみつけるような視線のまま、池田さんは日本語で話を続けた。

「許せないことは、私たちは捨てられて残留孤児になりました。国は自分の責任を認めない。謝罪も何も言いません」

日本語を完璧にあやつることはできないが、孤児の中では数少ない日本語の使い手だ。少しうわずったような声で力を込めた。

国側代理人たちは、検事や各省庁の職員が務めているが、三〇代から四〇代とみられる国のエリートたちは、みな池田さんとは視線を合わさず、下を向いていた。彼らは何を感じ、何を考えているのだろうか。ふとそんな思いが心によぎった。そんなことを考えていると、弁護人が続けた。

「最後に、裁判官に言いたいことがあれば、どうぞ」

その声に促されるように、池田さんは証人席から立ち上がり、正面に並ぶ三人の裁判官を見据えた。約一〇〇人の傍聴席が埋まる法廷は静まり返っている。

「裁判官の先生、私たちは日本語ができない、一番弱い国民です。（大阪地裁の判決では）戦争（の被害）はみな同じ、我慢しなきゃいけないといいます。でも、私たちは自分の意思で中国に残ったのではありません。中国では、侵略者の子と言われ、戦争の責任を背負ってきました。孤児は親に会いたいし、祖国に帰りたいのです。しかし、日本政府は探そう、日本に連れてこようとしてくれませんでした。私たち、帰ってきても、悲しい、苦しい、みじめな毎日です。日本政府は本当に冷たい。残りの命は長くありません。普通の日本人のように暮らしたいです。裏切る判決は出さないでください。人生を変えるような判決を出して、私たちが日本に帰ってきてよかったと思えるようにしてください」

池田さんは深々と頭を下げた。

その瞬間、静まり返っていた傍聴席から、一斉に拍手が起こった。本来、傍聴席からの拍手は許されるものではないが、裁判長がそれを制止することはなかった。

池田澄江さん、六一歳。いまや全国の原告団連絡会の代表も務め、孤児たちを引っ張る、象徴的な存在である。しかし、強力なリーダーシップを発揮するタイプではない。みなに頼られ、みなに推され、結果的にみなを引っ張る存在になっている。だが、これだけの大所帯をまとめるには気苦労もある。準備も膨大だ。日本語ができる池田さんは、弁護団と、ほとんどが日本語のできない原告団との間に入ることも多い。かかる負担は並大抵ではない。提訴直後に倒れ、最近は心臓の調子が芳しくない。家族は池田さんの体調を気遣うが、それでも池田さんの置かれた使命にも理解を示す。家族に支えられて、孤児の先頭に立つ池田さんの姿をみながら、彼女の生い立ちとその後の巡り合わせを振り返ると、それは運命づけられていたことなのかもしれないとも感じる。

世界一尊敬している養母のこと

私が池田さんに最初に出会ったのは一九九一年だ。そのとき、池田さんは「今村明子」という名前だった。池田さんは中国では「徐明」、そしてその後、「吉川明子」になり、「今村明子」となっていた。「池田澄江」は池田さんにとっては四番目の名前だ。実父母が生まれたときにつけてくれた、その「池田澄江」という名前にたどりついたのは一九九六年。池田さんが生まれてから五一年の歳月が流れた後だった。

池田さんは、中国黒竜江省牡丹江市で、養父徐本志、養母劉秀芬の一人娘「徐明」として、暮らしていた。養父は綿や布を売る店を経営し、養母は専業主婦。池田さんは養父母の愛に包まれて大事に育てられていた。養父母が自分の本当の父母であることを信じて疑わなかった。生活も豊かだった。

養母は心優しい人だった。自分の名前も書けない、読み書きのできない人だったが、心は清らかで、池田さんがいまでも世界一尊敬している人だ。小さいころ、悪いことをしてもののしることはなく、池田さんが理解するまで丁寧に語りかけてくれた。
四、五歳のころ、池田さんより一つ下の男の子が家に来た。そのまま家で食事をして何日も泊まっていった。正月が来た。いつもの年は、ごちそうもお菓子も全部、池田さんのものだったのに、その年は、その男の子がいるから、分け合わなくてはいけない。
「あなたがいるから、私の分が減っちゃうじゃない」

養母の目を盗んで、池田さんは男の子をいじめた。その声を聞きつけた養母が台所から飛んできた。養母は池田さんの肩をつかんで、言った。

「さあ、ここに立って」

目を見つめながら、腰をかがめて続けた。

「どうして、この子がこの家に来たと思う？　この子のお母さんは亡くなったの。お父さんが病院のコックの仕事をしているけど、子どものめんどうをみることができないから、だから一時期この家に来たのよ」

黙っている池田さんに、養母はさらに真剣に語りかける。

「お母さんのいない子よ。かわいそうでしょ。あなたはお父さん、お母さんがいるじゃない。あなたがこの子を邪魔者扱いすれば、あなたはこの子にとって悪者になってしまうのよ。あなたはお姉さんでしょ。自分のものをあげなさい」

素直に非を認められない池田さんに、養母は何度も繰り返し話した。

「本当にわかった？　あなたはどんな人になりたいの？」

手を挙げることもなく、切々と語りかけてくる養母の言葉は池田さんの心にしみていった。池田さんは絶対に人をいじめちゃいけない、と子ども心に誓った。

そんな養母は、池田さんが小さいころは、どこに行くにも必ず池田さんの手を引いていた。五歳のころだった。ある日、養母が一人で外に遊びに行っていいと許可を出してくれた。それまで自由に遊び回ることができなかった池田さんはうれしくて、小鳥のように、外に飛び出していった。

「私も入れて」

池田さんが近所の子どもたちの遊びの輪の中に加わると、突然、周りが静まりかえった。すると、「小日本鬼子《リーベンクイズ》。入るな。じゃまするな」とある子どもが言った。池田さんは何を言われているのかわからず、「入れてよ、入れてよ」とせがんだ。

「もし、みんなと遊びたいのなら、犬のように四つんばいになって俺たちの股の下をくぐれよ。そしたら、仲間に入れてやる」

池田さんはそのとき、上から下まで白のきれいな服を着ていた。洋服が汚れるのが気になったが、みんなと遊びたい気持ちは抑えられなかった。言われるままに、四つんばいになって、子どもたちの股の下をくぐった。

遊び終わって家に戻ると、養母が汚れた服を見て、理由を聞いた。

池田さんは一部始終を話し、「みんなが遊んでくれないの」と答えた。そして、「なぜ、私のことを小日本鬼子と呼ぶの？」と聞いた。養母は「そんなのはみんなでたらめだよ。今度そう言われたら、『じゃあ、あなたは朝鮮人』と言い返しなさい」と言った。

池田さんは深く考えなかった。

近所の子どもたちとはその後も遊んだが、彼らとぶつかったり、池田さんが何か間違ったりすると、「小日本鬼子」「小日本鬼子」とはやしたてられた。養母に教えられたとおり、「あなたは朝鮮人」と言うと殴られ、鼻血が出た。

鼻血を出して帰宅した池田さんを、養母は「私が悪いことを言ったねえ。もうそんなこと言っちゃダメだからねえ」と慰めてくれた。

それからは、池田さんは「小日本鬼子」と言われると、「あなたも小日本鬼子」と言い返した。いまから思えば、近所の子どもたちは、池田さんが日本人であることをみんな知っていたのだ。だが、池田さんは自分が日本人とは、考えてもいなかった。

小学校に入学しても、周囲の子どもたちのからかいは変わらなかった。だが、池田さんはみんなが自分にやきもちを焼いて「小日本」と言っているのだと思っていた。というのも、生活はよく、入学式のときは当時としてはとても綺麗な服を着て、髪の毛までちゃんと結んでもらっていた。しかも、池田さんは勉強ができて、学校の先生にとても気に入られ、先生はどこに行くにも池田さんを連れて歩いていた。だから、友だちはみんな嫉妬して自分をいじめているのだと思い込んでいた。

あるとき、先生が病院に行くのに、池田さんをいつものように連れて行った。薬の受け取り窓口で、先生の名前が呼ばれた。先生と一緒に歩み寄った。

「この子は先生の子ですか?」

池田さんを見て窓口の人が質問した。

「いえ、違うのよ。日本人の子ですよ」

先生のその答えを聞いて、池田さんは「えーっ、どういうこと?」と一瞬動揺した。そして、「先生も私のこと『日本』と言うんだ」と不愉快に感じた。だが、小学校一年生になったばかりの池田さんはそれ以上、深く考えなかった。

ただ、「日本」という言葉が、心の奥底に残った。

小学校二年生のとき、先生に連れられて、みんなで映画鑑賞に行った。池田さんは映画館の真ん中のあたりに座った。映画は「地道戦」という題で、地下道を利用して中国軍が日本軍と闘う抗日戦映画だった。画面に映し出された日本軍人たちは鉄かぶとをかぶり、腰に刀を下げ、馬に乗っていた。中国人の家に火をつけ、中国人を次から次へと殺していった。

すると、突然、周囲の子どもたちが叫び出し、池田さんを指さしながら、池田さんの方に向かってきた。

「打倒日本、打倒小日本」

池田さんの上にはあちこちから唾が飛び交った。池田さんはただ泣きながら、いすの下に潜り込んだ。映画が終わるまでずっと、いすの下で泣き続けていた。

映画が終わった後、点呼した先生が池田さんの姿がないことに気がついた。池田さんの席の近くまで来た先生は、いすの下で泣いていた池田さんを引っ張り出してくれた。そして、子どもたちに向かって、「いじめはいけない」としかった。

その後、同級生たちは池田さんに向かって、「小日本鬼子」と言わなくなった。

しかし、このときの体験は、池田さんの心に深い傷を残した。「なぜ、こんなに悲しい、悔しい思いをするのだろうか。私は本当に日本人なのだろうか」。同時に、先生への尊敬の念も芽生えた。「先生は偉いなあ。弱い人の見方だ。私も大きくなったら、先生になりたい」。池田さんはそう思った。

養父母に預けられた経緯

一九五三年、池田さんが小学校二年生のとき、日本でいえば警察にあたる公安局の人が家にやってきた。公安局の人の姿を見て、養母は池田さんに外で遊んでくるように指示した。公安局の人が家に来ることはあまりいいことではないと思った池田さんは、心配した。何か悪いことでもあるのだろうか。一度外に出かけた池田さんだったが、足をとめ、ドア越しに、養母と公安局の人との話を立ち聞きした。

「あの子は日本人の子でしょ。今年、残留日本人を日本に帰らせる計画がある。あの子を日本に帰らせるべきだ」

「いいえ、あの子は日本人ではありません。私が産んだ子です」

「そんなことを言っても、調べはついている。あの子は李さんと王さんが日本人の女性から引き受け、その後、あなたがもらったのでしょう。間違いなく日本人の子でしょ」

「違う、違う。あの子は私の子です」

必死に言い返す養母に対して、公安局の人は続けた。

「あなたの気持ちはよくわかるが、あなたが子どもの産めない体だということはみんな知っている。証人もいる」

緊張して聞いていた池田さんは「やっぱり、私は日本人だったんだ」と思った。だが、「日本人って何？　どんな人？」と頭の中が混乱した。

するると、家の中では養母が「あの子はまだ子どもです。一人で帰らせるのはかわいそうだ。ここまで育ててきたのだから、絶対に手放さない」と言って、泣き出した。

池田さんは養母を守らなくてはと家の中に飛び込んでいった。

「お母さんをいじめないで」

公安局の人に向かって言い放った。池田さんは養母の胸に飛び込んだ。養母も池田さんを抱きしめてくれた。

二人で抱き合って泣いていると、公安局の人は去って行った。

「お母さん、私は日本人なの？　なぜ、みんなが私を日本人というの？」

池田さんはしばらくして養母に聞いた。涙をふいた養母はやさしく答えた。

「大きくなってから話そうと思っていたのだけれど、あなたは本当は日本人の子どもです」

「私の父母は今どこにいるの？　私はどうやってお母さんの家に来たの？　映画で見た日本人は悪い人だった。私も悪い人なの？」

池田さんは矢継ぎ早に質問した。

養母は「あなたは軍人ではないでしょ。子どもでしょ。それに、あなたの父母はとてもいい人だったと聞いていますよ」と話してくれた。さらに、養母は続けた。

「私が昔住んでいたところには日本人もいましたよ。日本人の女性は、会えば必ず挨拶をしてくれる、礼儀正しい、やさしい人たちでしたよ。みそ汁の作り方を教えてくれた人もいましたよ。そのみそ汁もとてもおいしかったよ。それに男の人もまじめでしたよ。牡丹江市にあった醤油工場に勤めていた日本人の男性とつきあいがあったが、彼らは責任感が強くて、うそをつかない。とても信頼できましたよ。日本人の女性は世界で一番評判がいいのですよ。あなたのお母さんもとても上品な人だったと李さんと王さんが私に教えてくれましたよ」

養母のその言葉に、池田さんの気持ちは少し落ち着いた。もっと聞きたくて、「お母さん、もっと詳しく教えて」と懇願する池田さんに、養母は池田さんが預けられた経緯を次のように話してくれた。

「牡丹江市にはただひとつきれいで大きな河があった。昔の伝説では、この河の真ん中にきれいな牡丹の花が咲いていて、天のお姫さまがそこで、泳いだり、遊んだりしていた。それで、この小都市は『牡丹江市』と名付けられたんだよ。しかし、あなたが生まれて何カ月後かに、日本は戦争に負けた。ソ連軍が牡丹江市に入ってきて、たくさんの日本人が殺されたのだよ。

一九四五年八月一五日から、ソ連軍がこの河に日本人を集め、集団で殺した。この牡丹江の水が日本人の血の河になった。みんなの楽しい遊び場所だった牡丹江市公園は、日本人のお墓になったんだよ。道を歩く日本人はソ連軍に見つかったらすぐに殺されてしまう。特に日本人の子どもであることがわかったら、足をもって逆さにされ、刀で股からふたつに切られてしまう。日本人はだれでもいつ死が訪れるかわからなかったのだよ。そんな危ない情勢の中を、一人の女性が二人の女の子の手を引き、背中に何カ月かの赤ちゃんを背負って歩いていたそうだよ。それが、あなたのお母さんだったんだよ」

「この子を助けてください。助けてください」

その女性は、道であった中国人に涙をこぼして、助けを求めていた。だが、そんなに簡単に引き受けてくれる人はいない。

「このままではこの子は死んでしまいます。どうぞ育ててやってください」

通りかかった一人の中国人の男性がかわいそうに思って、近寄り、こう言った。

「私は四人の子どもがいて生活に困っている。助けてあげたいけど、とても無理だ」

この男の人が李さんだった。ちょうどそのとき、一人の女性が通りかかった。李さんは女性にこう言った。

「王さん、あなたがこの子をもらったらどうですか?」

王さんは「私は子どもはほしいけれど、この弱々しい赤ちゃんを育てるのは大変でしょう。私は子どもを育てた経験もないし、死なせたら気味が悪い」と言った。そして、日本の女性が連れていた五、六歳の子どもを指さして、「この子ならほしい」と言った。指をさされた女の子は、必死で母親のふところにしがみついた。母親はそうした子どもの様子を見て、「この子はあげられない」と断った。

とうとう李さんは「この母子を助けよう」と、女性の背中にいた赤ん坊を引き取った。その後、その赤ん坊は王さんの紹介で、養母に引き取られた。

その赤ん坊が池田さんだったのだ。

「そのとき、あなたのお父さん（養父のこと）は商売をしていたので、家にあまりいなかった。それで、私が一人であなたのめんどうをみたの。でも、あなたは赤ちゃんなので乳を飲ませないとお腹をすかせて泣いてばかりいたの。私はあなたを抱いて、あちこち歩き回り、赤ちゃんのいる人の家を訪ねては、『乳を飲ませてください。お金を払うので飲ませてください』と頼んだ。ミルクを買うことはとても難しかったので、私はたくさんの人に頼んで、やっとの思いで乳を手に入れたの。それに、あなたは体が弱く、年中病院に行ったり来たりしていたのね。だから、五歳ぐらいまではあなたを一人で自由に遊びに行かせなかったのよ」

養母の話を聞いて、池田さんは養母が実の母ではないことがわかったが、養母に対する思いは少しも変わらなかった。実父母がどんな人だったか知りたいと思う一方で、養母を慕い、愛する気持ちはもっと強くなった。

それ以降、池田さんは周りの人間に、「日本人ってどんな人？」と質問をぶつけた。自分がどんな人から生まれたのか、知りたかったのだ。

隣の任さんというおじさん、おばさんのところに遊びに行って聞くと、任おじさんは「軍人は知らないけど、日本人は悪い人じゃないよ」と話してくれた。養母に自分を渡してくれた王さんにも聞いた。王さんは若いときに日本人とつきあいがあったという。その王さんも「日本の女性はとてもいい人たちですよ」と話してくれた。みんなが日本人のことをすごくほめた。養母は「あなたも日本人の女性のようになってほしいわ」とさえ言った。

池田さんが「私のお父さん、お母さんはどんな人？」と質問をぶつけると、養母は「私は直接は知らないの。仲介した王さんが知っているけど、それは今は聞いちゃだめよ」とやさしくたしなめた。養母は余計なことを知ると災いがくると思っていたのだ。「何も知らない方が幸せだよ」という養母の言葉はその後、現実になる。

だが、養母はその一方で、池田さんが嘘をつくようなことがあると、「日本人は嘘をつかないわ」といっては池田さんをしかった。

貧乏のどん底へ

ちょうど、そのころ、養父は商売に行き詰まり、店が倒産した。借金を抱えて逃げ回り、家にはほとんど帰ってこなくなった。豊かだった生活は、いっぺんに貧乏になった。広い家から突然狭い家に引っ越し、家財道具もほとんどなくなった。毎日、知らない人が家にやってきては、養母を責めているような感じだった。何かあったんだなと子ども心に池田さんはわかったが、養母に聞くことはできなかった。

養母は纏足《てんそく》をしていて、力が必要な仕事はできない。このときは、小さな手押し車を押して、ア

池田さん（12歳）と養父・徐本志さん、養母・劉秀芬さん。このころは「徐明」という名だった（写真提供・池田澄江）

イスクリームを売って歩いて、何とか暮らしていた。

ある晩、池田さんが目を覚ますと、養母が池田さんの近くに座っていた。養母の目は真っ赤で、じっと池田さんを見つめていた。

「お母さん。どうしたの。目が赤いよ」

池田さんがそう声をかけると、養母は「びっくりさせて、ごめんね。何でもないわ。早く寝なさい」と答えた。やさしい笑顔を池田さんに向け、頭をなでてくれた。池田さんはまた眠りについた。次の日も、池田さんが目を覚ますと、同じように養母が座っていた。

「どうしたの？」

「何でもない。あなたがかわいくて、じっと見ていたんだよ」

養母はそうやさしく笑った。

池田さんは何となく不安に感じていた。ある晩、怖い夢を見て目が覚めた。あたりを見渡すと、そばに寝ているはずの養母がいない。時計を見ると、夜中の二時半を過ぎていた。台所で音がしたように感じた。ベッドから下りて、そっとドアを開けると、養母が台所に座っていた。

養母の横にはいすが二脚重ねられていた。しかも、養母は手に縄跳びのようなひもを握っていた。池田さんは気が動転して、わーっと泣き出した。

「お母さん、死んじゃだめ。私はもっといい子になるから。私にできることは何でもやるから。お母さん、死なないで」

養母も泣き出した。池田さんは養母の胸に飛び込み、泣いた。すると、養母は、「もう心配しないでいいよ。よく考えたからね。今、家の暮らしがとても苦しくて、生活していけない。でも、あなたを置いていくことはとてもできない」と言った。

その養母の言葉に、池田さんは、ほっとしたのを覚えている。

翌朝、養母はこう言った。

「心配させたね。ごめんなさい。私が考えたことは間違っていた。いくら困っても、死ぬことを考えるのは間違いだったよ。人間は強くならないと何もできない。あなたのお母さんは日本人が一番危なく、つらいときに、あなたの命を救うために、ねばりにねばって中国人に助けを求めたのだったわね。これから、私たちも強く生きていきましょう」

それから養母は朝早く仕事に出かけ、夜遅くまで戻らなくなった。

池田さんも午前二時すぎに起きて、石炭拾いに出かけた。そのころ、池田さんたちは牡丹江市の繊維市場の中に住んでいた。市場は塀で囲まれていて、出入り口は八カ所の大きな門だった。門は昼間しか開いていないため、夜中にはその塀を乗り越えなくてはいけない。池田さんは塀を乗り越え、水が流れる溝を歩いて、町に出た。食堂を目指すためだ。

町の食堂は夜の一一時頃まで店を開いている。後かたづけが終わり、午前二時ごろになると、使っていた石炭が外に捨てられる。池田さんは、その石炭を拾ってきて、それを朝、ご飯の煮炊きに使った。

冬は氷点下三〇度。寒さで、顔や耳、足や手は凍傷になった。一方で、石炭は真っ赤に燃えている。それを手でつかむため、手は凍傷とやけどを負った。でも、そうでもしないと食べていけなかった。

貧しい家でも何とか年に一回肉を食べることができる正月も、池田さんの家にはお金がなくて、肉を買うことができなかった。そのため肉入りのギョーザを作ることができなかった。隣のおじさんが同情して、二キロの肉を買って、池田さんの家に届けてくれた。

養母はそれを外に持って行き、売ってきた。

「お母さん、なぜ食べないの?」

「食べたら、何にもないからね」

肉を売った金でなんとか正月を迎えたのだった。

正月には近所の女の子たちが新しい服を作ってもらったり、かわいいリボンを買ってもらったりしていた。家が豊かだったときは、池田さんも新しい服を買ってもらった。今は貧乏で新しい服を買ってもらえるような余裕がない池田さんには周りの子がうらやましくて仕方なかった。そんな様子を見ていた養母は、鍵をかけて箱の中に大切に保管していた服を取り出してきた。養母が結婚するときに着た衣装だった。養母はそれを池田さんの体に合うように仕立て直し、池田さんに着せてくれた。その服は、どんな上等な服よりも、池田さんの心を温めてくれた。

つのる祖国への想い

養母の愛にはぐくまれながらも、池田さんは「日本」への興味を捨て去ることはできなかった。小学校四年生になると、地理の科目が増えた。先生が地球儀を持ってきた。池田さんは、周りの友だちにわからないように、地球儀をなでながら日本はどこにあるのかと探した。日本は中国の敵国だった国。誰かに聞くことはできなかった。自分が日本人であることはわかっていても、それを口に出したら危ないということも知っていた。ドキドキしながら、くるくると地球儀を回すと、日本が中国大陸の右側にあるのがわかった。小さな島国だった。

先生から地球儀の上は北、下は南と聞いて、日本は東にあることもわかった。

「東は太陽が昇る方向。いいところにあるな」

それだけでうれしかった。

小学校五年生のころ、養父が病気になって家に戻ってきた。そのころから、池田さんは小学校の寄宿舎に入寮した。土・日は必ず家に戻った。しばらくすると養父の病気もよくなり、養父は左官の仕事をするようになり、生活は安定していった。おかげで、池田さんは中学に進むことができた。

一三歳のころ、公安局の人がまた、自宅にやってきた。一九五八年だった。その公安局の人は養母にその場をはずすように求め、池田さんに言った。

「あなたは日本人の子だ。日本に帰りなさい。日本に帰らずに中国にいるのなら、中国の国籍がないと外国人として扱われる。一八歳になったら、公安局に行って、中国籍を申請するように」

「どうやって日本に帰るの?」

自分が日本人であることは自覚していたが、実父母がだれなのかもわからない。池田さんにはどうやって日本に帰ればいいのか、自分がだれなのか、わからなかった。養母への思いもある。池田さんは公安局の人に向かって、「私のお母さんはこの人です」と養母を指し、「ここが私の家です」と答えていた。

だが、日本はどんなところなのか。自分の名前はなんというのだろうか。どこで生まれたのだろうか。お父さんはどんな人か、お母さんはどんな顔をしているのか。きょうだいは何人いるのだろうか。自分のことを知っている人はいないのだろうか。こんな思いが次々と浮かび、真実を知りたくてたまらなくなった。窓から東の空を見上げては、「自分の身元が早くわかりますように」とお祈りをするようになった。

中学三年生、一五歳のときだった。ある日、同級生がそばにやってきた。

「あなたに会いたいという人がいるの。会ってくれる?」

「だれ?」

「会ったらわかるから」

よくわからないまま、指定された近所の人の家に出向くと、一人の男性が来ていた。二〇歳ぐらいの青年だった。

「私に何か用があるのですか?」と池田さんが尋ねると、この青年は「あなたが徐明さんですか? あなたは日本人でしょう」と逆に質問された。

男性と話したこともなかった池田さんはどぎまぎして「何?」と聞き返すのが精一杯。すると、青年は「私も日本人です。私たちは日本人同士で団結して、もしできたら一緒に日本に帰りましょう。わたしたちは祖国を愛しているでしょう」と続けた。

池田さんは最初は怖くて仕方なかった。

だが、しばらくして、「この人はすごいパワーをもっている人だなあ。本当の日本人なんだ」と思った。もし、中国政府に日本人であることがわかったら、反革命、日本のスパイとみられ、牢に入れられる可能性もある。しかし、自分が日本人だと言い切り、日本を愛していると宣言したこの男性は、勇気がある人だ。話をするうちに、彼を見る目が尊敬のまなざしに変わった。

池田さんはこの青年に会ってから、いつか機会があれば、絶対に日本に帰ることができるような気がするようになった。そのため、一八歳になっても、中国籍を取ることはしなかった。自分の意思で中国籍を取ってしまうと、日本人として日本に帰れなくなるのではないかと思ったのだった。しかし、中国籍を取らなかったことで、公安局は池田さんに不満を抱いたらしい。その後、公安局に用事があっても、すぐには聞いてくれなかったし、あら探しをされ、学校を卒業して仕事につくときも、また、働き始めてからも、中国人にならなかったことは池田さんの生活に暗い影を落とすことになった。

恐怖の文革時代

池田さんは中学を卒業後、師範学校に進んだ。かつていじめられる池田さんをかばってくれた先生の姿が、強烈な印象を与えていた。弱い人の味方になってくれた先生を目指して、勉強した。三年間、成績はほとんど一番だった。

だが、仕事につくときに、日本人であることが大きく影響した。当時の中国では、卒業するときに国から仕事を与えられていた。ふつうは、学校での成績、家庭の事情と本人の住んでいる所が考慮されて、職場が決められ、派遣されていた。池田さんは成績がよく、一人娘、家は牡丹江市にあった。自分では、牡丹江市内の職場に配置されるものだとばかり思っていた。

結果は正反対だった。学校で発表されたとき、友人たちもみなびっくりしていた。池田さんの職場は、山の奥の、条件が最も悪い所だった。黒竜江省大海林林業局西南岔小学校だった。池田さんは不服だった。先生に質問した。

「どうして私をそんなところに行かせるのですか」

「これは上司からの指示です。仕方ありません」

先生の答えは素っ気なかった。理由が日本人であることは明らかだった。

大海林林業局は牡丹江市から列車で四時間かかった。しかも、列車は一日に一本しかなかった。小学校のある西南岔は、林業局のあるところからさらに石炭を運ぶトロッコのようなもので七時間もかかる奥地にあった。そのトロッコは一週間に一度しか動かない。電気もない、何もないところだった。村人も一〇〇人程度。夜は軽油ランプでの生活だった。軽油ランプは煤《すす》がたくさん出る。朝、目覚めると、鼻の中が真っ黒になっていた。天井も当然真っ黒だった。今からは想像もできない生活だった。池田さんはこの地で、のちに夫となる李景福さんと出会う。李さんは林業局で電気関係の仕事についていた。

西南岔小学校の生徒は十数人しかいなかった。それでも、池田さんは一生懸命教師の仕事をした。一年半働いた後、短大にあたる師範専門学校に通い始めたが、途中で文化大革命が始まった。池田さんは自分が日本人だとわかっていたため、とにかくおとなしく暮らすことを心がけた。組織には入らない。見ざる、聞かざる、言わざる、をモットーに生活した。

二年ほどして、大海林の小学校に転勤した。ここでも懸命に働いた。池田さんは林業局に雇われた教師だったが、その林業局には学校が二六校、教職員は一〇〇〇人以上いた。池田さんはその中で数人しか選ばれない優秀教師になった。池田さんの写った大きな写真が、林業局本部の総会所前にかけられたこともあった。ほかの先生や保護者、仕事仲間からはうらやましがられた。しかし、給料は、常にほかの教師より少なかった。

人には負けられないと懸命に働いたが、なかなかうまくいかない。当時は、中国共産党に入党することが、出世につながった。池田さんは入党の申請書を提出した。しかし、校長先生からこう言われた。

「あなたはどこの国の人間かわからない。入党は無理です」

文革の嵐は激しくなっていく。池田さんもいつかどこかに連れて行かれるのではないかと、びくびくしていた。いつも恐怖と隣り合わせだった。

「でも、小学校の先生だったことがよかったみたい。あんまり外の人とのつきあいがない。自分のクラスだけだから。私は教えるときは真剣に向き合ったから」

生徒がわからないときは、ランプを下げて家まで出向いて教えた。わかるまで丁寧に教えた。国語と数学を教えていたが、池田さんのクラスは平均点が一番高かった。

それでも、夜になるのは怖かった。同じ宿舎に六人の先生がいて共同生活をしていたが、みながそれぞれにいろいろな政治的な派に属していて、池田さんも誘われた。池田さんはどこの集会も行かず、「私は行かない」と断り続けた。おとなしく暮らすことが唯一の生き延びる道だった。

一九六九年に、李景福さんと結婚したときも、結婚のお祝いは、全部毛沢東語録だった。大事に扱わないと、反革命として刑務所行きだ。もらった毛沢東の本は積み上げると胸のあたりまでになった。多すぎて段ボールに入れてしまったが、粗末に扱っていると言われるのではないかと気が気ではなかった。

夫の李さんは池田さんと同じ年。結婚するときは池田さんが日本人であることを知っていた。「妻と結婚して、少しでも妻の立場がよくなるようにと思って、私は兵役に入った」と李さんは話す。李さんが兵隊に入ると、妻の池田さんも軍属扱いになり、待遇はそれまでよりはよくなったのだという。

李さんは「戦争は政府が起こしたことで、庶民には関係ない。だから、中国人は日本の子どもを一生懸命育てた。戦争は悪いことだが、子どもには罪はない。妻はその子どもだったわけだから」と、最初から池田さんの立場を理解していた。ふたりは心を通わせ、その後、一女二男をもうけた。

池田さんはいま振り返る。「日本人だったから、いろいろな差別やいやな待遇を受けたけれど、思い出すととてもつらくなるので、思い出したくないのです」。政治運動が続く中国で、かつての敵国・日本の子どもたちが生活していくには、陽に陰に精神的な抑圧があった。

肉親の情報を求めて

一九七二年、日本の総理大臣・田中角栄が訪中し、日本と中国の間の国交が回復する。山の中の村で生活していた池田さんがこのニュースを知るのは、だいぶ後になってからだったが、池田さんはそれを万感の思いで聞いた。うれしさの余り、夜眠ることもできなかった。天井を見上げて、父母が見つかるだろうかと考えた。

朝、太陽が昇る東の方向を向いて、「お父さん、お母さんが（向こうに）いるんだ」と思い、夜、星空を見上げて、「いつ帰ることができるのだろう」と涙した。

以前は、養母の「知らない方が幸せだ」という言葉の通り、知らない方がいい、知っているとよくないかも、と自分に言い聞かせていた肉親についての情報をどうしても知りたいと思い出した。

まずは養母に池田さんを引き渡したという王さんを訪ねた。王さんは、日本人女性から子どもを預かった李さんの家に連れて行ってくれたが、すでに李さんはどこかに引っ越していなかった。あきらめきれずに、公安局に行き、李さんが遠く離れた山東省に転居したことを知った。住所を聞き出し、何度も手紙を書いた。が、李さんからは返事がなかった。

王さんによると、日本人の女性は二人の女の子の手を引いて、池田さんをおんぶしていたという。ただ王さんは池田さんを見て、「あなたはその女性と似ている」と言った。その女性が本当の母かどうかわからないが、きっと母だろう、と池田さんは思った。養母は「父親は軍人だったはず」と教えてくれた。それと、養母と王さんによると、養父母は池田さんを引き受けるとき、李さんにお金を渡したという。「私は買われた」と思うと、少し悲しかった。

ちょうどそのころ、牡丹江市の公安局の人が、池田さんの大海林の勤め先にやってきた。日本人を登録するという。池田さんは夫と相談して、「日本人」として登録した。

一方で、池田さんは自分の手で肉親捜しをするしかないと思い始めていた。しかし、何を頼りにすればいいのか。どうすればいいのか、見当がつかなかった。中学生のときに、訪ねてきた日本人の青年を訪ねてみることにした。

あのときに仲介した友人を見つけ出し、その青年の家に連れていってもらった。すると、その青年は日本に帰ったらしいことがわかった。それで、彼の養父母のもとに向かった。しかし、何度訪ねても、養父母は会ってくれない。お菓子や果物、訪問のたびにいろいろなものを抱えていくと、養母がやっと出てきてくれた。

養母は泣き出した。「頭のいい子で、愛していた。成績は一番だったが、大学に入れずにがっかりして、日本に帰ってしまった。文革のときは息子に尾行がついた」などと涙ながらに語った。城戸さんというこの青年は一九七〇年に日本に帰国していた。池田さんはがっかりしたが、「どうやって日本に帰ったのか」と聞くと、残留婦人が日本に一時帰国したときに城戸さんの親族を捜してくれて、帰国できたということだった。

池田さんはその残留婦人を紹介してほしいと懇願した。城戸さんの養母は、高橋さんという残留婦人を紹介してくれた。

池田さんは高橋さんのもとに飛んで行った。「肉親捜しを手伝ってほしい」と頭を下げた。

しかし、高橋さんはなかなか首を縦に振らなかった。というのも、高橋さんは三〇代で敗戦を迎え、中国に残された人だった。中国人に命を助けられ、その人との間に二人の子どもを産んだが、中国語はほとんどできない。文革のときには、日本のスパイとして刑務所に八カ月間収容された。冷たいコンクリートの上での生活で、動けなくなって家に戻ってきたというのだ。

「とても怖くて協力できない。人がいるときはあなたとは話せない」

高橋さんはしぶった。池田さんは何度も高橋さんのところを訪ね、「だれもいないときに、私に話してもらえないだろうか」と泣きついた。

この高橋さんが、池田さんの生涯の友になる残留孤児、千野桂子さんを紹介してくれた。千野桂子さんも「家を探したい。日本に帰りたい」と訴えた。池田さんは、仲間ができたことがうれしかった。このころから、千野さんと一緒に肉親捜しを進めるようになった。

「日本人がいる」と聞くと、池田さんは、まだ小さかった子どもを背負って訪ねて行った。だが、まだ自分が日本人であることを公にするのは怖かった。日本人同士、こっそりと会って、話をした。その中で、何人かは肉親が見つかった、日本に帰ったという話も伝わってきた。面識のない人でも、そんなニュースを耳にすると、池田さんはうれしかった。そして、どうやって捜したのか、だれに手伝ってもらって肉親捜しをしたのか、と聞いて歩いた。

幼いときに肉親と離別し、中国で育った残留孤児はみな日本語ができない。当時の様子も記憶にない。残留孤児らの肉親捜しを手伝ったのは、彼らより年齢の高い、残留婦人といわれる女性たちだった。残留婦人たちは、孤児から当時の様子を聞き、知っていそうな人を紹介し、あるいは日本に手紙を代筆してくれたのだった。

池田さんは、ほかの残留婦人も紹介してもらい、自分で集めた情報を伝えて、肉親捜しに協力してほしいと頼んで歩いた。

ただ、こうした残留婦人ら日本人を訪ね歩くのも、仕事が休みの日に、子どもを背負って一〇〇キロ以上の道のりを出てこなくてはならなかった。しかも、池田さん家族が住んでいた大海林の村には、テレビもなく、電話もない。情報が伝わってくるのが非常に遅かった。牡丹江市内なら、友人たちも多く、彼らから情報がもたらされることもある。池田さんは牡丹江市周辺の仕事を探すことにした。

日本に帰るため、手続きのため、肉親捜しのための転職だが、その理由は公にはできない。どんな仕事でもいいから、牡丹江市で働けないかと、職を探した。一年ほどして、牡丹江市郊外で林業局の専門学校の仕事につくことができた。牡丹江市内からはバスで一時間のところだったが、大海林よりはずっと近い。池田さんは養父母の家の近くに転勤した。

大海林林業局で電気工事の仕事をしていた夫の李さんとは別居になった。次男を夫のもとへ残し、長女と長男を牡丹江市に連れていった。子どもは養父母がみることが多かった。

牡丹江市に移ってからも、日本人を訪ね歩いたが、身元につながる手がかりは得られなかった。手紙も数え切れないほど書いた。日本に帰った城戸さんに手紙を送り、残留婦人から助言を受けて、北京にある日本大使館へも、肉親捜しを求める手紙を出した。

しばらくして大使館からは連絡があった。親の名前や親戚、住所を書き入れる書類を送ってきた。しかし、池田さんには、自分の親や親戚はわからない。何も書けない。仕方なく、知っていることだけを書き入れて、というか、ほとんど何も書けないまま送り返した。その後、何年かして「肉親捜しは待ってください」という返事が来たことを記憶している。

周囲の目をあまり気にせずに肉親捜しを本格化できたのは、文革が完全に終わった一九七八年以降だった。それまでは、人を訪ねるにも、聞いて歩くのにも、周囲を気遣い、目立たないように行動していた。池田さんはもっと肉親捜しができるようにと、牡丹江市内の職場を探した。牡丹江市郊外の職場では、市内へのバスが一日に二度しかないため、自由に動けない。念願がかない、しばらくして市内で食糧局の事務の仕事につくことができた。

「私の心は日本に届く」

一九八〇年七月二二日。食糧局の仕事でお金を持って銀行に行っていた。銀行で、自分の名前が呼ばれているのに気がついた。

「早く勤め先に戻ってください」

その銀行の責任者をしていた小学校のときの同級生にお金を預けて、慌てて勤め先に戻った。

午後五時ごろ、勤め先に戻ると、上司から言われた。

「公安局から電話があった。午後七時に北山ホテルに行くようにとのことだ。日本人が来ていてあなたに会いたいそうだ」

「えっ、何ですか」

池田さんは突然のことで息が止まりそうになった。よくわからず、聞き返した。上司は「洋服を着替えてから行きなさい。中国人のメンツをつぶさないように」と付け加えた。

当時の池田さんは洋服は二、三着しかもっていなかった。同じズボンとシャツとジャケットを十数年着続けていた。慌てて家に戻って、あんまり着ていなかった服に着替え、そわそわしながらホテルに向かった。日本人はどんな人たちだろうか。胸がどきどきした。

ホテルにつくと、警察官が何人かいた。中に入ると、廊下に私服姿の公安局の人がいた。池田さんはちょっと怖いなと思いながら、どこに行けばいいのかと、あたりを見回していた。するると、廊下の向こう側から、二、三人の男性が歩いてきた。何を話しているかはわからなかった。

「あれー、これは日本人かな？　見たことない感じの人たちだな。映画で見た日本人と違うなあ」

中国の映画で描かれていた日本人は背が低く、ヘルメットをかぶり、ひげを生やしていた。そして、みな怖そうだった。

その年配の男性たちは池田さんの横を通りながら、「ニーハオ」とあいさつして、会釈した。

「この人たちが日本人？」

池田さんは心が温かくなるのを感じた。初めて会った日本人は、やさしそうだった。親に会ったように思えて、涙がこぼれてきた。「日本人は礼儀正しかったよ」という養母の言葉が頭によみがえった。

池田さんが涙ぐんで、廊下に立っていると、私服の公安局の職員が声をかけてきた。

「なぜ、ここにいるのか？　あなたは誰か」

事情を話すと、部屋に連れて行ってくれた。部屋に入ると、孤児が七人と訪中団の日本人が何人かいた。その中の日本人の男性が「ニーハオ、你是日本人孤児嗎？」と慣れない中国語で話しかけてきた。「こんにちは、あなたは日本人孤児ですか？」という意味だった。

池田さんは「はい、私は日本人孤児です。あなたは中国語ができるのですか」と答えるのが精一杯で、後から後から涙がこぼれた。この男性が、のちに池田さんの人生に大きく関係してくる菅原幸助さんだった。八〇歳を越えたいまも原告団の相談役として活躍、孤児たちの力強い支援者である菅原さんは、当時、朝日新聞の記者だった。訪中団に同行して取材に来ていたのだった。

菅原さんの顔をながめ、ほかの日本人の顔を見ても、自分たちと変わらない。言葉はわからないけれど、みなやさしくあたたかい感じの人たちだ。決して、「日本鬼」ではなかった。

しかし、池田さんは、このホテルのすぐ近くに住んでいる同じ残留孤児の千野桂子さんが会場に呼ばれていないことに気がついた。菅原さんに「同じ孤児の友人がすぐそばに住んでいるが、会ってもらえるか」と尋ねると、菅原さんは「いいよ」と答えた。

池田さんは千野さんを呼んでこようと、部屋を出た。外にいた公安局の職員に「あなたはなぜ、すぐに出てきたのか」と詰問された。事情を話したが、「勝手な行動をとってはいけない。日本人がいいといってもダメだ」と厳しく言われた。

怖くなって、すぐに部屋に戻った。が、部屋の中では、孤児たちと訪中団の人たちがあちこちで大きな声で話し合っていた。池田さんは少し気後れしていた。すると、菅原さんが「あなたは徐明さんですか?」と声をかけてくれた。「はい、私は徐明です。親を捜したいです。お願いします」と中国語で答えた。

日本人に会えたことがうれしくて仕方なかった。だが、一方で、言葉が通じず、悔しさがつのる。池田さんはあまり話せないまま、その会合は終わった。

自宅に戻っても池田さんは眠ることができず、菅原さんへの手紙を書くことにした。というのも、訪中団は明日には牡丹江市を離れると聞いていたからだ。便せんに三枚ほど、自分の知っていること、預けられたときの状況などを書いた。

翌朝、池田さんは牡丹江駅に向かった。だが、ホームには大勢の人が見送りに来ていた。ごった返していて、菅原さんの姿がなかなか見つからない。列車に近づこうとしても、人が多くてなかなか身動きがとれなかった。

列車が動き出す。そのとき、車窓に菅原さんの姿を見つけた。

池田さんは走り寄って、わずかに開いた窓から手紙を差し入れた。菅原さんがそれを受け取ってくれた。

「私の心は日本に届く」

池田さんはそう思った。涙が次から次へと流れ落ち、列車が走り去った後も、なかなか止まらなかった。

「せっかく会えた日本人だった。行かないで、という気持ちだった。また会えるかどうかもわからないから、私も連れていってほしいという思いだった」

池田さんは当時を振り返りながら、また涙をぬぐった。

菅原さんが手にした手紙にはこうあった。

敬愛するお兄さん。兄さんと呼ぶことをお許しください。昨夜、私は肉親に巡り会えた幸福感にひたっています。お兄さんは、日本語を知らない人は日本人になれない、といいました。私は発奮して、今日から日本語を勉強します。こんどお会いするときは、きっと日本語で話せるように。

訪中団が発ってから、池田さんは日本から手紙が来ないかと毎日毎日、届く郵便物を心待ちにしていた。郵便局員に毎日、「私に手紙は来てませんか」と尋ねた。

九月のある日、郵便局員が声をかけてきた。

「あなたへの手紙が来ましたよ。日本からですよ」

池田さんはその手紙を受け取った。が、手にするだけで、全身が震えた。

その手紙は北海道に住む吉川さんという男性からの手紙だった。日本語で書いてあった。何回見ても、何が書いてあるかわからなかった。池田さんは千野さんの家の近くに住む日本語のできる男性のところに手紙を持っていった。

この男性によると、手紙の内容は、「日本の新聞であなたが日本人の子どもであると書いてあった。私の娘も牡丹江に残された。いま捜している。あなたの生年月日や残されたときの状況を教えてほしい」というものだった。

池田さんはその日のうちに、返事を書いて、送り返した。

中国で使っていた生年月日、一九四五年五月一四日を記すと、吉川さんからは私の娘も一九四五年五月五日生まれだと返事をしてきた。吉川さんの娘の名前は「吉川明子」。池田さんの中国名「徐明」と「明」が共通だった。また、吉川さんも元軍人で、養母から聞いていた「あなたの実父は軍人」ということとも一致した。

その後、写真の交換もした。池田さんの写真を見て、吉川さんは「とても似ている。血液型を調べてください」と言ってきた。池田さんが病院に行って血液型を調べるとAB型だった。その結果を知らせると、それも合致するということだった。

そのほか、池田さんの子どもの写真を送ると、「長女がおじさんに似ている」と返事が来た。手紙を一〇回近くやりとりし、吉川さんから「間違いない。あなたは私の娘だ」という手紙が送られてきた。

池田さんはその手紙を受け取り、天にも昇るような気持ちだった。「やっとお父さんに会えた」。そう思うと、会いたくて会いたくて仕方なくなった。興奮して夜も眠れなかった。

布団の中で、天井に向かって「親が見つかった。見つかった。日本に帰ることができる」とぶつぶつとうわごとのように繰り返していた。その姿を見た夫の李さんが、池田さんの頭がおかしくなったのではないかと本気で心配したほどだった。

池田さんの肉親が見つかったことをお祝いして、家族五人で初めて外食をした。池田さんも夫の李さんも給料は高くなく、外食などそれまではしたことはなかったのだった。

池田さんは、吉川さんに会いたい気持ちを抑えきれなかった。吉川さんも「会いたい」と言ってくれた。一九八一年三月には厚生省が第一回の肉親捜しのための孤児の訪日調査を予定していた。池田さんは自分も訪日調査に参加できないかと打診したが、厚生省からは「訪日調査の日程にはあなたは間に合わない」との返事だった。池田さんは中国側の公安局にも相談した。とにかく早く会いたかった。

吉川さんが一〇万円の旅費を送ってきてくれた。池田さんも自宅にあったミシン、自転車、時計、鍋、お金になるものは全部売って、旅費を工面した。

当時、飛行機代は一人約四万円。四万円といえば、一年間の給料に相当する額だった。

必要なのは旅費だけではない。日本のお父さんに会うのだ。親族もいるだろう。お土産もたくさん持って行かなくてはと、借金もした。池田さんと夫の給料ではとても買えない墨絵、掛け軸、メノウのネックレスや指輪を買い込んだ。

日本へは池田さんと子ども三人が行くことになった。半年のビザを取得、三カ月から半年ほど滞在できればと考えていた。

夫の李さんは北京まで送ってきてくれた。

「子どもとはしばらく会えないので、さびしかったから、北京まで送っていった。でも、妻に親が見つかったのは本当に喜ばしいことで、会いたいと思うのは人間としては当然だと思う。私だって自分の父母を大切に思っていたから」と李さんは振り返る。

仕事が休みの日には、どうすれば肉親捜しができるのか、子どもをおんぶして情報を聞いて歩いていた池田さんの姿を思い浮かべ、李さんは快く池田さんと子どもたちを日本に送り出した。

空港に向かうタクシーの中で、池田さんは何気なく後ろを振り返った。タクシーの後部窓から大きな字の広告が見えた。

「車到山前必有路」

「ぶつかってもぶつかっても前に進む」という意味だという。実は長女の幸子さんも同じ字を目にしている。だが、ほかの家族は気づかなかった。

池田さんは思った。なんで、こんな言葉が見えるのだろう。どうみても広告には思えなかった。いま思うと、「私の人生を象徴していたのだろうか」と感じる。いまは三〇代半ばになった幸子さんも、「あれは変な体験だった。母と私だけが、あの字を見ているんですよね。何を意味していたのだか」という。

その言葉通り、池田さんはその後も、さまざまな困難に立ち向かうことになる。

祖国の土を踏む

一九八一年七月二四日。池田さんと、一一歳の長女、九歳の長男、六歳になったばかりの次男の四人を乗せた飛行機は、北京空港を飛びたった。

うれしさ、楽しさ、期待、不安、緊張。さまざまな思いが交錯した。

機内サービスでコーヒーを注文した長男と次男は一口、その黒い液体を口に含むと、ふたりとも顔をしかめた。その横で、長女が「知らないものを注文するからよ。私のソーダは甘いわよ。飲んでいいわよ」と言って、二人の弟にコップを渡していた。

池田さんはふざけあっている子どもたちの様子をみながら、まだ見ぬ父・吉川さんのことを考え、胸が高鳴るのを感じた。

午後四時ごろ、飛行機は羽田空港に到着した。飛行機が高度を下げていくと、緑や赤の屋根が並ぶ町並みが眼前に迫ってきた。「これが日本か。きれいだなあ」と、見る物すべてに感動した。

空港に降り立つと、小雨が降っていた。

飛行機から下りて、池田さんはびっくりした。

「えっ……」

何に驚いたかというと、周りの人がみな自分にはわからない言葉を話していたことだった。もちろん、話されているのは日本語だ。

「日本では中国語が通じないんだ」

池田さんは日本では中国語をみなできると思っていた。「本当に無知だったんです」と池田さんはいま苦笑する。

しかし当時は、言葉が通じないことに気がつき、動転した。預けていたスーツケースを取ったものの、「どこに行けばいいのか。どうしよう」と気ばかりが焦った。空港に迎えが来ていることさえ想像しなかった。無理もないかもしれない。池田さんにとっては初めての飛行機だったのだ。

頭がぼーっとして、混乱したが、さすがにここは母親、三人の子どもたちを見て、「しっかりしなきゃ」と自分に言い聞かせた。周りをきょろきょろ見まわして、同じ飛行機に乗ってきた中国人家族を見つけた。吉川さんの住所を見せると、「ここは東京だよ。この住所は北海道だ」と言われた。日本の地理はわからなかった。

「私たちはどうすればいいの？」

困り果てていると、この中国人が大田区にあった自分の親族の家に連れて行ってくれた。小さな家だったが、畳があり、台所があった。家には電話もあったし、トイレもあった。それを見て、池田さんは驚き、感心した。個人の家に電話があることは中国では考えられなかったし、トイレも家の外にあるものだったからだ。

東京にだれも知り合いがいないのかと尋ねられた池田さんは、最初に中国でお世話になった残留婦人、高橋さんのことを思い出した。高橋さんは数年前に日本に永住帰国し、息子が中国大使館でアルバイトをしていると聞いていた。

翌朝、中国大使館に電話すると、「昨日辞めました」。途方にくれるしかなかった。家財道具を売り払って何とか持ってきた所持金は四万円だけ。世話になるその家に一万円を差し出した。

昼ごろ、その高橋さんの孫が来てくれた。「どうしたの？　大丈夫？」と心配してかけつけてくれた。昨日知り合ったばかりのその家ではパンなど朝食も出してくれたが、池田さんと子ども三人が家にいてはじゃまになると、池田さんは三人を連れ出して、散歩に出かけた。

四人で歩いていると、交番があった。中を見ると、年老いた男性が警察官と話していた。「あれっ」。その男性は、写真で見た吉川さんだった。

「お父さん！」。池田さんは声を上げた。吉川さんは、交番から出てきて、池田さんを抱きしめた。実は吉川さんは空港に迎えに来ていたが、池田さんとうまく出会えなかった。どこに消えてしまったのかと空港で問い合わせ、同じ飛行機に乗り合わせた中国人のところに行ったのではないかと見当をつけて来たらしかった。

池田さんが散歩に出なかったら、出会うことがもっと遅くなっていたかもしれない。あるいは、会えなかったかもしれない。池田さんには神様が引き合わせてくれたとしか思えなかった。

池田さんはお父さんに出会えた喜びと、これでお父さんの家に行けるという安心感で、吉川さんの胸の中で泣いた。吉川さんも目を赤くした。池田さんは、高橋さんの孫に連れられて、吉川さんと子どもたちと、高橋さんの息子の家に行った。高橋さんの息子の嫁が、その後、池田さんが名字までもらうことになる今村末子さんだった。

今村さんの家で、食事をごちそうになった。そのときに、今村さんが果物を出してくれた。その中にバナナがあった。当時、中国の東北地方ではバナナは貴重品。池田さんの長男と次男は、食べたことがないバナナに飛びついた。皮をむくことも知らずに、黄色い皮の上からかぶりついた。その姿をみんなで笑った。

中国ではトイレは外にあるのが普通だった。池田さんは、今村さんの家の中にあるトイレにはどうしても行けなかった。台所のすぐ近くにあるため、音が聞こえるのではないかと思うと恥ずかしくて、用をたすことができなかった。我慢した。外に行って、駅の中の公衆トイレに入ると、トイレットペーパーが備え付けてあった。「便利だな」とまた感動した。中国と日本との生活レベルの差に驚き、日本の何もかもがよく見えた。

その日、池田さんは吉川さんに連れられ、北海道に向かった。今村さんの家から電車に乗り、それから船で札幌に行くという。そこでも、思わぬことが起きた。駅のホームで、長女の幸子さんだけが電車に乗り込み、電車がそのまま発車してしまったのだ。池田さんはどうしていいかわからなかった。中国では電車が一日、二日は戻ってこないのが普通だった。どうすれば長女と行き会えるだろうか。池田さんが困り果てていると、高橋さんの孫が、次の電車に飛び乗り、次の駅のホームで泣いていた幸子さんを見つけてくれた。

何とか船に乗り込み、北海道を目指した。吉川さんとは言葉は通じなかったが、手振り、身振りと筆談で何とか心を通わせた。子どもたちはおじいちゃんと一晩の船旅を楽しんでいた。うれしそうな子どもたちの顔、吉川さんの笑顔。池田さんも心が温かくなるのを感じた。

「あー、やっとお父さんに巡り会えた」

そう思うと、本当に幸せだった。

吉川さんの家には、翌日の午後に着いた。大きな一軒家で、庭には花が咲いていた。吉川さんは妻とふたり暮らしだった。最初、よくわからなかったが、吉川さんが戦後日本に引き揚げてきてから再婚した女性だという。だが、とても優しい人で、池田さんにいろいろ教えてくれた。

その日の夜、近所の子どもたちが大勢、家に来た。外から声がする。

「中国人の子ども。遊ぼう、遊ぼう」

彼らにしてみると、初めて見る外国人の子どもらしく、珍しくて押しかけてきたのだ。池田さんがどうしようかと迷っていると、義母が「今日は疲れてるから眠って。明日遊びましょう」と言ってくれた。

翌朝、午前九時にはまた、子どもたちが「遊ぼう」とやってきた。池田さんは長男と次男を遊びに行かせた。二人は日本の子どもらと近くの公園でなにやら遊んで、二時間くらい後に帰ってきた。

六歳になったばかりの次男が何か言った。

「お母さん、おなかすいた」

日本語だった。池田さんには意味がわからない。

「えっ、何?」

そう中国語で聞き返すと、九歳の長男が通訳してくれた。次男が一番最初に発した日本語は「おなかがすいた」だった。子どもは言葉の吸収が早い。しかし、同時に、中国語を忘れていく。次男はいまでは中国語はほとんどわからなくなっている。日本に帰国した残留孤児の家族たちは、子どもが幼い年齢で日本に来ると、日本語がなかなか習得できない親とコミュニケーションを取ることが難しくなってしまうという現実と向き合わなくてはならない。三六歳になっていた池田さんには日本語の習得はそう簡単ではなかった。見よう見まねで、義母の手伝いをするしかなかった。

当時、吉川さんはボイラー管理の仕事をしていた。義母がするように、午前四時に起きて、父の弁当を作り、父の朝食用に野菜ジュースを作った。仕事に行く吉川さんを見送ってから、義母は朝寝をした。池田さんはその間に、そうじ、洗濯をした。昼間は義母と一緒に買い物に行き、夜は父の帰りを待って、ふたりで夕食を作った。

義母は池田さんが来たことで、ずいぶん楽になったと喜んでくれた。

九月からは子どもたちは学校に通い出した。長女は小学校五年、長男は小学校四年に編入した。先生とあやとりをしたり、友だちと遊んだり、言葉はそれほど通じなくても子どもたちは楽しそうだった。末っ子の次男は、毎日近くのラーメン屋の子どもと遊んでいた。

長女の幸子さんはいま三五歳。当時、どんな思いで母親について日本に来たのだろうか。

日本に来た時は一一歳だった。中国では小学校五年生だった。「外国に行ける」。ただ、そんな思いで母についてきたという。当時の中国では、外国に行くということはごく限られた人にしか許されないことで、しかも、中国東北部に暮らす幸子さんの周囲では考えられないことだった。

「『外国』という言葉は響きがよかった。何も考えなくて、ただただ胸がわくわくしていた。外国に行けるなんて、ラッキーだなあって。中国での生活は悪い方ではなかったが、アリスの国に迷い込むような感じで日本に来たかな」

池田さんが中国で懸命に肉親捜しを続けている中、訪中団で知り合った菅原さんからクレヨンや長いスクールソックスが送られてきた。幸子さんにとっては、クレヨンなんて見たこともなければ、使ったこともないものだった。スクールソックスも見たことがなく、ずっとはかずに大切にしまいこんでいた。日本に来て、エスカレーターを見て「あっ、動く階段だ」と驚いたのをいまでも忘れられない。エレベーター、エスカレーター、自動改札機、なんでも珍しかった。

せっかく外国に行くのだからと、北京では服を全部新調した。だが、いま思うと、上下同じ柄の服だったから、「日本ではパジャマみたいに見えたんじゃないかな」と笑う。

北海道に行ってから、フリルのついたスカートをもらった。幸子さんはひらひらしたスカートがうれしくて、さっそく、はいた。だが、なぜか、下着のパンツが透けて見えた。どうしてかな、と思いながらも、うれしくて、着ていた。「でもね、いま思うと、あれは下着のスリップだったのかもしれない。そんなもの私は外にはいて出たのかな」と幸子さんは顔を赤らめた。

これほど、中国と日本での生活は文化的にも、物質的にも異なり、北海道での生活は戸惑いの連続だった。

おじいちゃんの家は、ガラス張りの広い家だった。おじいちゃんは「鼻が大きいから、おまえは私の孫だな」とかわいがってくれた。母親の池田さんはいつも何かを書いていて、子ども心に大変そうだなと思っていた。

あるとき、池田さんが大事にしまっていた小さな箱をあけると、中に見たこともないきれいな緑色の石があった。池田さんがもってきたおみやげのメノウだった。幸子さんはほしくなって、箱から取り出して、自分のものにした。しばらくして池田さんがメノウがないのに気づき、こっぴどく怒られた。

北海道では、小学校五年生に編入したが、先生はやさしく、友だちもたくさんできた。言葉はあまりわからなかったが、毎日楽しかった。

そのころが、池田さん親子にとっては一番幸せな時期だったかもしれない。

池田さんは中国に一人残っていた夫の李さんにも、「日本はいいところだ」と手紙を書いた。その手紙を読んだ李さんは「子どもの将来のためには、日本に永住した方がいいのではないか。子どものためには日本の方がいいのかもしれない」と、このころから思い始めていた。李さんは今でも多くは語らないが、一生懸命働いても給料もあがらず、共産党員でなければ、いくら才能があっても認めてもらえない中国社会に、疑問を感じていた。日本人の妻をもち、自分も共産党員ではない。中国では自分の将来は閉ざされていると感じていた。ただ、それは口に出さず、日本で生活する池田さんと手紙のやりとりを続けた。

まぶたの父は、父ではなかった

池田さんが手に入れたかに見えた幸せは長くは続かなかった。

一〇月も終わろうとしていたある日。池田さんはいつものように午前四時に起きて、野菜ジュースを作っていた。プロパンガスのストーブに火をつけた。プロパンガスは当時の中国では使っておらず、池田さんは慎重に火がついたか確かめていた。

池田さんは、父が後ろにいるのに気がついた。怒ったようにジュースを飲んで、出て行った。

午前一〇時ごろ、父親から電話がかかってきた。受話器を耳にあてると、怒鳴るような声が聞こえてきた。

「私の娘じゃない。中国に帰れ、帰れ」

その日から、父は変わってしまった。帰宅すると、酒を飲み、酔っ払った。二階の自室から、池田さんが買ってきた掛け軸などのおみやげを階下に投げつけた。

「こんなものいらない」

「おまえは嘘をついた」

「中国に帰れ」

何があったのかわからなかった。二日ほど父は仕事も休み、荒れ続けた。子どもたちが食事をすることも許してくれなかった。義母は心配して、父の姿が見えないときに、そっと裏からお菓子などを差し入れしてくれた。
二、三日後、池田さんは義母と一緒に通訳のところに行った。そこで、吉川さんとの親子関係が否定されたことを聞いた。池田さんは血の気が引くのを感じた。
実は、北海道に来てすぐ、池田さんは戸籍をつくるために札幌の家庭裁判所で、新たに戸籍をつくる「就籍」の申し立てをした。就籍という言葉は聞き慣れない言葉だが、戸籍法に基づいて家庭裁判所の許可を得て戸籍を作る手続きをいう。戸籍がない人が裁判所に就籍許可の申し立てをする。その際、その人が日本人と推定できる証拠や資料を提出、本人聴取なども経て裁判所が判断をすることになる。就籍を許可されると、役所に届け出て、新たに戸籍を作ることができる。

しかし、その際、親子関係を示す証拠が不足しているため、血液の精密検査をするように、裁判所から指示された。何の疑いもなく、検査を受けていた。その結果が出ていたのだった。吉川さんが荒れたのは、親子ではないとわかったことが原因だった。

池田さんの心は凍りつくようだった。自分の運命はだれかにもてあそばれているのだろうか。どうしてこんな目にあわなくてはいけないのだろうか。やっと父親に会えたと思ったのに。天国から地獄へ落とされたようだった。

「中国に帰れ、帰れ。もう娘じゃない。出て行け」

吉川さんの言葉は胸に突き刺さった。

このままでは生きていけない。どうやって生きていけばいいのだろうか。しかも、日本語ができないから助けを求めることもできない。どうしたらいいのだろうか。

その晩、池田さんは子どもたちを寝かしつけた後に、机に向かった。

遺書を七通、したためた。

「これから私は死にます。楽になりたい」

夫、養父母、中国の友人たち、世話になった菅原さんらにあてたものだった。

中国から持ってきた薬を全部混ぜて、一気に飲めば、死ねるのではないかと考えた。薬を全部出して、テーブルの上に山積みにした。

池田さんはふと寝息を立てて寝ていた子どもたちの顔を見た。目から涙がこぼれ落ちた。

「私が死んだら、この三人はどうなるのだろう。孤児になってしまうのか。それじゃあ、自分と一緒ではないか」

ここで自分が自殺したら、子どもたち三人は、自分と同じ孤児になってしまう。親がいなくて、自分はどれだけ悲しい思いをしてきたか。「子どもたちのために死ぬことはできない。どんなに苦しくても、私は強く生きていかなくてはいけない」。池田さんは思い直した。同時に、「なぜ子どものことを考えなかったのか、私は自分のことしか考えていなかった」と心が痛んだ。遺書は全部その場で破り捨てた。

池田さんはさらにもうひとつの決意をする。日本に来たこの機会になんとしても肉親を捜し出そう。一度中国に戻ってしまえば、再び日本に来ることはとても困難だからだ。その決意を夫への手紙に記した。

強制送還の恐怖

翌朝、吉川さんが出勤した後、上の二人の子どもを学校に行かせ、次男を連れて、外に出た。財布の中は、全財産の三万円しかない。

池田さんは家庭裁判所に行ったときに通訳をしてくれた席占明さんを探し出そうと考えた。何が起こっているのか、自分たちが何を考え、何を欲しているのか、中国語がわかる人にまず話さなくては、と思った。確か、自宅は「ラジオビル」と言っていた。その「ラジオビル」という単語だけが頼りだった。

バス停に立っていると、バスが来た。次男の手を引いて乗り込み、運転手に「ラジオビルはどこですか?」と尋ねると、「タクシーに乗ればわかるよ」との返事。仕方なく、池田さんはバスを降りた。だが、タクシーの乗り方もわからない。どうすればいいのかと周りを見ていたら、次男がいきなり手をあげた。すると、タクシーが目の前に滑り込んできた。

タクシーに乗り込み、「ラジオビル」「ラジオビル」と連呼した。そのほかの日本語はほとんどできない。運転手も困った様子で、無線で聞いてくれたが、所在がわからない。タクシーが移動していくと、池田さんの神経はカチカチと運賃があがっていくメーターの数字に集中した。周辺の景色を眺める余裕もなかった。全財産は三万円しかない。中国に帰る費用にもならない。無駄遣いはできない。メーターが三〇〇〇円になる前に、池田さんはこれ以上、払えないと決断した。だが、止めてほしいという日本語がわからない。後部座席から運転席をたたいて、騒いだ。やっとタクシーを止めてもらうことができた。運賃を払って、次男の手を引いてタクシーを降りた。タクシーが走り去った後、周りを見上げた。

「あれっ、これは見たことがあるビルだ」

以前、吉川さんと来たことがあるビルだった。たしか、ここに席さんが住んでいた。

「天が助けてくれた」。涙を浮かべながら、慌ててビルの中に入って探すと、席さんの家が見つかった。

しかし、インターホンを鳴らすが、だれも出てこない。留守のようだった。

仕方なく、池田さんは廊下に座り込んで、手紙を書いた。もちろん中国語で。簡単に事情を書き、「言葉ができないので、助けてほしい。どんな方法があるのか教えてほしい」と記した。手紙を玄関口に差し込んで、ビルから出てきた。

次男の手を引いてバス通りに出て歩いていくと、見覚えのある道に出た。以前、義母とスーパーに買い物に来た道だった。「これで家に帰れる」。次男と手をつないで、ただ歩いた。歩き続けてやっと自宅についたが、すでにあたりは真っ暗だった。

夜、電話が鳴った。席さんからだった。義母と日本語で何か話していた。

翌朝九時、今度は中国領事館から電話が入った。領事館の職員は、電話に出た池田さんに「怖がらなくていいです。あなたは中国のパスポートを持っています。我々はあなたを守ります。大丈夫です」と言った。その後、義母に対しても「何かあったらあなたたちの責任だ」とかなり強い口調で言ったらしい。吉川さんはすでに仕事に出かけていた。

その後、義母は池田さんを連れて、買い物に出かけた。洋服を買ってくれようとした。値札を見て、中国のお金に換算すると、池田さんの数カ月分の給料に相当するものだ。「私はいらないです」と断ったが、義母はスカートや上着、靴などを買ってくれた。

翌日、札幌にある中国領事館に連れて行かれた。中国の映画を鑑賞する会が開かれていて、帰国者が集まっていた。義母が領事館の人と話している間に、池田さんは中国語で話している夫妻に声をかけた。事情を話し、「私はどうすればいいのか。相談にのってほしい」と頼んだ。

女性の方は、ジャムスに住んでいた元教師。両親が日本人で、母親と一緒に日本に戻ってきたという。岡田さんというこの二世にいろいろ相談することになった。札幌市内の自宅をたびたび訪ねた。岡田さんの友人で、中国から帰国していた伊藤さん兄弟や後藤さん、川村さんらもいろいろ教えてくれた。

池田さんの切羽詰まった様子は子どもにも伝わっていた。かつて池田さんが自殺をしようとしていた養母のことを察したのと同じだった。当時、一番年長だった長女の幸子さんは一一歳。何かもめているみたいだということしかわからなかったが、子どもなりに家の中の険悪な雰囲気は感じていた。居心地が悪かった。幸子さん自身、びくびくして物音ひとつ立てるのが怖かった。それまでやさしかったおじいちゃんが冷たくなった。お母さんも思い詰めているような、つらそうな表情ばかりしている。

池田さんは幸子さんを連れて歩くときも、バスに乗るのはもったいないと、いつもいつも歩いた。

幸子さんは、どこに行くにも、延々と歩いたことしか覚えていない。

「人間って一番つらいときには泣けないいんじゃないかな。すごく踏ん張っていた時期だと思う。泣けないし、甘えられなかった」と幸子さん。

池田さんはとにかく吉川さんの家を出たかった。川村さんらが市役所に連れていってくれ、交渉してくれた。一一月中頃、市営住宅に入居することができた。

だが、所持金は三万円のみ。子どもたちには「お金がないから、お菓子がほしいと言わないで」と繰り返した。川村さんらがガスレンジやなべを買ってくれた。冷蔵庫は吉川さんの知人が中古を譲ってくれた。

それでも、生活は苦しい。一日一〇〇円の野菜しか買えなかった。いつも売れ残った最後の野菜を買った。米も一番安いものを食べた。お金がないので、バスにも乗れない。バスで五〇分ほどかかる市役所に行くのにも、歩いて行った。午前四時に起きて何時間も歩いた。足の爪から血が出た。友人らが気の毒がり、生活保護を申請してくれた。生活保護費が支給されると、ガスレンジを買ってくれた友人に、まずその代金を払った。

池田さんは中国で会った菅原幸助さんにも「助けてほしい」と手紙を書いた。菅原さんの紹介でボランティアも家に来るようになり、洋服をくれたり、市役所に行くのに付き添ってくれたりした。

家を出てからは、吉川さんの態度も柔らかくなったように感じた。住む所があり、生活保護を受け、池田さんの気持ちも少し落ち着いた。

だが、池田さん親子のビザの有効期限が一月二〇日で切れてしまうことに気がつく。あと二カ月で実父母を捜し出すのはどう考えても難しい。池田さんはビザの期限延長を求めることにした。

池田さんはボランティアらに付き添われて、札幌の入国管理局に出向いた。事情を話し、ビザの期限延長をお願いした。しかし、入国管理局の職員はクビを横に振り、「できない」と言うだけだった。

「どうしてダメなんですか？　せっかく日本に帰ってきたのです。実の親を捜したい」

池田さんが懇願すると、職員は「あなたは日本人じゃないでしょ」と言った。

ボランティアに促されて、池田さんは中国政府が発行した「日本人孤児証明書」を取り出し、職員に渡した。

「これは中国政府のものでしょ。ここは日本です。中国政府が認めても、日本政府は日本人と認めていない」

そう声を荒げた職員は、机をたたいて、孤児証明書をひょいっと放り返した。

さらに、「あなたの親はどこにいるのですか？　証言する人もいないでしょ。期限内に帰らないと、強制送還しますよ」と追い打ちをかけた。

池田さんは悔しくて、悲しくて、涙がこぼれた。

あきらめずに何度か入国管理局に行ったが、とりあってもらえなかった。地元で新聞に報道されたが、反響はまるでなかった。

「私は日本人なのに、なぜ日本に滞在できないのか。日本が戦争に負け、私たちを置いて中国の人に育てさせたのが、親や親戚がわからなくなった原因なのに。せっかく日本に来たのだから実の親を捜したい、というこの気持ちをどうしてわかってもらえないのだろうか」

途方にくれた。池田さんは菅原さんに再度、助けを乞う手紙を書いた。

札幌の入国管理局ではどうしてもビザの延長は難しそうだった。一月二〇日を過ぎれば、強制退去になる。北海道と東京のボランティアが相談してくれて、東京で、ビザの期限延長を申請してみようということになった。

日本人なのに、日本国籍を取得できない?

一二月一六日。ボランティアらが尽力し、池田さん親子四人は札幌から東京に向かう飛行機に乗った。札幌での五カ月間。走馬燈のようにいろいろな場面が頭を駆けめぐった。父と巡り会えた喜びに包まれた幸せの絶頂、父子関係を否定されてからの地獄の日々……。喜びも幸せも、不安も、絶望も、さまざまな感情が入り乱れた。

羽田空港に着くと、菅原さんをはじめ、郡司彦さん、千野誠治さんら、孤児問題では有名なボランティアが迎えに来てくれていた。

「あなたは日本人なのだから心配しなくていい。日本人を外国に追い出すことはできない」。みながこう口をそろえた。池田さん自身、東京に行けば、日本での滞在期限を延長することができると思いこんでいた。しかし、現実はそんなに甘くなかった。

羽田空港からすぐに江東区の区役所に連れて行かれた。ボランティアの手配で、江東区の一時宿泊施設「新幸荘」に入ることが決まった。手続きを済ませ、大勢のカメラマンや記者に囲まれ、記者会見をした。池田さんも子どもたちも長靴をはいていた。「あとでそのとき撮影された写真を見てすごく恥ずかしかったけど、とにかく何にも考えられなかったから」。

「新幸荘」は八畳一間。台所は小さくて汚れが目立ち、トイレも臭くて汚かった。最初は布団も何もなく、あとからボランティアらがかき集めてくれた。定住者でないために、生活保護も最初は四人で約一〇万円。食べていくのがギリギリだった。とても貧しくて、子どもたちにはお菓子を食べさせることもできなかった。外で近所の子どもたちが集まってアイスやお菓子を食べているのを見るのがつらかった。子どもたちに「外に出ないで、家にいなさい」と言うことしかできなかった。それでも、どんなに小さくても池田さん親子には身を寄せる場所ができたことはありがたかった。

池田さんはまず、ボランティアと一緒に厚生省を訪ね、「親捜しに協力してほしい」と訴えた。だが、答えは「できない」。

千野さんが池田さんの持っていた「日本人孤児証明書」を示しても、厚生省の職員は「中国政府が孤児だと証明したからって、それで日本籍をあげるわけにはいかない。無理です」と頑として動かなかった。

ビザの期限延長を求めようと法務省に行くと、「東京管理事務所に行きなさい」。東京管理事務所に行くと、「品川の入管事務所に行きなさい」とたらい回しにされた。

池田さんは泣き出した。気づいたら、「私、一生懸命日本語を勉強します。政府のお荷物にはなりません。ただ、親を捜したいだけなんです。強制送還するなら、国の手で私たち親子四人を殺してください」と叫んでいた。

中国では「小日本」「小日本鬼子」と言われて日本人として扱われ、日本に帰ると今度は「外国人」と扱われる。

「私の祖国はいったいどこにあるの？」

「私は何人《じん》なの？」

池田さんの胸は張り裂けそうだった。

一九八一年一二月二二日。『朝日新聞』の夕刊に、「祖国の年の瀬　肌寒く　『まぶたの父』は別人だった　中国孤児の徐明さん母子」という大きな記事が掲載された。

記事の最後には、池田さんらを「支援する会」ができたということと、連絡先が記されていた。

それが大きな転機となった。

「支援する会」の事務局長を務めた千野誠治さん宅は、その日の夕方から電話が鳴り続けた。「徐明さんを助けてやってください。日本人孤児がなぜ日本に滞在することが認められないのですか？

何か手伝うことはありませんか?」

数日すると、激励の手紙や支援金が次々に届いた。千野さんはその手紙を、池田さんに読んでくれた。

▼記事を読み、胸がつぶれる思いでした。日本は繁栄しているが、その陰にあなたのような人がたくさんいるのですね。日本政府はなぜあなたを外国人として扱うのでしょうか。世論で政府を動かし、国の方針を変えていくのです。あなたの後ろには日本国民ががっちりスクラムを組んで支えます。頑張ってください。

▼徐明さんに対する日本政府の冷たい仕打ちに憤りを感じる若者です。戦争孤児を生んだ戦争を憎みます。慣れない日本でさぞ心細いでしょうが、母子で力を合わせ、苦難を乗り越えてください。日本にもあなたをあたたかく歓迎する人が大勢いますから。

▼私も昭和二〇年生まれ、二児の母です。戦争の犠牲者であるあなたをここまで追いつめた境遇に涙しています。すみませんと頭を下げるのみです。あなたの苦渋を、涙を、怒りを分かち合うことなしに虚構の繁栄の中でぬくぬく生きている私にとって、この記事は本当に痛いものでした。

▼七六歳の老人です。徐明母子の記事を拝見、運命のいたずらとはいえ、あまりにも悲しい出来事に、心よりご同情申し上げます。どうか力を落とさず、さらに本当のご両親を探すこと

に邁進され、必ずや目的を達成されるように心よりお祈りする次第です。徐明さんを救うことが出来なかったら、我々は血も涙もない冷酷無情な国民と言われるでしょう。法務省の扱いも血の通ったものになるよう願っています。

これらの手紙を読んでもらった池田さんは、胸が詰まった。差出人は小学生から年配の人、普通のサラリーマン、家庭の主婦など、さまざまな人たちだった。池田さんはこういう熱い心をもった人がこんなにもたくさんいることを初めて知り、涙が止まらなかった。日本政府は冷たいけれど、一般の人は温かい。祖国の人は自分を見捨てていないと思った。

そうしたとき、一本の電話が、千野さん宅にかかってきた。

ビジネス弁護士として活躍していた河合弘之さんからだった。

「私は弁護士の河合弘之といいます。朝日新聞の記事を読みました。徐明さんは日本人なのに、日本国籍をもっていないから、追い出すなんてあんまり悲惨です。私が協力します」

その電話に、みなが喜んだ。

「よかった、よかった。弁護士まで自発的に助けの手をさしのべてくれるなんて、本当によかったですね。徐明」。菅原さんが池田さんに言った。

河合弁護士は、一九四四年、「満州国」の首都、新京（長春）で生まれている。引き揚げ途中に一つ年下の弟が亡くなっていた。自分が引き揚げ者だったということは意識していたが、中国残留孤児のことは当時はあまり知らなかった。だが、池田さん親子のことを伝える新聞記事が目に飛び込んできた。

「同じ日本人なのに、強制送還するなんて、なんてひどいことをするのだろう。強制送還なんてけしからん」。そう怒ると同時に、「俺が助ける」と思った。気がつくと、記事の最後にあった事務局へ電話をしていた。

「押しかけ女房的に『おれにやらせろ』と言ったの。押しかけ弁護士といったところだね」と河合さんは笑う。

電話を受けた千野さんは「あっ、この人だ」と思った。ここから千野さんと河合さんの二人三脚が始まる。後にこの二人は、「中国残留孤児の国籍取得を支援する会」を立ち上げ、事務局長と会長として、現在までに約一三〇〇人の孤児の国籍取得を支援してきた。身元がわからない、肉親が見つからない孤児が日本で生活していくために、本来は国が回復しなければならない国籍を、ボランティアが取得の手続きをしてきたのだ。その活動のすべての始まりが、この池田さんの強制退去問題だった。

河合さんから電話があった翌日、池田さんらは河合さんの法律事務所を訪ねた。どういう方法で国籍取得をするか、相談した。

河合さんによると、助ける方法を二つ考えたという。一つは国籍確認という方法、もう一つが札幌の家庭裁判所にも申し立てをしたことのある「就籍」という方法だった。

河合さんは弁護士として仕事をしてきた経験と勘から、国籍確認を求める裁判を起こすという方法だと、国の代理人として検察官が出てきて「絶対四の五の言う」と見ていた。面倒なうえ、場合によっては立証不十分で負ける恐れがあると踏んだ。一方、就籍は家庭裁判所に就籍許可の申し立てをするわけで、「家庭裁判所はいわば愛の裁判所だから、助けてくれるに違いない」と河合さんは、読んだのだった。

正真正銘の日本人に

池田さんは一九八二年一月一九日に半年間のビザの期限延長を認められ、その後の二九日に東京家庭裁判所に就籍許可の申し立てをした。河合さんは毎月一回、家裁に足を運び、証拠、証人の確認などを進めた。

「当時、こういう手続きは実質上初めてだから、家裁も『本当?』っていう感じで、あの証拠よこせ、この証拠よこせ、と言ってきました。さらに、池田さんが持っていた孤児証明書が本当に信用できるものなのかとも言ってきたんですよ」

河合さんが千野さんと中国大使館に行き、その旨を伝えると、中国大使館は「中国政府が発行した証明書に疑いをはさむなんて失礼だ。これは中国の正式な機関の証明書で絶対に確かなものだ」と言った。それらを供述書にして提出した。

池田さんは許可されるかどうかイライラして待った。怖かった。日本に残れるのか、肉親を捜せるのか、本当に心配だった。中国に残る夫には手紙で経過を報告していた。

夫の李さんは心配しながらも、「子どもの将来のため、なるべく日本の国籍をとった方がいい。中国に戻ってもいいことはないのだから、日本に残ることを考えなさい。頑張りなさい。目的を達成するまで、頑張れ。辛抱すればいいことが必ずある」と手紙を書いた。

池田さんの出廷の日。女性の家事審判官が聞いてきた。

「戸籍を作るには、日本名が必要です。どうしますか?」

そう、付き添っていた今村末子さんが通訳してくれた。今村さんは中国で知り合った残留婦人の息子の嫁で、日本に来て東京で迷っていた池田さんを助けてくれた人だ。「どうしようか」と池田さんが今村さんに相談すると、「もしわからなかったら、私の姓を使ってもいいですよ」とやさしく言ってくれた。

「じゃあ、あなたの名字をお借りしていいですか?」

うなずく今村さんの笑顔を見て、池田さんは日本名を決めた。

「今村明子」

今村さんの「今村」と、養父母がつけてくれた「徐明」の「明」に、女の子だから「子」をつけた。生年月日は養父母が中国で届けていた一九四五年五月一四日。本籍地は住んでいた「新幸荘」

の住所、父母は不詳とした。

就籍許可が下りなければ、中国に帰される。自分でもそれはわかっていた。認めてくれるだろうか。心配で心配で仕方なかった。五月三一日、許可が下りた。

結果を知らされた池田さんは「やったー！」と声をあげた。

日本政府は自分が日本人であることを認めてくれたのだ。北海道で感じた悔しさや悲しさがいっぺんに晴れたように感じた。涙はいつまでも止まらなかった。子どもたちも喜んだ。

中国の夫にすぐ電話した。夫は「よかった、よかった」と受話器の向こうで喜んでくれた。

翌日、池田さんは区役所に行った。戸籍を作るためだ。区長が出てきて「おめでとう」と声をかけてくれた。戸籍を手にしたときは、体が震えた。心の奥もうれしさで震えた。「正真正銘の日本人になれた」。あの感激はいまでも忘れられない。

それまでには「新幸荘」に「あなたはニセの日本人だ」などという手紙も来ていた。これで、父母はわからないままだが、日本政府が自分を日本人と認めたのだから、だれからも後ろ指をさされる必要はなくなった。苦労して、日本に残った甲斐があった。本当に残ってよかった、と心から思った。

池田さんは、紆余曲折の後、五年ほどして河合弁護士の事務所に雇われるが、それ以降ずっと、身元がわからない未判明孤児の就籍手続きに関わる仕事をしてきた。原点は、この、自分が就籍を認められたときの喜びにある。

「父母はわからなくても、親に認めてもらったように思った。親が見つかったみたいにうれしかった。みんなにこのうれしさを感じてもらいたくて、この仕事を一生懸命やってきたんです」。池田さんはこう言うのだ。

就籍許可されたことを報告する記者会見で、池田さんは当時、「祖国は、戦争で中国に残された孤児を見捨てなかった。三八年目でようやく晴れて日本人になれて、うれしくて言葉もありません。まだ中国にいる多くの孤児にも日本国籍がとれるようにしてください」と満面の笑みを浮かべて喜びを語っている。

一人中国に残っていた夫の李さんは、池田さんが日本の国籍を認められて、そのまま永住できると聞き、ほっとした。自分も日本に行くことになるんだと、心に決めた。李さんは幼いときに父母を亡くしている。親代わりだった兄たちは日本行きに反対した。だが、李さんは、新聞をくまなく読んでいて中国に比べて日本は進んだ国であることを知っていた。それに、中国の政治体制、社会体制に疑問を持っていた李さんは「自由な社会」日本に、自分の将来と子どもの将来をかけてみようと思っていた。当時は、外国に行くということは全く考えられないことだった。李さんにとっては、チャンスだと思えた。自分には技術がある。中国では、技術があって一生懸命働いても、共産党員でなければ認められない。技術があり、努力すれば、認めてもらえる社会に行きたいと思った。

李さんは来日することを決めたが、手続きに時間がかかった。

中国側の手続きに時間もかかったし、呼び寄せる池田さんの方もどういう手続きが必要なのかわからなかった。中国人の家族を呼び寄せるには、身元保証人と雇用証明書が必要だった。まだ会ったこともない人間を雇うという証明書をどうやって会社に出してもらうのか、池田さんにはわからなかった。ここでも、また、ボランティアの力を借りて、こうした必要書類を集め、保証人も今村末子さんになってもらった。

結局、夫の李さんが来日するのは、池田さんの就籍が認められてから一年以上後の一九八三年一〇月。池田さん母子が日本に来てからは二年以上たってからのことだった。

一方、当時はまだ池田さんを一人娘として育ててくれた養父母が健在だった。しかし、池田さんが日本にそのまま永住することに、養父母は反対するどころか、心から賛成してくれた。というのも、彼らは文化大革命時代に日本人が苦労したことをよく知っていたからだった。

養父母の家のすぐ近くに大きな歯科医院があった。歯科医は日本人の女性だった。養父は昔からその女性を知っていた。だが、その歯科医は、文革のときに、「日本人」ということで、紅衛兵に連行され、「スパイ」という汚名を着せられ、殴られ、蹴られして、亡くなってしまった。養父母はこのときの一部始終を知っている。

「中国で、いつまた、こういうことが起こるかわからない。あなたは日本人だから日本にいた方がいい」

養父母は日本で暮らす池田さんにそう手紙を書いてきた。

養母は「中国ではまたいつ政治的な運動があるかわからない。日本にいた方が安全だ。行き来すればいいんだから、日本で暮らしなさい」とも言ってくれた。

池田さんは年老いた養父母が、自分たちの老後の世話をするはずの一人娘の身を案じて、日本への永住を勧めてくれたことに、胸が熱くなった。「行かないでほしい」と言って当たり前なのに、池田さんの養父母は決してそうは言わなかった。池田さんは、日本で暮らすが、養父母への恩と感謝の気持ちは絶対に忘れないと心に誓った。

日本語の壁

池田さんは、子どもたちと一緒に夫の来日を心待ちにしていた。夫が来れば、家族全員がそろって、祖国・日本での夢にまで見た幸せな暮らしが始まると思っていた。だが、またここからが苦難の連続だった。

夫の李さんは、中国で家財道具を全部売り払って旅費を作り、来日した。まもなく、池田さん一家は「新幸荘」から足立区の都営住宅に引っ越した。風呂なしの二ＤＫ、三二平方メートルだったが、久しぶりの家族五人での暮らしだった。しかしまた、慣れない日本社会への定着の難しさ、二年先に来日していた子どもたちと李さんとの間の言葉の壁など、さまざまな問題が降りかかった。池田さんの家族の一人ひとりが、みなそれぞれに一番苦しかった時期かもしれない。とにかく、みんなが日本での、それぞれの生活を生き抜くのに必死だった。互いに思いやる余裕もなかった。

「新幸荘」にいるときは、ボランティアが日本語を教えに来てくれたが、四〇歳前の池田さんにはなかなか頭に入っていかなかった。中国では、小学校、中学校などで教師の仕事についていた池田さんは、できれば、中国語を生かした仕事につけないかと考えていた。だが、日本語がほとんどできない状況では無理だった。飲食店での皿洗いや料理運び、ビル清掃のアルバイトなどをしたが、いずれも言葉ができずに長続きしなかった。

日本語ができなければ仕事にもつけないと考えた池田さんは、一九八四年四月から東亜学院で週に三、四日、昼に日本語を習った。年間の授業料は一〇万円。大きな出費だが、日本語を学ぶためには仕方なかった。

夜は職業訓練校で半年間写真植字の勉強をしたが、思うように仕事は見つからなかった。

一九八五年四月から職業訓練校で洋裁を一年学んだ。卒業と同時に、資格を取ったが、その後、就職ができなかった。一〇カ所以上の会社で面接を受けても、言葉があまりできないことからすべて断られた。

中年にさしかかった年齢で日本に来る孤児たちにとって日本語の習得は最大の難関だ。最近は帰国するときにはすでに六〇歳を越えているので、さらに困難を極めている。来日したときは三〇代だった池田さんでも苦労した。

帰国直後、歯医者にかかったときに、池田さんがほとんど日本語を理解できず、いらだった医師にほおをひっぱたかれたことがある。ショックだった。

また、日本語が自由に使えないため、誤解が生まれたり、嫌な顔をされたりすることも少なくなかった。池田さんは来日前に、中国で昔日本人と一緒に働いたことがあるという中国人のおじいさんに「日本人は元気に『はい』と返事することを好むから、日本人と話すときは、わかってもわからなくても『はい』と返事すればいい」と教えてもらったことを思い出し、池田さんは通訳がいないときは、わからなくてもなんでも「はい」と返事をしていた。そのため、何度も怒られたり、笑われたりした。何もかもが手探りだった。

あるとき家にいると、呼び鈴が鳴った。玄関口に出て行くと、女性がいた。

「家で何をしているの?」

「仕事がないんです」

保険会社の人だった。話しているうちに、「仕事の仲間にならない?」と誘われた。その女性は、社長に相談して、翌日に迎えに来ると言った。

翌日、池田さんは社長と向き合っていた。

「まずは勉強しなさい」

社長はそういった。しかし、試験に合格さえすれば、正社員になることができると言われた。正社員として働くことを目指していた池田さんには、願ってもない話だった。

それから三カ月。懸命に勉強した。丸暗記して、保険の知識を頭に詰め込んだ。その後、行われた試験では、一〇〇点満点。池田さんは合格だった。六、七人が受けたが、落ちた人もいた。

社長は快く、池田さんを雇い入れた。一九八六年九月、社員になった。一一月からは外交員になったが、全く契約が取れなかった。家族五人を全員安い保険に入れるのが精一杯。足立区内を歩き回ったが、つたない日本語で話し始めると、相手にされず、契約をしてくれる客はいなかった。給料は歩合制だったため、契約を取らなくてはもらえなかった。

午前七時半には家を出て、北千住にあった会社の朝礼に、八時半から参加。その後、契約取りのために、あちこちを歩き回った。当時は着るものも、みなもらいもので、化粧っけもなく、池田さんは「貧乏臭かったのね」と振り返る。きれいに化粧をして、契約を取ってくるほかの外交員とは明らかに雰囲気が違った。

靴も三〇〇〇円とか五〇〇〇円の安い靴しか買えなかった。安物だからか、三日も歩くと、靴がつぶれた。それほど、歩き回ったともいえる。雨の日もずっと傘を差して歩き回った。靴の中に雨がしみてきて、足が冷たくて冷たくて涙が出た。

顧客の家には二人で回った。相手が顧客と話をし、池田さんがその家の子どものめんどうをみるというふうに。だが、池田さんと喜んでコンビを組む人はいなかった。コンビを組むことがわかると、あからさまに嫌な顔をする人もいた。

昼間に食事をするときも、会社の仲間はコーヒーを飲んだが、池田さんにはそのお金も惜しかった。だが、ついていかないわけにはいかない。つらかった。

社長はいい人で、池田さんを「いつもニコニコしていて、いい女じゃないか」と励ましてくれた。新人で、日本語も不自由だということで、契約満期の人がいると回してくれたりもしたが、相変わらず、新たな契約は取れなかった。

事務所の黒板には外交員の成績が張り出されていた。五〇〇件、六〇〇件の契約を取っている人から、少ない人でも二〇件はあった。池田さんはほとんどいつもゼロ。夕方、事務所に戻ってきて、黒板を見るのがつらかった。契約がとれないときは、自宅まで歩いて帰った。

なんとしても契約を取りたいと、遅いときは午後一〇時ごろまで歩いたが、やはり取れなかった。五カ月ほど歩き続けても、池田さんの努力ではどうにもならなかった。給料もほとんどない。仕方ない。池田さんは辞めざるを得なかった。

コンビニで外の掃除や棚に商品を並べるアルバイトをしたり、掃除や皿洗い、運搬の仕事もしたが、正社員にはなれなかった。

弁護士事務所の事務員に

池田さんは、将来年金を受給できる正社員にどうしてもなりたかった。何をやってもダメだったため、以前世話になった人たちに仕事を紹介してもらえないか、池田さんはお願いして歩いた。

就籍のときの恩人、弁護士の河合さんのところにも相談に行った。「考えてみよう」と河合さんは答えた。河合さんは実はすでに国籍取得の活動を一緒に進めていた千野さんからその話を聞いていた。

「そんなに仕事がないんじゃかわいそうだと思った。ぼくが助けた人がそんなに苦労しているんだと聞いて、『じゃあ、うちにくればいいじゃないか』と思ったんです」と河合さん。

一週間して池田さんに河合さんから電話が入った。

事務所に行ったところ、残留孤児の国籍取得の仕事の手伝いをすることになった。当時、河合さんは、事務所の弁護士一人と事務員一人をある程度専門的に孤児の国籍取得の仕事に従事させていた。中国語ができる人が必要だったこともあり、池田さんはこの二人の下で仕事をすることになった。

とりあえずは女性事務員の下で手伝いをすることになった。三カ月は試用期間ということで、一九八七年二月三日から弁護士事務所に務めることになった。しかし、池田さんは自分がどれだけできるのか、日本語が大丈夫なのか、など不安を抱え、緊張の日々を送ることになる。

事務所の出勤時間は午前九時半。アルバイトは午前一〇時からでいいと言われたが、池田さんは午前八時に出勤、だれも来ていない事務所のそうじをし、机の上を水ぶきし、ゴミを捨てておいた。

「自分は言葉ができないから、ほかの人が出勤してすぐに仕事ができるようにと、自分にできることを一生懸命やっただけです」

就籍の担当の女性事務員の指示を受けて、池田さんはそうじをしたり、コピーをとったり、中国語で手紙を書いたり、できることを一生懸命した。懸命に働く姿に、事務所の人たちも、言葉はできないけれど自分を認めてくれるようになったと、池田さんは感じた。

しかし、池田さんにとっては、事務所にかかってくる電話は恐怖だった。まず、最初は事務所の名前が長かった。当時の事務所は「河合・竹内・西村・井上法律事務所」といった。池田さんにはこれがどうしてもうまく言えなかった。通勤の途中、家に帰ってからも、独り言のようにぶつぶつと「かわい、たけうち、にしむら、いのうえ、ほうりつじむしょです」と練習した。周囲の人は頭でもおかしいのかと思ったに違いなかったが、そんな目は気にしていられなかった。

法律事務所で働く池田澄江さん

ある朝、まだほかの職員がだれも出勤していないとき、電話が鳴った。池田さんは受話器を取り、「河合・竹内・西村・井上法律事務所です」とよどみなく応答した。たまたま河合さんが事務所に来ていて、びっくりしていたことを覚えている。

しかし、事務所の名前は、覚えて練習すれば、ちゃんと言うことができるが、電話で相手の言うことを理解するのは、難しい。電話が鳴ると、池田さんはびくっとして、心臓がどきどきした。

ある時、家庭裁判所の書記官から電話がかかってきた。

「許可が下りました。即時宣告しますか?」

池田さんには何を言われているのか、わからなかった。

「すみません。わかりません」

そう言って、池田さんは事務所の女性に受話器を渡した。受話器を手渡した女性事務員は池田さんよりずいぶん年下だった。不機嫌な声で「あなた、わからないなら、電話に出ないでよ。迷惑でしょ。失礼じゃないですか」と怒鳴られた。

池田さんはトイレに走って行き、泣いた。悔しくて、悲しくて、どうしていいかわからなかった。

「言葉ができないのは私の責任じゃない」と泣きじゃくった。

しかし、冷静になると、事務所の人たちはみんな自分に温かく接してくれた。たまたまこの女性はそのときに不機嫌だったか、何か別の仕事をしていたのかもしれない。この女性が悪いんじゃない、と池田さんは思い直す。「やっぱり私が悪い」。人のせいにしてはいけない、と思うと、もっと悲しくなった。「なぜ、私は言葉ができないのだろう。日本人なのに」。日本語ができないことが、ただただ悲しかった。

それからは、事務所の人たちが電話に出て話している言葉を注意深く聞くようにした。それらをメモして、練習した。なるべく電話には出たくなかったが、それでも事務所にだれもいないときには、取らざるを得ない。

「すみません。担当がいないので、折り返しかけますので、電話番号を教えていただけませんか」

「すみません。事務所は九時半からです。今だれもいないので、あとでかけていただけますか」

こうしたフレーズを何度も何度も練習して、言えるようにした。

池田さんは何とか日本語がうまくなりたい、と努力を続けた。一九八七年三月ごろ、働きながら学べる場として夜間中学があることを知った。日本語を勉強できると思って、すぐに近くの夜間中学に申し込みに行った。だが、学校からは足立区の教育委員会に相談に行くように言われた。教育委員会に「夜間中学で日本語の勉強をしたい」と申し出たが、「あなたは中国で高等教育を受けたことがあるので、夜間中学に入ることはできない」と断られた。

仕事の中で勉強していくしかなかった。

格闘しながらも、池田さんは河合さんの事務所で何とか仕事をこなしていった。二年後には念願の正社員になった。

一九九一年、池田さんの上にいた女性事務員が退職することになった。

「じゃあ、明日からはあなたが一人でやってくださいね。池田さんに任せます」

河合さんは池田さんに向かって、その女性事務員の仕事を引き継ぐように指示した。

「えっ！　そんな、私にはとても無理です」

「無理じゃないよ。お金もかかるんだから、あなたがやりなさい。やればできる。難しい問題があれば私に言ってください」

「一晩、考えさせてください」

河合さんのこの申し出に、池田さんはうれしさと怖さを感じ、両方の感情の間で揺れ動いた。「河合先生は私の能力を見てくれていたのだ。先生が信頼してくれた」。心の中で、池田さんは自慢した。うれしくてうれしくて、心が躍った。

しかし同時に、本当に自分にできるのか心配だった。迷った末に、翌日、「やらせていただきます」と返事した。しかし、自分自身の精神的なプレッシャーは相当なもので、ぜんそくのようなアレルギーの症状が出て、眠れなくなり、食べられなくなった。だが、それも、時間がたつと次第に収まっていった。

当時のことを、河合さんはこう振り返る。

「女性事務員がやめるというとき、池田さんは当然代わりの人がくると思っていたみたい。でも、経費節減もあるし、『あなたがやりなさい』と言ったら、彼女は真っ青になったよね。でも、一晩考えて、『やらせてください』と言ってきて、それからどんどん力をつけて、ぼくにしてみれば、『ほれ、やればできるだろう』って彼女に言った覚えがありますよ。だから、立場とか地位というのは人を強くする。立場を与えられちゃうと、それをせざるを得ないっていうところがあるなって思いましたね」

それに、河合さんは「できないと逃げられる立場ではないはずだ」と思っていたという。

意味を問うと、

「あなたも中国残留孤児で、いろいろな人の協力で日本に残れて、まだいっぱい助けなきゃいけない人がいる。あなたがトップに立てと言われている時に、それを逃げ出せる立場じゃないでしょ、という意味ですよ。でも、彼女はそういうこともわかったんじゃないですか。もし彼女がどうしてもダメだと言ったら、やっぱり事務員をつけたと思うけれど、彼女はやり通しましたからね」

この河合さんの判断が、池田さんを大きくした。いま全国の孤児たちの先頭に立ち、まとめ役にまわっているのは、こうした経験があるからだ、とも言える。

最初の一年ほどは、手伝いを一人つけてもらったが、一九九二年からは池田さんが一人で就籍関係の事務を担当した。家庭裁判所への申立書をつくるときは、文面を作って、事務所の女性職員に見てもらった。日本語の助詞の使い方が難しくて、どうしても「てにをは」の間違いをする。意味が違ってきてしまうため、他の女性職員に直してもらった。池田さんより若い女性たちだったが、みんな忙しい中、嫌な顔もせずに見てくれた。時には辞書で調べてくれたり、何度も何度も考えてくれたりした。すでにみな退職してしまったが、池田さんはいま自分があるのは、こうした女性たちの支えがあったからだと思っている。

夫の李景福さんが来日、家族全員がそろった池田さん一家。このころは「今村明子」という名前だった（写真提供・池田澄江）

中国人の夫が日本社会になじむまで

池田さんはこうして自分の道を切り開いてきた。一方で、夫の李さんも池田さんと同じように日本語ができないことに苦しみ続けた。

李さんが池田さん母子を追って、来日したのは一九八三年。子どもたちに会うのは二年ぶりだった。来日直後は「日本はいいところだ」と思った。水道の水は清潔できれい。テレビも冷蔵庫もある。中国では、テレビもなければ、水道から出てくる水は赤茶色だった。水は二四時間置いて、上澄みを使っていた。

しかし、久しぶりに会った子どもたちとはうまく溶け込めなかった。中国ではあんなに仲がよかったのに。日本の生活に慣れた子どもたちが話すことがよくわからない。しかも、何かを言うと、「中国語で話さないで。しっ！」と言われた。父親として傷ついた。子どもたちは、親が中国語を話すことを恥ずかしく感じていたのだ。それは日本の社会がそう感じさせたのだが、李さんにとっては悲しかった。

李さん自身は日本語学校に一年通った。その後、一度機械工場に無理して就職したが、言葉がわからなくて、すぐに辞めた。それから職業訓練校に入学、電気の勉強をした。もともと中国では、電気関係の仕事をしていたので、技術はある。言葉はできなかったが、成績はよかった。日本語のあまりできない李さんを、訓練校の先生は「頑張ろう。大丈夫だから」と励ましてくれた。ありがたかった。李さんは頑張って勉強し、電気工事士、電気高圧工事士、電気主任などの免許を一〇以上取得した。

訓練校に一年通った後、電気屋に勤めたが、そこではなんでも「中国人に何ができるのか」という態度をとられ、一年で辞めた。その後、電気工事会社に就職した。新築の家の配線工事などをした。日本語は話せないが、技術はあった。上司は日本語や技術など、いろいろなことを教えてくれた。それで、一〇年ほど勤めることができた。五年ほど前に独立、いまは「池田電設」を立ち上げ、仕事を請け負っている。

今でも新しいところに行くと、最初はバカにされるのを感じる。「中国人に何ができるのか?」と実際に口にする人までいる。しかし、李さんはまじめに仕事をする。すると、「李さん、仕事うまいな。よくできたな」と認めてくれる。そう言われると、李さんは日本に来てよかったと思う。

「まじめに仕事をすればいいことがあるんです。認めてもらえるんです。日本では一生懸命やればいいことがある。最初は理解してもらえなくてもだんだんよくなるから。私は心で誇れる仕事、良心的な仕事をしたいと思っている」と李さんは言う。

だが、日本に来て三、四年は本当に苦しんだ。李さん自身が仕事をするので精一杯だった。「あのころは仕事に一生懸命で、バブルで忙しくて、休みもなくて。ただ仕事ばっかりだったなと思う。あのころは子どもたちのことを理解してやることもできなかった」。李さんの心には、後悔もある。

子どもたちが猛烈ないじめに

来日したての李さんに「お父さん、中国語で話さないで」と言った子どもたちは子どもたちで大変な日々を乗り越えてきた。

いまは三五歳になった長女の幸子さんは、北海道から東京に慌ただしく移ったときも、「よく引っ越すなあ」と思った。

「失うことに慣れちゃったというか。また、バイバイだっていう感じでしたね」

仲良くなった北海道の友だちとも別れなくてはいけなかった。その少し前には、やさしかったおじいちゃんの家が針のむしろのようになった。「楽しくなったら、バイバイ、バイバイ。またバイバイっていう感じです」と幸子さんは振り返る。中国にいるときは山を駆け回るおてんば娘だったが、幸子さんは不安定で、人の顔色を見る子どもになったと自己分析する。

「新幸荘」で母と弟らと四人で暮らしているとき、幸子さんは一一歳。毎日いろんな人が訪ねてきて、家が家ではなかった。幸子さんが安心できる居場所がなかった。「心が落ち着かなかった」。母親がどんな状況にあったのか、あまりよくわからなかった。ただ、なんか大変なんだということで理解していた。新聞記者も次から次へと取材にきた。朝、目が覚めて、「やったー、今日は記者が来てない」と思ったことを覚えている。心は落ち着かなくて、不安定だったが、大変そうな母親にそれを伝えることはできなかった。

「だってお母さんが不安定だっていうのは、子どもながらにわかったから。それって、お母さんは言わなくても、そばにいると子どもはわかるんですよね」

当時は、幸子さんは中国にいる父親が恋しくて恋しくて仕方なかった。

家の状況だけでなく、小学校での時間もつらかった。北海道では言葉ができないなりに、のびのびと友だちとつきあっていたが、東京ではそうはいかなかった。

「私は、オリの中のパンダ、みたいな感じでしたね。でも、その熱が冷めた後は見向きもされなかった。とにかく浮いていた」

先生はよくしてくれたとは思う。だが、幸子さんは愛情に飢えていた。母親からも先生からも、もっとかまってほしかった。

中国での幸子さんは山に入って、山ネズミを捕まえて、家にお土産として持って帰ったり、蛇を捕まえたり、カエルを焼いて「足がおいしいよ」というような活発な子どもだった。だが、日本では、家の中で人形遊びをしているような子どもになっていた。「いま思うと、ひきこもりだったかもしれない」。当時の幸子さんは、自分の足が地についている感じがしなかった。

だからこそ、父親が恋しかったし、早く、日本に来てほしかった。

待ちに待った父親が来日したときは本当にうれしかった。だが、実際に父親と一緒に暮らし始めると、違和感を感じた。「〝中国人〟が来たという感じだった」。流行っていた松田聖子の歌に夢中になっていることが、父親には理解できなかった。父親とは以前のようにしっくりといかなかった。日本語を話す子どもと、中国語しかできない父親。何となくギクシャクした。変わったのは父親ではなく、二年間日本での生活を経験した幸子さんだったが、その溝はどうにも埋められなかった。

小学校で友人がいなかった幸子さんは、中学に進んでからさらに孤立を深めていく。父親が来日して、足立区の都営住宅に引っ越したことで、入学したばかりの中学を半年余りで転校した。その中学で、幸子さんはいじめに遭う。

「中国人、中国人」

「中国に帰れ」

「バイキン」

「中国人、臭い」

ありったけのいじわるな言葉が飛んできた。

用事もないのに名前を呼ばれ、返事をしないと、ビンタされた。後ろから、いきなり足蹴りされることもしょっちゅうだった。殴る蹴るのリンチを受けたこともある。学年じゅうからバイキン扱いされた。担任の先生は見て見ぬふりをした。

たたかれ、殴られ、蹴られた。「なぜ、私は日本にいるの?」。幸子さんは考えた。自分を日本に連れてきた母親を恨んだこともある。憎いとさえ思った。中国にいるときは、おじいちゃん、おばあちゃん、友だちに囲まれて幸せだった。成績もよかった。でも、日本に来たらすべてゼロ。いつも一人ぼっちだった。

「私は頼んで産んでもらったわけじゃない。生きていたくない」。幸子さんは、父母に対して、反抗的な態度を取ることも少なくなかった。

池田さんはいまでも思い出すと、涙が止まらなくなることがある。

それは、周囲の人に教えてもらうまで、全然わからなかったことだった。池田さんも職業訓練校での勉強や仕事探しなど、自分のことでめいっぱいだった。朝早く家を出て、夜遅く帰ってくる生活に追われて、幸子さんが昼間、家にいることに気づかなかった。

ある朝、いつものように家を出て行くと、都営住宅の同じ階に住んでいる住民が「あなたの娘、学校に行っていないよ。三日間も」と教えてくれた。

池田さんには寝耳に水だった。信じられなかった。すぐに家に戻って、幸子さんを怒った。幸子さんに学校に行くように厳しく言って、出かけた。

その日、幸子さんは家に帰ってこなかった。どこに行ったかわからない。池田さんは一生懸命探したが、居場所はわからない。家には電話がなかったため、池田さんは公衆電話から江東区に住む知人に連絡して、幸子さんの行方を知らないか尋ねた。

その知人は、幸子さんが同級生のところにいた、と教えてくれた。そのときに、幸子さんが「死にたい。薬ちょうだい。生きていけない」と言い、みんな周りが止めたという。だが、その後、幸子さんはどこかに姿を消したらしい。捜し続けたが、幸子さんの行方はわからなかった。

三日後、学校から連絡があった。幸子さんは警察に保護され、学校に連れてこられたという。この時初めて、池田さんは、幸子さんが学校でいじめに遭っていたことを、聞いた。

幸子さんが「お母さんに言わないで。お母さんの悲しい顔を見たくないから。お金がないとわかってる。言ってもお母さんが困るだけだから」と友人に話していたことも教えてもらった。学校でいじめられ、家にもいられないから、それで家出をしたことがわかった。

幸子さんが学校に行かなくなったきっかけは制服だった。江東区の「新幸荘」で、幸子さんは中学に入学した。学生服の夏服、冬服、体操着、靴、かばん、すべてをそろえた。夏は汗をかくので二枚必要と言われ、二枚買った。全部で十数万円かかった。これは当時、池田さんらが受けていた生活保護の一カ月分の生活費にあたる額だった。が、池田さんは娘の中学入学のためだとできる限り、いいものをそろえた。

しかし、それから半年、一〇月には足立区に引っ越し、幸子さんも転校しなくてはならなくなった。制服も何もかも、上から下まで、すべて前の中学とは違った。引っ越したばかりだし、お金もない。

池田さんは学校の先生の所に行き、筆談で「いまお金がないので、一枚ずつ買っていくので、前の中学の制服を着ているが許してください」と頼んだ。先生は了解してくれた。幸子さんにも「我慢して。お金がないから、我慢して」と言い聞かせていた。

ところが、違う制服を着ている幸子さんは同級生たちの攻撃の対象になった。幸子さんは同級生たちに女子トイレに呼ばれた。襟首を捕まれて、「なぜ、あんたは特別なのか」とすごまれた。ネクタイをとられ、便器の中に捨てられた。その後は、殴る、蹴るの暴行を受けたのだという。

幸子さんはこのことを親には話さなかった。話せなかった。ただ、学校には行きたくなかった。だから、家にいた。だが、母親から学校に行くように厳しく怒られ、それで家出したのだった。死にたいと思って家出をしたから、「もうどーでもよかった」。だから、幸子さんに怖いものはなかった。金もないのに、三日も外をふらついていた。

この一件で、表面的にはいじめはなくなった。少し、同級生と話をすることはできるようになったが、幸子さんにとって楽しいことは何もなかった。陰湿ないじめは続いていた。「バイキンが空気感染する」。そう言われ、幸子さんの近くにはほとんどだれも近寄ってこなかった。

しかし、一学年上の男子生徒数人はやさしくしてくれた。学校や世間からは不良と言われていた男子生徒たちだった。休み時間に廊下でぽつんと一人でいる幸子さんに話しかけてくれた。「バイキン扱いしないで、人間扱いしてくれた」。ただ、学校で話をするだけだったが、彼らが不良と見られていたことで、その後、幸子さんを殴ったり蹴ったりする人はいなくなった。先輩たちが楯になってくれた形だ。だが、いじめもなければ、相手にもされない、存在がないような存在だった。

幸子さんは中国では成績もよかった。学級委員もしていた。友だちの中でもリーダー格だった。だが、日本では、教室で、たとえ答えがわかったとしても、自分から手を挙げることはしなかった。

中学三年生のとき、古典の授業。平家物語の一節を暗記するように、先生に言われた。一人ひとり暗唱して、できた人から帰ることになった。幸子さんは覚えていた。だが、手を挙げることができなかった。「みんなの前を歩いちゃいけない。バカが一番いい」。そう思っていたからだ。

他の生徒が一人ひとり文章を覚えて、暗唱して、みんなが帰った後に、幸子さんは一人教室に残った。先生に促されたが、それでも「覚えていません」としか言えなかった。それほど心が縮こまっていた。幸子さんは言う。「あのとき、手を挙げる勇気があったら、人生が変わっていたかもしれませんね」。

幸子さんのひとつ下の弟も、中学校でいじめられた。数学はよくできて、一番だった。だが、おとなしい性格で日本語があまりうまくない。いじめられると、言い返せず、涙をためた。それでもまた、いじめられた。

池田さんは、あるとき帰宅した長男を見て、びっくりした。長男のほおは腫れ、あちこちに血がにじんでいる。制服の襟も破れている。

「どうしたの？」

「学校に行きたくない」

「あなたが悪いの？」

「悪くない」

池田さんは長男を連れて、学校に行き、校長に面会した。不自由な日本語で一生懸命訴えた。

「この子、何、悪いことしましたか？　悪いことしたら、私、謝る。どうして、こうなったか、調べてほしい」

校長はすぐに対応してくれた。帰宅して待っていると、先生が四人の男子生徒を連れて、自宅に来た。「正座して謝りなさい」と先生に言われ、この四人は頭を下げた。

「どうしていじめたのですか？」

必死で聞く池田さんに、一人が小声で答えた。

「すぐ泣くから楽しい」

「悪いことあったの？」

「ない」

それを聞いていた先生は、さらに「良心に従って謝れ」と促した。

しばらくして、ある親がいじめっ子の一人を連れて自宅を訪ねてきた。白いワイシャツを買って、謝りに来たのだった。
長男のいじめも、こうなるまで全く気がつかなかった。あとで聞くと、林間学校に行ったときも、長男は同級生にいじめられ、枕もなかったらしい。

長女の幸子さんも長男も、いくらいじめられても、親には話さなかった。生活していくのに、働いていくのに、親自身も悪戦苦闘していることが、子どもにはわかるのだ。池田さんも李さんも「子どもたちのことを考える余裕が私たちになかった。もっと、いろいろ考えてあげればよかった」と話す。

李さんは、上のふたりのいじめを知り、次男には空手を習わせた。他人を絶対にいじめてはダメだということを言い聞かせた上で、「いじめられたら三回我慢して、もし、またやられたら、やり返せ」と言い含めた。そのおかげか次男は、やられたら、やり返し、池田さんがずいぶん学校に呼ばれた。だが、いじめっ子がいるとやっつけに行く次男には、自然と多くの友人ができた。ただ、六歳のときに日本に来たために、いまはもうすっかり中国語は話せなくなってしまった。

娘が見つけた居場所

幸子さんは、都立の定時制高校に進んだ。昼間は縫製工場でアルバイトをして、夕方から学校に行った。ずいぶん年上の人たちが同級生だった。同じぐらいの年齢の同級生が、幸子さんの手をぱっと握って、「あっちに行こう」と声をかけてきた。

何気ないことかもしれないが、幸子さんは無性にうれしかった。友人たちから「空気感染する」と遠ざけられていた自分にさわってくれた。人間として普通に接してもらえたのがうれしかった。彼女は目つきも悪く、世間からは不良と言われる女子学生だった。でも、彼女が幸子さんに人のあたたかさを教えてくれた。

幸子さんは定時制高校で初めて友だちができた。学校をさぼってみなで集まって話したり、上野から三ノ輪までみんなで歩いたり、ただ一緒にいて話した。みんな母子家庭だったり、生活が苦しかったりして、人の痛みがわかる人たちだった。だが、彼らは学校からも、社会からも不良というレッテルを張られていた。彼らは盗みなどの悪いことは何もしなかった。アパート暮らしの友だちのところで、十数人が集まり、雑魚寝《ざこね》して、ただただ時間を一緒に過ごした。

中国から来た幸子さんに対しても、「よかったねえ。ふたつの言葉ができて」と言ってくれた。中国から来たことを彼らは何も気にしなかった。

幸子さんが「お兄ちゃん」と呼んでいた年上の同級生が、あるとき、こんなことを言った。「勉強はまっ、いいから、本は読めよ。どんな本でもいいから」。彼は高校を中退し、定時制に入ってきたのだった。それからいろんな本を持ってきてくれた。幸子さんはそれまで本など読んだことがなかった。彼に促されて本を読んでみると、「本って意外におもしろいな」と思えた。仕事をさぼっていると、「おまえ、さぼらないで働いた方がいいぞー」と声もかけてくれた。

両親には素直になれず、突っ張ってばかりいた幸子さんだったが、仲間の中では、そうした言葉を素直に聞いた。幸子さんはほとんど家には帰らなかった。

幸子さんは高校を一年で辞めた。その後は、友だちのところを転々としながら、働き続けた。一九歳のとき、職場で知り合った九歳年上の男性と一緒に暮らし始めた。いまの夫だ。

結婚を親に報告に行くと、母親の池田さんは頭の中が真っ白になったらしく、何の言葉も出てこなかった。だが、父親の李さんは、「幸子は牛が一〇頭引いても引っ張ることが出来ない頑固な性格だから、見守ってみよう」と言い、夫と暮らし始めた狭い家を見に来てくれた。幸子さんは李さんに感謝した。

池田さんは、子どもたちがいじめにあったときのことを思い出すと、必ず号泣する。二〇〇五年一二月の弁論でも、泣きながら、陳述した。

「自分はみじめな人生を送ってきたが、子どもまでみじめな人生で悲しい。子どもに本当に申し訳なくて。自分の祖国に帰りたい、親を探したいと思って（日本に来て）、子どもにかわいそうな思いをさせた。苦しいです。私は学校に行きたい、先生に言いたい。でも、何を言えるのか。言葉ができないです。そのとき、『中国人汚い』『中国に帰れ』という声が聞こえました。子ども連れて学校まで行っても、先生の顔を見ても言うことがわからないのです」

法廷にはすすり泣く声が漏れた。

池田さんは親として子どもたちに対して本当にすまないことをしたと思っている。だが、幸子さんで、親に悪いことをしたと思っている。

「結婚するまで親に心配かけてました。落ち着く場所がなかったから、親と普通に接することもできなかった。人を信用できないし、信用できる相手ができても、すぐにまたバイバイになるんじゃないか、失うんじゃないかと思っていたから。でも、高校のときの友だち、そして、夫と出会って、人を信用してもいいんだ、と思えるようになった。それで、親に対しても普通に接することができるようになった。でも、いま思えば、中学でのあの経験があってよかったのかなとも思うんです。だって、あの経験があるから、人のあたたかさもわかったし、少しぐらいは人の痛みがわかるようになった。もし、中国であのまま大きくなっていたら、私はどんな性格になっていたかしら」

そう言って、幸子さんは茶目っ気たっぷりに笑った。

中国に残した養父母

池田さんが日本に永住することに賛成してくれた養父母は、中国で暮らしていた。日本に来てから、池田さんは養父母によく手紙を書いた。日本に来て三年ほどして、ボランティアと一緒に短期間だが、中国に戻ったことがある。そのときにはふるさとの牡丹江には五日間ほどしか滞在できなかったが、養母は心から喜んでくれた。

池田さんは胸が締めつけられる思いで、牡丹江を後にしたが、養母は泣きながら言った。

「離れるから泣くのではない。うれしくて泣くのよ。生活がよくなってきてよかったじゃないの。子どもの教育ができていいじゃないの。思い出すと寂しいけど、あなたがときどき帰ってくれれば、それでいいいわよ。お金ができて、ときどき帰ってきてくれれば、それで文句はないわ」

一九八四年、中国残留孤児援護基金の養父母招待事業を利用して、養父が来日した。成田空港に迎えに行くと、七七歳の養父は元気そうに姿を現した。そして、すぐに「ヤマハがほしい」と言い出した。バイクがほしいという意味だった。事故にあっては大変と池田さんはその願いをきかず、二五インチのテレビと大きなテープレコーダーを買ってもたせた。養父はバイクを買ってくれなかったことがよほど残念だったらしく、中国に戻ってから、「あの子はけちだ。何にも買ってくれない」と言っていたと養母から池田さんは聞いた。池田さんは養母と本当に仲がよく、ふたりで笑い合った。

一九八六年六月、池田さんは今度は養母を日本に招待した。足立区の都営住宅は二ＤＫ。家は狭く、クーラーもない。養母も入れて六人が生活することになった。四畳半の部屋で養母と子どもたち三人、六畳の部屋に家具を入れ、池田さん夫妻が眠った。だが、湿度の高い、暑い日本の夏の夜は、養母にはきつかったらしい。「夜眠れない」と言った。

養母の日課は、毎朝、住宅の近くにある公園に出かけることだった。ところが、ある日、食事前に下に降りていった養母がそのままいなくなってしまった。池田さんは心配のあまり泣き続けた。池田さんだけでなく、夫も戻ってきて一生懸命探したが、なかなか見つからず、結局、警察に届けた。

池田さんらの心配をよそに、養母はいつもと違うところで、日本人のおばあちゃんたちと並んで座り、それぞれが中国語と日本語で、「花がきれいですね」などと話していたらしい。言葉が通じていたかどうかはわからないが、心は通じ合っていたらしい。養母は笑顔で、「日本の人はいい人ばかりだ」と話した。

池田さんは養母にこのまま日本で暮らし続けてほしいと思った。だが、養母は日本の家が狭すぎると、三カ月ほどで中国に戻って行った。

池田さんは保険会社に勤めるようになってから、毎月三万円の仕送りを養父母にした。苦しい生活の中から三万円を出すのは決して楽ではなかったが、中国に残してきた養父母への恩返しと思って、懸命に送り続けた。当時の中国では、一カ月三万円あれば、何にも困らない生活ができた。

池田さんが大好きで、尊敬していた養母は、一九八七年九月、八一歳で亡くなった。池田さんはまだ法律事務所に務め始めたばかりで、お金もなく、中国に帰ることはできなかった。だが、養父も池田さんの状況を理解し、教えたら大変なことになると思って、養母の死を半月ほど池田さんに伝えなかった。

養父によると、養母は朝起きて、「胸がちょっとおかしい」と言って、隣の人と病院に行った。医者から「心臓が悪い」と診断され、入院を勧められたが、そのまま薬だけをもらって家に戻った。午前九時ごろに養父と食事をしているときに、突然息を引き取ったという。

その後、池田さんは養父一人に毎年一五万円を送り続けた。養父のもとには友人たちが来てマージャンを楽しんでいた。五万円は養父の小遣い、一〇万円は友人に預け、養父が病気になったときの費用のほか、食費や衣服費に使うように頼んでいた。そして、毎年、どんなに短い休みでも、養父に会いに中国を訪れた。

養父は二〇〇一年にも、池田さんを訪ねて来日した。このときもまた、飛行機を降りてきてすぐに「電脳（コンピュータ）がほしい」と言い出した。前回、「ヤマハがほしい」と言ったのと同じだ。学校に通ったことがなく、字も書けない九一歳の養父は子どものように新しいものを欲しがった。「困ったものだ」と思いながら、池田さんは法律事務所の人が使っていたお古のコンピュータを譲ってもらい、それを養父にプレゼントした。そして、折りたたみ自転車を買ってあげた。九〇歳を越えた養父はその後、中国でその自転車を乗り回していた。

「本当に子どものようなおじいちゃんでした」と池田さん。

養父は二〇〇四年二月、九四歳で亡くなった。

奇跡の再会

池田さんは中国政府発行の「日本人孤児証明書」をもとに就籍を認められた第一号の中国残留孤児だ。多くのボランティアに支えられて日本人と認められ、日本で暮らすことができたが、「今村明子」となってからも、自分の実父母と会いたい気持ちは抑えられなかった。何度か厚生省を訪ねて、肉親捜しに協力してもらえないか、と依頼した。

厚生省は身元がわかっていない孤児を集団で約二週間一時帰国させ、手がかり情報をテレビや新聞に流してもらい、肉親を捜す訪日調査を実施していた。来日した孤児たちは顔写真や当時の離別状況などが広く公開された。その結果、全員が肉親と再会できたわけではないが、親やきょうだい、いとこと再会できた人も少なくなく、その涙の再会の場面はテレビや新聞で報道されていた。

池田さんはその訪日調査の情報開示のメンバーの中に、自分も入れてもらえないかと考えた。だが、厚生省の返事は冷たいものだった。池田さんは自費帰国した孤児だから対象にならないというのだ。池田さんは訪日調査のたびに、会場となっていた東京・代々木のオリンピックセンターに出向き、会場に自分の子どもや妹弟たちがいるのではないかと捜しにきていた日本側の親族たちに自分のことを話した。自分の肉親捜しにも協力してほしいと訴え続けた。しかし、池田さんが有力な情報を得ることはなく、そのまま時が過ぎていった。

その後、池田さんは河合さんの弁護士事務所で働くようになり、河合さんの片腕として孤児の就籍を担う事務作業をこなした。訪日調査のときには、河合さんが、日本国籍を取得するための方法としての就籍という手続きの内容、手続きにはどんな書類が必要かなどを孤児に説明する時間がもうけられるようになり、池田さんは通訳として河合さんに同行した。河合さんの説明を中国語に訳して孤児に伝える役目だ。

池田さんは学校の先生をしていただけあって、河合さんの説明を孤児たちにわかりやすく通訳した。日本の事情を知らなかったり、中国で学校に通ったことがない孤児も少なからずいたりする中で、孤児が理解しやすいように、かみ砕いて、伝えた。

毎年、そうした通訳を続けていて、迎えた一九九四年。

一二月四日は日曜日だった。午前中、訪日した孤児に対する国籍の説明会があった。弁護士の河合さんに同行して、池田さんは会場のオリンピックセンターに出向いた。二時間ほどかけて河合さんが説明、池田さんはそれをいつものように丁寧に通訳した。

説明を終えた河合さんは、そのまま帰宅。池田さんは、一人で、会場に残った。ちょうど昼休みに入ったので、一人で、一階の食堂に降りた。その日、池田さんは朝食をとらずに来ていたので、窓際の席でパンとお茶の昼食を食べた時、ソフトクリームをなめながら、外の風景を眺めていた。。

「ここに座ってもいいですか」

突然、声がかかった。池田さんが振り向くと、六〇歳ぐらいの女性が立っていた。

「はい、どうぞ」

池田さんが促すと、その女性は座りながら言った。

「今日は（通訳）ご苦労さまでしたね。あなたは中国語お上手ですね」

それに対し池田さんがソフトクリームに口をつけないで話していると、クリームが溶け、下からぽたぽたとこぼれてきた。「下の紙を折れば、クリームが下に落ちないわよ」。この女性は、池田さんにコーンの上にかぶっていた紙の下の方を折り曲げることを教えてくれた。

世間話をしているうちに、どうしてこの会場に来たのかと、池田さんが話を向けると、この女性は「実のところ、妹を牡丹江に置いてきたの。それで、今回も牡丹江から来ている孤児四人に会いに来た。年齢が違ったから、違うようだけど、『孤児になって親を恨んでいるか』と聞いたの。そしたら、『小さいときは恨んだけど、いまはただ会いたいだけだ』と言っていたわ」と話し続けた。

池田さんが「私も残留孤児なんです」と答えると、「どこ?」と聞かれた。

「私も牡丹江なんです」

「私の妹と同じね。あなたは紫雲街を知っている?」

「知っています」

「うちは妹を紫雲小学校の近くで預けてきたの」

「私もそのあたりで預けられました」

「うちの妹は李という人に預けたの」

「私も李に預けられました」

「年はいくつ？」

「五〇歳です」

「妹もそうよ。血液型は？」

「ＡＢ型です」

池田さんは寒気がしてきた。預けられた場所も血液型も年齢も一致する。だが、一度間違ったことがあるので、「すごく話が合うなあ」と思いながら、自分に冷静になるようにと言い聞かせた。

この女性も、鳥肌が立ち、一緒に来ていた妹を呼んだ。この妹は、池田さんの顔を見て、その年の六月に八一歳で亡くなった母親に似ているなと思った。

池田さんは自分が預けられた李さんの家の周辺の地図を書いた。それを見ながら、この女性は「これは李さんの家ではないですか」と質問してきた。いろんな情報が合致した。こんな偶然があるのだろうか。池田さんには不思議にさえ思えた。

池田さんは河合さんに相談し、厚生省にＤＮＡ鑑定を依頼した。通常は半年余りで結果が出るが、なかなか結果が出なかった。その間、池田さんとこの女性は互いに電話をしたり、行き来したりしていた。互いに、結果は違ったとしても、姉妹のようにつきあえたらと思っていた。

それでも、池田さんにとっては、肉親がわかるということは、自分がだれであるかがわかるということだ。自分の生年月日や自分が生まれたところもわかる。自分のルーツを知ることができるのだ。池田さんは、家にある観音様に毎朝出勤前に手を合わせていた。

「どうか、本当の姉でありますように」

厚生省に電話して、結果はまだ出ないのかと、何度も尋ねた。

一九九六年七月五日。池田さんとこの女性とのＤＮＡ鑑定の結果、九九・九九％姉妹と証明された。偶然の出会いから、池田さんは半世紀を過ぎてやっと肉親と巡り会い、自分自身と出会った。一九四四年一〇月一四日生まれの「池田澄江」であることがわかったのだ。

血液を採取してから結果が出るまで、五〇二日かかった。

池田さんは泣いた。

「やっと長年の夢が実現した。帰国から一五年かかった。自分の身分は今までわからなかった。知りたくて知りたくて……。いま、わかって、すごくうれしい。でも、同時に、もっと早くわかれば、母とも会えたと思うと、それは悲しい。一番会いたかったのはお母さんで、お母さんは、二年前まで生きていたのだから」

池田さんにオリンピックセンターで声をかけた女性は八歳年上の長姉の美代子さん、美代子さんと一緒にいたのは、六歳年上の二番目の姉の美佐子さんだった。

結果を知らされた美代子さんは「だいたいそうだと思っていた。もし、違うとしても妹としてつきあうつもりではいたが、確実になってうれしかった。澄江も自分で肉親捜しをし、私たちも妹を捜していた。偶然だったが、本当によかった」と言った。

美代子さんによると、父親は大きな農家の出身で、軍人だった。ソ連国境にあり、ソ連参戦で激しい攻防が繰り広げられたことで知られる虎頭要塞に配置されていた経理将校だった。

ソ連参戦後、美代子さんら家族は父親の部隊の人たちと一緒に逃げた。道なき道を、父親らが軍刀で木を切り倒して歩いていく後に続いた。軍人の子どもはみなソ連兵に殺される。殺されるなら、戦車に向かって突撃するように指示されたという。

東京城というところで、男性たちはソ連兵に連行され、シベリア送りになった。残された女性や子どもたちは牡丹江市を目指した。母親は、みんな二歳違いの四女一男を連れていた。牡丹江市内の収容所に身を寄せていたが。一歳になるかならないかの池田さんは夜、おなかをすかして泣き出すことが多かった。周囲に迷惑もかけるし、このままでいたら、死なせてしまうかもしれないと母親は考えた。母親は美代子さんと美佐子さんを連れて、何度も李さんの家に行った。

美代子さんが「李」という名前を知ったのは、母親が亡くなる前だった。母親はそっと話してくれた。

日本への引き揚げが決まると、母親と美代子さん、美佐子さんは池田さんに会いに行った。「すみえちゃん」という姉の声に、池田さんはにっこりとほほえんだという。その様子を見た養父母は「すみえちゃんと呼ばないで」と怒った。

「母は、あのときは、きっと迎えに来るからという気持ちだったと思う。ネックレスや結婚指輪なども置いていった。とにかくこの子をお願いします、という気持ちだったと思う」と美代子さん。

さらに、「澄江より二歳年上の長男を助けるために、澄江を置いてきたのだが、母にはずっと負い目だったようだ。でも、無理して連れてきて死んでいたら、こんなふうに会えることはなかったのだから……」。

美代子さんは池田さんと偶然出会うまでに二十数回も中国に行き、自分で妹を捜そうとした。少しでも情報を得ようと、ハルビンに日本料理店も開いた。

池田さんと出会ったのは、妹の美佐子さんと牡丹江から訪日していた孤児四人と面会して、年齢や情報を聞き出したが、「これはだめだね」とふたりであきらめて食堂に降りてきた時だった。孤児四人に名刺を渡し、「何か情報があったら、教えてください」と頭を下げてきた後に、そこに捜し求めていた妹の「澄江」がいたのだ。

姉妹とわかった後の一九九六年七月三一日、池田さんは、美代子さん、美佐子さんとともに記者会見にのぞんだ。三人とも満面の笑顔だ。

「血液鑑定で実姉が見つかり、とてもうれしいです。長年の夢がかなって、心が晴れました」。池田さんがたどたどしい日本語で喜びを語った。「やっと自分がわかった。一生懸命捜してくれて、お姉さん、ありがとう」と美佐子さんの胸に顔を埋めた。

その美佐子さんは「引き揚げてくるときに預けてこなくてはならなかった。何回か中国に行って捜したが、わからなかった。私は澄江ちゃんをおんぶして歩いたので、背中にその感じがずっと残っていて、背中に澄江ちゃんが生きているということを感じていた。亡くなった母が会わせてくれたと思う。偶然の巡り合わせに感謝したい」と話した。

長姉の美代子さんは「きょうだい仲良くして、今までの分を取り返さなくっちゃね」と池田さんの肩を抱いた。

その様子を、池田さんの他の姉と兄がテレビで見ていた。四歳上のもう一人の姉・美智子さんは「私の顔に似ている。全く私と同じだわ」と思った。

池田さんは八月一二日、茨城県にある兄・忠宜《ただのり》さんの家を訪ねた。池田さんは緊張していた。家を継いでいる二歳上の兄が認めてくれるだろうか。心配だったのだ。

玄関を入ると、だれも出てこない。しばらくして、兄嫁が出てきて、「入りなさい」「はい、どーぞ」と言った。実はこのとき、池田さんを姉の美智子さんと間違えていたらしい。家に上がってやっと池田さんであることに気づいてくれた。お茶を出され、池田さんは緊張して座った。

兄嫁が「澄江が来たよー」と二階で休んでいた兄に声をかけた。

兄が階段から下りてくる足音が聞こえた。

「お兄ちゃん」

池田さんは立ち上がって、呼んだ。生まれて初めて口にした言葉だった。兄の忠宜さんはすぐに近くに来て、頭をなでてくれた。「ああ、やっぱりきょうだいだ」。池田さんの心は熱くなった。心の中にたまっていた重い空気が、ぱーっとなくなった。

忠宜さんは近くの山を案内してくれ、母親の墓参りに連れて行ってくれた。家に戻ってきて食事をした。その席で、忠宣さんは「澄江は母と似ている。後ろ姿も歩き方も全く同じだ。お母さんが帰ってきたみたいだ」と言った。生まれて初めて自分の家に帰ってきたんだと、池田さんは実感した。

翌日はお盆の祭りがあるから泊まっていくように勧められたが、池田さんはとりあえず、この日は東京の自宅に戻った。忠宣さんは「夫を連れておいで」と言った。

翌日、池田さんは夫の李さんを連れて、実家を訪ねた。

夜のお祭り。生まれて初めて、ゆかたを着せてもらった。下駄をはくのも生まれて初めて。足の指が痛かった。姉たちに「痛くないか？」と聞かれたが、「痛くない」と答えた。ただ、うれしかった。

池田さんの夫の李さんは、「妻はほかの孤児たちのために一生懸命就籍の仕事をしてきた。人のために一生懸命やるといいことがあるということではないか。このとき改めて家族みんなで人のため、世のためになることをやっていこうと心に誓った」と話す。

池田さんの兄の忠宣さんと姉は、池田さんとこうして再会できたのも、養父母のおかげだと言い出した。自動車の販売や修理などを手がけている忠宣さんがすぐにお金を出してくれ、姉二人と兄嫁、池田さんの四人で、養父の家に行かせてくれた。その年の九月のことだ。忠宣さんは「お父さん（養父）にきょうだいが見つかったことを報告に行かなきゃ」と送り出してくれた。池田さんは感謝の気持ちでいっぱいになった。

身元が判明した後、兄のところを訪ねた池田澄江さん（左から２番目）。手には「99.99%姉妹に間違いない」と書かれた鑑定書を持った。きょうだいがみな勢ぞろいした。右から、長女・美代子さん、次女の美佐子さん、三女の美智子さん、長男の忠宣さん、左端は戦後生まれの五女の節子さん（写真提供・池田澄江）

「一歳」の誕生パーティー

一〇月一四日は、池田さんの五一回目の誕生日だった。きょうだいがお祝いしてくれるというので、仕事が終わってから、実家に出かけた。忠宣さんがケーキを買ってくれていた。

「ろうそくは何本立てようか」

忠宣さんの言葉に、長姉の美代子さんが反応した。

「一本がいいんじゃない。一歳だから。一歳の誕生日よ。澄江とは九カ月のときに別れているから、一歳の誕生日のお祝いをしていないもの」

五一歳の誕生日は、初めてきょうだいで祝ってもらった「一歳」の誕生日になった。

その部屋の壁には父母の写真が飾ってあった。仏壇もある。外は小雨が降っていた。そろそろ始めようと、ろうそくをつけた。電気を消すと、ガタガタと家が揺れ出した。雨脚も強くなり、大雨になってきた。大きな地震のように感じた。ふと池田さんが父母の写真に目をやると、額に入れられた父母の写真がパタパタと動いていた。

「お父さんとお母さんが帰ってきてくれたんだ。うれしくて地が踊り、天も涙を流してくれている」

池田さんにはそうとしか思えなかった。自分も泣いた。

池田さんにそっくりな三番目の姉・美智子さんは、「池田澄江」と名前が刻まれたボールペンを買ってくれた。戦後、生まれた妹の節子さんは、母親が好きだったという香水をくれた。きょうだいの心遣いが池田さんにはうれしかった。

池田さんはこうしてきょうだいとの交流を重ねていく中で、当時、自分が李さんに預けられたときの状況を繰り返し聞いた。以前は、わかったつもりでも、苦しかったり、悲しかったりすると、「どうして私を置いていったのか」という気持ちが心のどこかにわきあがった。だが、姉らに聞くと、八歳の美代子さんが荷物を背負い、六歳の美佐子さんが池田さんをおんぶし、栄養失調で母乳も出なくなった母親が四歳の美智子さんと二歳の忠宜さんの世話をしていたことがわかった。その話を聞いて、心から、「お母さんは本当にしょうがなくて私を中国人に渡したんだな」ということを理解した。

母親は生前、姉たちに「澄江ちゃんは死んでいない。あなたたちが日本に帰ってこられたのは澄江ちゃんのおかげ。澄江ちゃんを捜して」とも話していたという。母親は自分の姉の子ども、つまり池田さんのいとこと仲がよく、よく一緒に旅行をしたという。そのいとこによると、母親は家族の前ではあまり池田さんの話はしなかったが、いとこと二人きりになると、池田さんの話をした。「澄江はいまどうしているだろう。どうなっているのだろうか。生きているだろうか。会いたい」と。

母親は亡くなる前に、意識が薄れて行く中でも、看護師から娘の人数を聞かれて、「娘は五人」と答えたらしい。看護師が「四人でしょ」「違うでしょ」と言っても、「五人」と繰り返したという。いとこは「やっぱり親よね。小さいときに預けてきたといっても、絶対に忘れたりしなかったのよね」と池田さんに話してくれた。

「これを聞いて、母を恨む気持ちは全くなくなった」と池田さんは言う。

シベリア抑留を経て、一九四八年秋に復員した父親もずっと池田さんのことを気にしていたと聞いた。

復員の知らせを聞いて、家族全員で駅に迎えに行った。列車から降りてきた父親が開口一番口にした言葉は、「澄江は?」だった。中国に置いてきたということを聞き、とても悲しそうな顔をしたという。父親は一九七〇年に亡くなったが、生前は「日中関係がよくなったら、澄江を捜しに行く。連れて帰ってくる」と繰り返し言っていたという。

「それを聞いて満足です。父の中にも私はいたのですね。忘れられてなかったのだから」。池田さんは涙ぐんだ。

「残留孤児」の生存権をかけて

肉親も見つかり、仕事も弁護士事務所で順調にこなしていた。すべてが解決したように思っていた。ある日、事務所にファクスが届いた。ある残留孤児からのものだった。日本に帰ってきて一八年だが、定年になって、今後もらえる年金が月五万円しかない、という内容だった。

最初、池田さんは信じられなかった。だが、自分はどうなるだろうかと思って、役所に聞いてみた。六〇歳で受け取れる厚生年金は月六万円ちょっとしかないことがわかった。夫の厚生年金は一万円余り。どうやって生活していくのか。老後が心配になった。

「少し甘かったんです。日本政府が面倒見てくれると思っていたから」

池田さんは慌てて、国民年金の保険料を追納した。中国滞在中の保険料を追納すれば、国民年金は満額の月約六万円受給できるからだ。追納額は一二〇万六〇〇〇円。どうしても四五万円足りなくて、河合さんに借金を申し出た。その後、一カ月に一万円ずつ返済した。

それから、知り合いの孤児たちと年金や老後の話をするようになった。すると、かなり早く日本に帰ってきた人でも、働いた期間が十数年と短いため、受け取れる厚生年金は月額数万円しかない上、国民年金も十分な額には程遠く、生活保護を受けざるを得ないという話を聞いた。しかも、生活保護で生活している孤児たちは、中国の養父母に会うために日本を離れるとその間の保護費を切られるという。また、福祉事務所の担当者によっては、孤児の子どもが家に来ても、自宅に泊めると、人を泊める余裕はないはずだと、注意されることもあると聞いた。養父母が危篤という知らせを受けても、中国を訪問することをあきらめた人もいた。帰国した孤児の約七割が生活保護を受けて暮らさざるを得ない状況だが、制約が多い生活保護は、人間としての尊厳を傷つけられているように感じた。

「日本に帰国するのが遅くなったのは、政府の責任じゃないか。働くのが遅くなったのも政府の責任ではないか。みな私たちは中国では一生懸命働いてきた。言葉ができないのも私たちのせいじゃないんじゃないか」

池田さんは疑問を感じるようになった。

ちょうどそのころ、池田さんは世話になった菅原幸助さんのもとへ、中国時代からの友人の千野桂子さんとたまたま遊びに行った。すると、菅原さんから横浜で「中国養父母謝恩の会」を作ることになったという話を聞いた。帰国した孤児たちの老後の生活保障を求めていくためのものだという。菅原さんに参加を促され、ちょうど年金の状況や生活保護がいかに制約が多く、苦しんでいる仲間の孤児が多いかを知ったときだったので、「私、やります」と池田さんは答えた。

二〇〇〇年秋に、「謝恩の会」が設立された。東京の孤児も協力しながら、孤児の老後の生活保障を求める署名活動が進められ、翌〇一年六月、孤児たちは霞が関周辺をデモすることになった。横浜の孤児たちだけでは足りないと、池田さんは知り合いの孤児に声を掛けようと、五五〇人に手紙を書いた。すべて自費で出した。

どれだけの人が来てくれるかわからなかったが、日比谷公園で待っていると、五〇〇人近い孤児が来てくれた。横浜からは七〇人ぐらい、あとは池田さんの手紙に応じてくれた人たちだった。みんなが動いてくれたことがうれしかった。

しかし、菅原さんを先頭にして、池田さんら孤児が必死で集めた一〇万人近い署名を集めて国会に提出した請願は、まともな論議もなく、不採択となった。

八月にもデモをすることになり、池田さんはまた自費で六〇〇人以上の孤児に手紙を書き送った。二〇〇一年八月一五日のデモには、六〇〇人以上の孤児が集まった。デモ行進が終わった後、だれかが声をあげた。

「裁判しよう」

するとあちこちから「そうだ、そうだ」と賛成の声が響いた。ちょうどその春に、ハンセン病の元患者らが長い闘いの末に、国との裁判に勝訴し、国は政策の転換を迫られていた。孤児たちはそれを知っていたのだ。

孤児たちはそれまでにも厚労省に交渉に行っていた。だが、「老後は生活保護で暮らして」と言われた。国会に請願しても、取り合ってもらえなかった。政府も国会も動いてくれない中で、孤児たちの気持ちは最後の手段としての裁判に向かった。

原告団の代表として

だが、孤児たちのほとんどは日本語ができない。また、これまで団結して何かをやってきたことがない。これだけ多くの孤児たちをどうやってまとめていくのか。就籍の仕事をしてきた池田さんは多くの孤児を知っている。人望もある。孤児の代表になってほしいとみなから要請された。

池田さんは迷った。悩んだ。できれば、裁判もやりたくなかったし、原告団の代表になることはさらに避けたかった。国を相手にする裁判は、「自分の母を訴えるようなもの」と思えた。それを一番前に立って、先頭で進めたくはなかったのだ。一番先頭に立って目立つと、何か被害を受けるのではないか、とも思った。中国みたいに反革命的だという理由で牢屋に入れられることはないだろうが、印象も悪くなるだろうし、あらを探されたりしないだろうか。不安だった。

だが、みながどうしてもと言ってきた。代表になる人がいなければ、話は進んでいかないし、孤児たちをまとめていくこともできない。夫の李さんは積極的に賛成したわけではないが、「しようがない。みなさんのために引き受けたらどうか」と言ってくれた。

二〇〇二年、東京の孤児たちをまとめた「東京連絡会」を発足させ、代表となった。裁判も着々と準備を進めて二〇〇二年一二月二〇日に東京地裁に提訴した。この時点で原告はすでに六〇〇人を越えていた。いまでは一〇〇〇人を越える。池田さんはその原告団の代表三人のうちの一人だ。

2002年12月20日、中国残留日本人孤児の国家賠償請求訴訟の東京第一次訴訟の提訴前に、デモに出発する池田澄江さん（右から５番目）

池田さんは、平日は弁護士事務所の仕事を続け、週末は裁判の準備に奔走した。一日も休むことはできなかった。その疲れから、提訴した一二月一〇日の夜に倒れた。救急車で病院に運び込まれた。不整脈と過労だった。

夫の李さんは、「妻の体が心配。とにかく私にできることをするだけ」と見守る。買い物、炊事、洗濯などは全部引き受けている。

長女の幸子さんも心配しながら見つめている。

「母は強いし、偉い。でも、子どもの気持ちとしては、心臓が弱いので、早く決着がついて、のんびりした生活をさせてあげたい。親を失うのは怖い。でもお母さんは選ばれた人なのかもしれない。できることは助けてあげたい。お母さんは私の人生で一番の目標」

幸子さんの中学生の娘は、祖母の池田さんの姿を見て、「将来は弁護士になりたい」と言っている。

「うちはバラバラに好きなことをやっているように見えるけど、バラバラじゃない。互いが互いを認め合って、助け合っている」と幸子さんは池田家を称する。

正月には、池田さんの子どもたちが家族を連れて、みんな池田さんの家に集まる。こうしたとき、池田さんは一番幸せを感じる。だが、こうしたゆったりとした日々を毎日のように楽しむことは、まだお預けだ。

いまや二一〇〇人を越える孤児が原告になった集団訴訟は全国に広がっている。池田さんは東京ではもちろんだが、全国のリーダーでもある。名実ともに原告番号一番の役割を果たしている。

二〇〇五年一二月二二日の弁論で、池田さんはこう言った。

「全国の孤児が苦しんでいる。日本の政府は冷たいと思う。でも、一番よかったのは今までバラバラだった孤児が自分の意思で立ち上がって団結したことです」

養父母に命を救われ、育てられ、そして、ボランティアに助けられ、家族に支えられてきたからこそ、いまの自分があるということが池田さんには十分にわかっている。だからこそ、ほかの孤児のためになりたいと先頭に立っている。

Ⅱ 「強行帰国」で国を動かした12人の残留婦人

「強行帰国」後、12人は埼玉県所沢市にある中国帰国孤児定着促進センター（当時）で２カ月暮らした。センターの宿舎棟の前で記念撮影。左から工藤照子さん、小野田マスヨさん、佐々木久栄さん、宮嵜けさみさん、荒木美智子さん、青木聰子さん、横田はつゑさん、竹越りヱさん、黒塚ミヨ子さん、鈴木ヨシカさん、高橋ことのさん、今井ワカさん（写真提供・小野田マスヨ）

「祖国で死なせて」

一九九三年九月五日、一二人の女性が成田空港に降り立った。

彼女たちのこの行動が、その後、国の政策を動かすことになるとは、そのときは、だれも想像していなかった。空港に取材に行っていた私もまた、例外ではなかった。いま思うと、ただ一人を除いては……。

私のもとに国友忠《くにともただし》さんから連絡が入ったのは、その二日ほど前のことだった。

「五日に一二人の残留婦人たちが帰ってきます。『日本で死にたい』と言っています」

国友さんは、中国残留邦人とよばれる中国残留婦人や中国残留日本人孤児らを支援する民間団体「春陽会」の会長だった。私は取材を通して国友さんにはそれまでに何度かお会いして、話をうかがっていた。残留邦人問題についてもある程度理解していたつもりだった。だがそれでも、この国友さんからの連絡は、何を意味しているのか、よく理解できなかった。受けた電話でしつこく質問すると、国の支援をこれ以上待てないと決意した残留婦人らが一二人、自費で日本に帰ってくるらしいことがわかった。しかも、彼女たち自身が帰国してすぐに厚生省（現厚生労働省）に電話して迎えに来てほしいと訴えるのだという。これまで私が取材した残留婦人たちはつつましやかな、控え目な人が多かった。そんな彼女たちが政府に対して、そんな行動が本当にとれるのだろうか、と思った。

しかし、国友さんはそれ以上は何も言わない。それまでにも、自費で帰国し、国友さんのところにタクシーで乗りつけ、国友さんがその後のことをすべてめんどうをみて、日本で暮らし始めた残留婦人はいる。それと何が違うのだろうか。国友さんは今回は迎えにも行かないし、手を出さないという。彼女たちから日本に帰国するという連絡があったから伝えておくということだった。いくら質問しても、それ以上国友さんは答えてくれなかった。仕方なく、電話を切り、彼女たちが北京で泊まっているホテルに国際電話を入れることにした。

私は中国語はほとんどできない。国友さんからは一二人の中で日本語ができる人として、竹越リヱさんという名を聞いていた。ホテルというので最初は英語で竹越さんという日本人を出してくれと言ったがどうも通じない。それで、電話口で、私は「たけこしさん、お願いします。たけこしさん。リーベンレン（日本人）のたけこしさん」と下手な中国語混じりの日本語で繰り返した。

しばらく待つと、「はい」と落ち着いた、低い声の女性が出てきた。

「竹越さんですか」

「そうですけど。おたく、どなた?」

「朝日新聞の記者で大久保といいます。国友さんから聞いて電話しました。日本に帰って来られるということですが……。帰国してどうされるのですか?」

「…………」

「五日に来られるのですね」

「そうよ」

「でも、五日は日曜日ですが……」

「………」


電話はガチャンと切られた。

私は頭を抱えた。状況がよく飲み込めない。官公庁である厚生省は日曜日はお休みだ。彼女たちは日曜日に来てどうするのだろう。本当に一二人が国に訴えるなら大きなニュースだが、そんなことが本当にできるのだろうか。どう考えても、事情がつかめない。

あやふやではあるが、とにかく一二人が日本に帰国するというのだからと、私は日曜日の五日、彼女たちが搭乗すると教えてもらった飛行機の到着時間に間に合うように、半信半疑のまま成田空港に向かった。

ロビーには出迎えのボランティアが数人いたが、彼女たちも少し前に永住帰国した残留婦人らで、事情を聞いてもよくわからない。「一二人が帰国するから迎えに行ってくれ」と国友さんに言われて来た、というだけだった。

午後三時前。到着ゲートから一二人の残留婦人らがわずかな手荷物を抱えて出てきた。竹越さんらを認めた出迎えのボランティアらが握手で出迎えた。固い表情で出てきた一二人も、少し顔をゆるめ、笑顔をみせた。

竹越さんはこのとき六九歳。ほかの一一人も最年少が荒木美智子さんと黒塚ミヨ子さんの五六歳。最高齢は横田はつゑさんの八〇歳。老境に入った人がほとんどだった。

一二人は、みな日本に永住帰国できないでいた中国残留婦人らだった。

彼女たちは敗戦後の混乱で中国に取り残され、生きるために中国人の妻になった人たちだ。一二人のうち三人は「残留孤児」といわれる年齢、つまり敗戦当時一二歳以下だった人たちで、残りの九人が敗戦当時一三歳以上の「残留婦人」といわれる人たちだった。一二人に共通なのは、自分の身元がわかっていて、日本に戸籍もあるということ。日本人であるのに、国の政策として彼女たちが日本に帰ってくるためには「日本の親族による受け入れ」が原則とされていたため、その条件が満たされず永住帰国できないでいたのだった。

竹越さんは、Ｂ５判の大きさの便せんに自分で書いた手書きの細川首相への陳情文を抱えていた。

【陳情文】

私たちは日本国民です。何時でも祖国に帰れるはずです。ところが、それなのに、今までの自民党政府はいくらお願いしても「親族に相談しなさい」「特別身元引受人が見つかるまでお待ちください」などと言って帰国させてくださいません。私たちは、日中国交が回復してからでも、そんなことで、すでに二一年も待たされてしまいました。これ以上待っていたのでは生きているうちに祖国に戻れませんので、私たちは老いの身を奮い立たせてこのような行動を起こしました。新政府の方たちならこの気持ちをきっとわかってくださると思います。中国にはまだ二〇〇〇人からの仲間が帰国できずに泣いています。なにとぞ、その事情をご理解くださいまして、私たちに一日も早く、祖国に帰る喜びを与えてくださいますようお願い致します。

中国残留者一同代表　竹越リヱ

細川総理大臣殿

竹越さんは出迎えてくれた服部妙子さんに、官邸に連絡をとってほしいと頼む。そのとき六六歳だった服部さんも親族の反対にあって長い間帰国できずにいて、一年ほど前にやっと国友さんの世話で帰国を実現できた残留婦人だ。一二人の気持ちは痛いほどよくわかる。さっそく公衆電話に走った。

午後四時半。官邸の電話番号を調べて、電話すると、宿直の職員が出てきた。

「今日は日曜日。明日、もう一度電話するように」

その相手に対して服部さんは震える声で訴えた。

「残留婦人らが成田空港に帰ってきました。細川さんに伝えてほしい」

直訴しようと思っていた細川首相への連絡はつかない。この日の宿はない。航空券を買うために借金をしてきた人もいるぐらいで、みな所持金はほとんどない。一二人はそのまま成田空港のロビーで一夜を明かすことになる。服部さんは放っておけず、彼女たちに寄り添うことにした。自腹で一

1993年９月５日、「日本で死なせてほしい」と「強行帰国」した12人の残留婦人らは、成田空港で一晩を明かした。空港ロビーで旗を持つ今井ワカさんら（写真提供・春陽会）

二人分の弁当を買った。

最高齢で、耳が遠い横田さんは独り言のように「私は中国には帰りません。みなさんお助けください」と繰り返し、手を拝むように合わせた。

「細川総理様　私達を助けて下さい」

そう書かれた小旗をかばんの上に立て、一晩を過ごした。

二人はロビーのソファで体を休めながら、一晩を過ごした。実はこの小旗は国友さんが作ったものだった。国友さんから出迎えのボランティアに託された小旗は、密かに帰国した一二人の手に渡されていた。

「あの日が日曜なんて、全く知らなかった。中国で警察に捕まるんじゃないかと怖かった。飛行機に乗るまで冷や冷や、どきどきしていた。成田空港について日曜だと言われてがっかりしたわ。官邸は閉まっていると言われて、どうしようと思ったけど、それは仕方ないわね。空港で夜を明かすぐらいなんでもない。そのつもりで、みなにも毛布を持ってくるように言っていたから。ただ、お茶を買うお金もないから、みんなの次の食事をどうしようと、それは心配だったのよ」

竹越さんは当時を振り返る。

帰国した日が、竹越さんも全く予期していなかった日曜だったことが、結果的に功を奏す。空港で夜を明かす一二人の姿が翌朝の新聞で報道され、世の中は大騒ぎになった。早朝の成田空港にはテレビ各局のワイドショーのクルーも押しかけ、一二人のことが新聞、テレビの報道とともにワイドショーでも大きく取り上げられた。

その日の朝には武村正義官房長官が「気持ちは痛いほどわかる。受け入れる」などと表明したが、一二人の行動は、敗戦後の混乱で中国に取り残され、生きるために中国人の妻になった残留婦人や残留孤児と呼ばれる人に対する政府の冷たい扱いを明らかにするきっかけとなった。日本政府は敗戦当時一三歳以上だった人を残留婦人とし、「自分の意思で中国に残った」とみなしていた。日本側の肉親が受け入れを拒否すると、事実上、彼女たちは帰国できない状況だった。日本に戸籍があり、日本の旅券ももっている。しかし、国による帰国支援がないため、経済格差の大きい中国、しかもほとんどが貧しい農村地帯で暮らしている残留婦人らには、自力で日本に帰国し、生活することは不可能だった。

竹越さんらの行動を受けて、厚生省（当時）は親族に拒否されても帰国できるようにとつくった、特別身元引受人制度の適用を一九九一年から始めていると説明したが、その、親族の代わりになる特別身元引受人は本籍がある都道府県で探すことが原則とされていた上、自分で日本に来て探すこともできないため、実質的にほとんど利用できない制度だった。現に、このときまでにこの制度を利用して帰国を果たした残留婦人は五〇人強しかいなかった。約二〇〇〇人が中国に残っていることを考えれば、五〇人は二・五％にしかならない。これでは、帰国させるための制度とはいえない。

こうした事実を世の中に知らしめたのが、この夏に発足したばかりの細川内閣へ期待を込めて決行した一二人の帰国だった。

「祖国で死なせて」と訴え、五六歳から八〇歳の年老いた女性たちが空港ロビーで夜を明かしたこの一二人の集団自費帰国は、「強行帰国」と呼ばれ、中国残留邦人の歴史を語る上で特筆すべき事件となった。

「強行帰国」のリーダー

「強行帰国」はリーダーの竹越さんがいなければ、実現しなかった。一二人の中には日本語できちんと意見を言えるのは竹越さんと竹越さんをサポートした七一歳の青木聰子さん、七二歳の今井ワカさんぐらい。日本語はもちろん、中国語の読み書きさえできない人も三人いた。しかも、多くが持病を抱えた高齢者だった。そんな中で竹越さんは他のメンバーから「お母さん」と慕われ、頼りにされた。

その竹越さんは北海道生まれ。女学校を卒業し、二〇歳のときに、写真一枚を手にして、「大陸の花嫁」として、中国の東北地方（旧満州）に渡った。魚屋を営んでいた父が亡くなっていたところへ、知り合いの軍人が「大陸の花嫁にならないか」と縁談をもってきたのだった。

「好きとか嫌いとかは考えられない。あのころは軍国主義、帝国主義で、『行かない』とは言えなかった。食べるものにも困っていたときだったから、運命だと思って、『はい、行きます』と言っていた」

夫となる人は、八歳年上の軍人で、ソ連国境にあるジャムスという土地の司令部にいた。ジャムスでの軍人の妻としての生活は米も砂糖も十分にあり、何も困らなかった。一九四五年六月ごろ、夫は出張といって、どこかへ旅立った。その一カ月後、今度は官舎に住む竹越さんやそのほかの軍人の妻、子どもたちに一時避難するように命令が下った。一人ずつ金を渡され、ジャムスの司令部を出発、汽車を乗り継ぎながら移動した。女性と子ども約五〇人の一団だった。しかし、途中で汽車が動かなくなり、通河で敗戦を迎えた。

戦前、戦中の日本人の横暴な行動に腹を立てていた中国人は、敗戦国の民となった日本人に襲いかかってきた。一〇日ほどしてソ連兵が入ってきた。「時計をくれたら汽車を出す」という条件を提示され、みなが時計を供出。ソ連兵に三〇個の時計を差し出して汽車を動かしてもらった。しかし、汽車は長春に着くと、そこから先は動かなかった。竹越さんらは仕方なく、下車した。

長春の軍人官舎はもぬけの殻だった。住んでいた人たちはすでに大連まで逃げていた。逃げ場のない竹越さんらは、主を失った官舎に入った。布団や生活用具は残されていた。渡された金で二カ月ぐらいは暮らせた。しかし、秋が深まると、日に日に寒くなってくる。食べ物にも困るようになる。竹越さんは、子どものいない宮本さんという奥さんと一緒に町に出た。食堂で茶碗洗いをしようと決意してのことだった。「給料はいらないから、食べさせてほしい」と交渉して歩いた。雇ってくれる食堂を見つけ、宮本さんと一緒に働いた。店に泊まり込みながら、一冬を越した。月に一、二度店を見に来ていた六〇代の中国人経営者が、中国語のできる宮本さんに、「日本に帰るまで養ってやる。二人で家に来ないか」と声をかけてきた。妾になれということだと察した二人は、食堂を逃げ出し、日本人たちが暮らす収容所に戻った。

季節は春になっていたが、食べるものもお金もないのは変わらない。町のダンスホールが「募集ダンスのできる人」という求人を出しているのを知った。竹越さんは女学生時代に、社交ダンスを習っていた。顔を出すと、踊ってみろといわれ、合格となった。生きるためにはどうしようもなかった。

踊り手は全部で二〇人ぐらい。中国人は二人いるだけで、あとはみな日本人だった。地下のダンスホールで、中国国民党の軍人や警察幹部、ソ連の軍人相手に踊る毎日。

「今日は踊りたくないから踊らないというわけにはいかない。つらい毎日だった」

踊り手たちは二階で共同生活したが、午前一〇時に食事が一回出るだけで、あとは自分で踊って

「強行帰国」のリーダー、竹越リヱさん。帰国後に日本に呼び寄せたふたりの娘に囲まれて

稼がなくては食事にもありつけなかった。

ダンスホールで働いていると、毎日見回りに来る中国人の警察官が声をかけてきた。お茶や食事に誘ってくれた。ダンスを踊るわけではないので、金にはならない。それを伝えると、ダンスの切符を買ってくれたので、つきあった。

知り合って一カ月。この警察官は「こういうところはいいところじゃない。出た方がいい」と言い出した。「生活できない」というと、「結婚しよう」と求婚された。

これがいまの夫で、二歳年上の李映中さんだ。

竹越さんは李さんと結婚した。李さんはその後、警察官から学校の教師に職を変えた。長男が生まれてまもなく、日本人の引き揚げがあった。一九五三年ごろのことだ。希望者は日本に帰れるという。だが、中国人の子どもの同行は許されないという条件だった。

「夫は口では『帰っていいよ』とは言ったけれど……」

竹越さんは一晩泣いて考えた。だが、乳飲み子を抱えては、帰るに帰れない。「子どもがいるから帰りません」というと、夫も、そして夫の父親も喜んだ。

「うちはほかの貧しい農家の嫁になった残留婦人よりずいぶん恵まれているけど、残留婦人として残った人は私と同じ運命じゃないかと思っているの。乳飲み子がいて、一人だけ帰るわけにはいかないでしょ」

多くの残留婦人たちは、日本で生まれ、日本で育ち、日本の教育を受けている。懐かしいふるさとの様子、家族との思い出もある。祖国・日本へ帰りたいという思いは誰にも負けない。しかし、自分の命を救ってくれた中国人の夫を見捨て、まして、おなかを痛めた我が子を置いて日本に帰ることはできなかった。彼女たちは、身を切られるような思いで、「生きていればいつかは日本に帰れる」と自分を慰めることしかできなかった。

一九六六年、文革が始まる。地主の出で、さらに竹越さんという日本人を妻にしていた夫の李さんは、批判対象になった。一年ほど幽閉された。当時、二人の間にはすでに子どもが四人生まれていた。大黒柱の夫がとらわれの身となり、竹越さんは家にあるものをすべて売り払って、何とか生活した。長女は学校で「鬼の子」「日本の子」と言われ、いじめられた。息を潜めて生活した。長男は吉林大学に合格したが、日本人の子どもだから入学できないとの通知があった。

文革終了後、夫は名誉回復し、生活は改善していく。夫は図書館の受付などを経て、文化局の副局長になった。

一九七二年、日中の国交が回復する。竹越さんは懐かしいふるさとへ手紙を書いた。母親と連絡がつき、五三歳のとき、北海道に一時帰国した。五カ月半滞在した。七七歳だった母は食堂と旅館を営んでいた。三〇年ぶりに里帰りした娘の竹越さんに「この店は全部あげるから、中国に戻らないで」と懇願した。だが、中国にいる夫の李さんからは「子どもはだれも結婚していない。子どもらが独立するまでは中国で暮らせ」という手紙が来た。このまま日本に残りたい気持ちが強かったが、それは新たな家族離散になる。当時は国の援助はなく、言葉ができない家族を抱えての帰国は、考えられなかった。それに、財産を竹越さんに譲るという母の言葉に、きょうだいがいい顔をしなくなった。竹越さんは後ろ髪を引かれる思いで中国に戻った。

三年後、母親が死亡し、それ以降は、手紙を書いても、日本のきょうだいからは返事がこなくなった。

夫の李さんは定年後、吉林省九台市で、次女夫妻と一緒に薬屋を始めた。中国の経済開放政策もあり、軌道に乗った。薬屋の利益は一カ月に一万元（一元は約一三円）になった。一〇〇平方メートルを超えるマンションに住み、冷蔵庫や洗濯機など電化製品もそろえた。当時の中国では非常に恵まれた生活だった。

ほとんどの残留婦人が貧しい農村での暮らしを強いられている。というのも、残留婦人は、敗戦後の混乱の中で、生きるために中国人の農家に入った人がほとんどだからだ。貧しくて中国人でさ

え も嫁に来ないような家が多かったため、残留婦人らの生活は当然、中国の中でも厳しい。残留婦人としては竹越さんは極めて珍しく、恵まれた生活をしていたと言える。しかし、親族に拒《こば》まれて、日本に永住帰国できない状況は、ほかの残留婦人たちと同じだった。

国友忠さんとの出会い

「春陽会」の会長だった国友忠さんは元浪曲師という経歴をもつ。国友さんは二〇歳で応召し、中国で情報収集などの特殊任務についた経験から、「何にも知らない一般民を残してきた」と悔やんで、残留婦人らを支える「春陽会」をつくった。当時、残留婦人らは、親族の受け入れがなければ、永住どころか一時帰国もできなかった。旅費を自分で出せないからだ。国からは親族が手続きをすれば、一〇年に一度、帰国旅費が支給されたが、親族に拒否されれば、それもかなわない。それを知った国友さんは、一〇年以上日本に帰国していない、あるいは敗戦後、一度も帰国できなかった残留婦人らを、一九八九年から二〇日間ほどの日程で日本に招待し始めた。最終的には、「春陽会」の招きで日本の土を踏んだ残留婦人らは三〇〇人を超えた。

竹越さんは一九九三年四月に行われた春陽会による第一〇回里帰りのメンバーとして来日した。「強行帰国」で一緒に行動することになる七四歳の高橋ことのさん、五八歳の工藤照子さん、六三歳の小野田マスヨさん、五六歳の荒木美智子さん、七二歳の今井ワカさんも、同じ里帰り団に参加していた。

二〇日間ほどの日本滞在中、国友さんは旅券発行手続きを代行して、旅券を取ってやり、故郷が受け入れてくれない残留婦人らを茨城県三和《さんわ》町（現・茨城県古河市）の自宅敷地内に建てた宿泊施設「ふるさとの家」で寝泊まりさせて、日光見物などに連れていった。

滞在中のある晩、竹越さんは国友さんに呼ばれる。国友さんが書斎に使っていた部屋に行くと、国友さんがソファに座っていた。促されて竹越さんが向かい側に座ると、国友さんは静かに話し出した。

「まだ日本に帰って来ていない残留婦人たちが二〇〇〇人もいる。でも、僕にはこれ（一時帰国支援）以上のことはできない。もし、何人かを連れて帰ってくるという勇気があるんだったら、手伝うよ」

実は、国友さんがこうした行動を必要と感じた事件が、一九九一年に起こっていた。「春陽会」に招かれ、一時帰国していた一人の残留婦人が「ふるさとの家」で首をつって自殺したのだった。その残留婦人は、一時帰国はできても肉親が反対しているために永住できる見込みはないと悲観していた。それなら、せめて祖国で死のうと、自殺したのだった。国友さんはその死に衝撃を受けた。引き受け手のない遺骨の供養をする一方で、「早く、残留婦人らの願いをかなえなくては」との思いを強くしていたのだった。

国友さんは竹越さんにも、自殺した残留婦人の話をするうちに興奮して、机をたたき出した。

「君にはできる。ほかの人にできなくても、君にはできる。これまでに二〇〇人以上の残留婦人が里帰りしたが、だれも、行動をとる人がいない。日本人の君たちが帰国できないのはおかしい。行動するしかない」

「何人か帰りたい人があるんだったら、集めていろいろ考えてみます」

「考えることはない。君ならできる」

国友さんは竹越さんの背中を押し続けた。

シベリアに抑留された夫は再婚していた

日本での滞在日程を終えた竹越さんは迷いながら、ほかのメンバーと北京に戻った。今度は北京のホテルで、一緒に里帰りしていたほかの残留婦人らに泣きつかれた。高橋ことのさんや工藤照子さんらだ。

「もう農村には戻りたくない。日本で暮らしたい」

高橋さんと工藤さんは竹越さんのひざにすがって泣いた。

宮城県出身の高橋さんは、そのときすでに七四歳。

二〇歳のときに、「大陸の花嫁」として中国に渡り、開拓団員の夫と結婚した。夫は敗戦直前に応召、敗戦前後の混乱の中、高橋さんは二歳と六歳の子どもを連れて、開拓地から逃げた。逃避行の中で、二歳の長男は栄養失調になり、高橋さんの背中で死んだ。六歳の長女は、冬の寒さで高橋さんが病に倒れ、生死の境をさまよっている間に行方不明になっていた。高橋さんが、連れて行かれた病院から収容所に戻ると、長女の姿はなかった。だれかに連れて行かれたのか、死んでしまったのか、いまもわからない。その後、零下四〇度にもなる中で、食べるものも着るものも何もなく、高橋さんは、生きるために貧しい農家の嫁としてもらわれた。その後、ずっと中国の大地で畑仕事をして、生きてきた。

日中国交回復後に、高橋さんは一度、姉のところに里帰りしている。両親はすでに亡くなっていた。シベリア抑留から戻っていた、かつての日本人の夫が健在だった。だが、夫はすでに再婚していた。「二人の子どもは?」と聞かれ、高橋さんはなんと言っていいかわからなかった。「病気で死んだ」というのが精一杯だった。

いつも笑顔だった高橋ことのさん

家族と離散し、子どもやきょうだいを亡くし、生きていくために意にそわない結婚をし、日本人だからこそ後ろ指をさされないように周囲に気を遣って生き延びてきた残留婦人たち。最初の日本人の夫が日本で健在だった人も珍しくない。だれにも止められなかった時間が残留婦人らの人生に刻まれている。逃避行の途中での出来事、生き延びるための結婚、その後の生活の中で、だれにも話せない悲しい思いを抱え続けている人も少なくない。

養家は布団もない極貧農家

高橋さんが暮らす近くの村で同じように苦しい生活をしてきた工藤照子さんも、里帰りに参加した。このとき五八歳。

工藤さんは七歳のとき、一家で開拓団員として中国に渡った。まもなく、母は重いリウマチにかかり、自力では歩けなくなった。九歳のときには、父が応召。年老いた祖父母と三人の妹を抱え、工藤さんが一人で水くみや家事をこなし、一家の生活を支えた。敗戦後、祖父は自殺、工藤さんは残された祖母と母らと中国人の家にもらわれた。妹三人は別の中国人の家にやった。まもなく、母も祖母も死亡、工藤さんだけがその家に残された。

養家は布団も何もない貧乏な農家だった。自分の体より大きな釜を持ち上げられなくて、「役立たず」とぶたれた。一五歳で、一二歳も年上のその家の次男と結婚したが、夫は酒を飲み、気に入らないことがあるとすぐに工藤さんに手をあげた。働かない人だった。

食べるのに精一杯の生活。ズボンも一枚しかない。夜洗って、乾いていようがいまいが、朝にそれをはいた。「お父さんが兵隊に行ってからいいことはひとつもなかった」。工藤さんはぽつりと言う。貧しい生活の中で、自分で人生を選べずに来た工藤さんが自分の感情を素直に出すことはほとんどなかった。自分の運命を恨むことも嘆くこともしなかった。それさえできない、あきらめの人生だった。考えることは無駄なこと。ただ毎日毎日、終わりのない野良仕事だけが続く生活だった。

工藤さんは日本語を話せない。中国語の読み書きもできない。子どもも五人産んだが、二人は小さいころに病気で亡くしている。医者にみせることもできなかったからだ。生き残った三人の子どもたちは小学校に行かせるのがやっとで、みな農民になるしかなかった。家は土の壁、肉だって年に一度ぐらいしか食べられない。日本の暮らしに慣れている私たちには想像することは難しいが、工藤さんは本当に貧しい、生きるのにギリギリの生活を送ってきた。電化製品はもちろんない。そんな生活からどうやって日本に帰ってくる費用を捻出することができるだろうか。言葉もできない工藤さんは、自分たちだけでは日本に帰って来ることができない。竹越さんにすがるしかなかった。

いつも物静かだった工藤照子さん

竹越さんには、「自分たちが暮らす農村には戻りたくない」という高橋さんや工藤さんの気持ちが理解できた。中国の農村の生活の厳しさをよく知っているからだ。それに、自分も同じ残留婦人だ。
「うちが（日本に）連れて行ってあげる。だから、もらった日本円は使わずにとっておいて」
日本への里帰りから戻ってきた北京のホテルの一室で、竹越さんは思わず約束してしまった。この一言が、国友さんに行動をけしかけられていた竹越さんの背中を最後に押した。

高橋さんや工藤さんは泣いて喜んだ。

竹越さんが言った「もらったお金」というのは、国友さんが里帰りした残留婦人ら一人ひとりにお小遣いとして渡してくれた一〇万円のことだ。ほとんどの人がそれを使わずに、大事に持ち帰っていた。このお金が、彼女たちの「強行帰国」の飛行機代となった。

「強行帰国」への準備

竹越さんは自宅に戻ってから、国友さんに国際電話を入れた。これも、夫が薬屋を営み、経済的に余裕があった竹越さんだからできたことだった。農村暮らしの残留婦人に国際電話をかけることは不可能だ。料金も払えなければ、国際電話をかけられる電話局まで何時間もかかるところに住んでいるからだ。

国友さんからは、以前春陽会の里帰りに参加していた最高齢の横田はつゑさんなど、ほかに連絡してほしい人の名前があがった。竹越さんは、電報や手紙で中国国内に暮らす十数人の残留婦人らに連絡をとった。だが、字の読めない人、手紙が届かない農村に住む人もいた。連絡には金と手間がかかった。竹越さんの夫の李さんは、金がかかるという文句はひとことも言わず、やさしく見守った。「自分の国に帰りたいという気持ちは理解できたから。妻を全面的に支援した」と李さんは語る。

竹越さんは国友さんと、何度も国際電話で話した。

「国友先生、うちら捕まりませんか」

「そんなことはない。弁護士を二〇人用意してある。竹越さん、怖いことはない。日本のパスポートで帰ってくればいい」

「そうですよね。日本のパスポートをもっているのに帰れないというのはおかしいですね」

「何も怖くない。頑張りなさい。ただ、私との関係は絶対秘密だ。口外してはいけないよ」

「私の意思で帰るのですから、絶対に言いません」

国友さんと竹越さんは秘密を共有し、その計画に向けて、密かに準備を進めた。

国友さんは、この計画が自分の指図で実行されたものだということが明らかになれば、世の中に与える衝撃度が小さくなることを警戒していた。あくまでも残留婦人らが自らの意思で、最後の手段に出るということが重要だった。竹越さんも、それを理解した。

夫の李映中さんと散歩に出かける竹越リヱさん。12人の中では、ずっと「幸せ」という言葉を使わなかったが、夫が来日した後の2005年に初めて「いまは幸せ」と話してくれた（撮影・郭允）

竹越さんは国友さんに迷惑をかけてはいけないと思い、決心を固くする。この計画に国友さんがかかわっていることは絶対にだれにも話さない、と心に誓った。行動をともにした一一人に対しても言わなかった。竹越さんが初めてこのことを告白してくれたのは、国友さんが八六歳で亡くなった直後の二〇〇五年夏に久しぶりに私が竹越さんを訪ねたときだった。竹越さんは迷いながらも、話してくれた。

竹越さんが国友さんと連絡を取りながら、計画を進めるなか、竹越さんとばったり駅で会って「強行帰国」の話を聞いた五八歳の佐々木久栄さんが、自分も一緒に行きたいと、竹越さんの自宅を訪ねてきたことがある。そのとき、佐々木さんは竹越さんが一〇〇平方メートルを超えるマンションに住んでいるのを見てびっくりした。農村で暮らす自分の生活とは全く違ったからだ。

「あなた、こんないい生活をしているのに、日本に行くの?」

「私が行かなければ、あなたたちどうするの?」

竹越さんが反問すると、佐々木さんは言葉もなく、泣いた。その姿を見た竹越さんは胸が詰まった。約束を破ることはできないと、改めて思った。

「あした映画を見に行くというような約束とは違うから。好きで残ったわけではないのに、自分の意思で残ったと言われ、日本に帰してもらえないというのは、うちも一緒だから」

しかし、竹越さんは怖かった。無事に飛行機に乗れるのだろうか。中国側で引き留められないだろうか。政府の方針に反することをすれば警察に連行されやしないだろうか。心配はつのる一方だった。もしかして、外で寝泊まりしなくてはいけないかもしれない。全員に毛布を持参するように指示を出した。

結局、約束の九月二日に日本旅券を持って北京のホテルに集まったのは、一二人だった。全員、子どもたちが心配して北京まで同行していた。竹越さんにとっては初対面の残留婦人もいた。だが、祖国に帰りたいという思いと目的はひとつ。このときから一二人はひとつの家族のように、固い絆で結ばれた。

しかし、竹越さんの胸は、飛行機に乗り込むまで、だれかに聞こえてしまうのではないかと思うほど、音を立てて鳴った。ドキドキしっぱなしだった。私が日本から北京のホテルにかけた電話も、「帰ってくるな」と言われているように思って、電話を途中で切ったという。「うちが連れて行ってあげる」とは言ったものの、本当に成功するのか、実は竹越さんが一番心配していた。しかし、そんな不安はおくびにも出さず、竹越さんは行動した。

当時はまだ日本に帰れない人たちが残留婦人、孤児をあわせて約二五〇〇人いた。その二五〇〇人の思いを背にして、竹越さんは一一人を連れて、北京空港へと向かった。

一九九三年九月五日、一二人は機上の人となった。

中国帰国孤児定着促進センターへ

飛行機に乗り込み、少し安心したものの、竹越さんは飛行機の中でも一睡もできなかった。近づく祖国を窓から眺めていた。青木聰子さんと「もし警察に呼ばれたら、二人で責任を負いましょう」

と話し合っていた。その青木さんも飛行機に乗っている間、不安が消えなかった。テレビで見た、「あの戦争は間違った戦争だった」と話していた細川首相の姿を思い起こし、「あんなことを言う細川さんだから、必ず引き受けてくれる」と念ずるように思い続けていた。

一二人、それぞれが自分の人生を思い返し、これからの生活への不安と期待に心をふるわせていた。

成田空港に降り立ち、到着ロビーに出て行くと、竹越さんは一人の男性から声をかけられた。

「竹越さんですね」

「そうですけど……」

「国友先生から様子を見てくるように言われました」

その言葉を聞いて、竹越さんはほっと安心した。これで大丈夫だと、思った。この男性は国友さんに頼まれて成田空港まで来たボランティアだった。ふたりは話もそこそこに、竹越さんはほかの一一人を先導してロビーのいすに座らせた。男性ボランティアも何もなかったように、そっとその場を離れた。国友さんが見ていてくれると思うと、竹越さんは心を強くした。

だが、何も知らされていない他のメンバーは口には出さなかったものの、逆に不安をつのらせていた。五八歳だった佐々木久栄さんは空港から外に出られない自分たちの状況を考え、「このままた飛行機に乗って中国に帰されてしまうのかしら」と心配だった。

成田空港の一階の出発ロビーに移動し、ソファで一夜を明かした一二人に、九月六日の朝が訪れる。高齢の女性たちを気の毒に思ったのか、空港公団が、おにぎりやインスタントのみそ汁を差し入れ、一二人はひとまず朝食を口にする。午前八時半、先に帰国していた同じ残留婦人で、空港へ迎えに来ていた服部さんが、官邸に電話を入れた。

「交換台では何もわからないので、九時一五分に電話し直してください」

午前九時一五分きっかりにもう一度、服部さんが電話した。

「ここでは受け付けられないので、厚生省を通して。厚生省から話をしてほしい」

午前九時二五分。服部さんはまた、受話器を手にした。教えられた厚生省の代表番号にかけた。中国孤児等対策室に回されたが、「もう少し待っててください」と言われ、電話は切れた。

受話器を置いた服部さんは、「厚生省がどういう対応をしてくれるのか。まず、お会いするまでこの人たちをどこにおいて、どうしてくれるのか。厚生省にはバスで迎えに来てくださいとお願いするつもり。あの戦争があって、こういう人たちが生まれたのだから」と話した。

服部さんが電話から戻ると、ロビーのソファの間で、六三歳の小野田マスヨさんがひきつけを起こして、倒れていた。青木聰子さんと話していて、ふるさとが同じ山形だと聞いて興奮したらしい。「それとね、飛行機代で三〇〇〇元の借金をしてきてお金がないって言っていた。これからどうすればいいのかと心配したんじゃないかしら」と青木さんは心配そうに見つめた。

空港の医務室からスタッフが飛んできた。小野田さんの血圧は一七〇にまで上がっていた。疲労からくる高血圧性脳症と診断され、点滴と注射を受けて、医務室のベッドに運ばれた。

午前一〇時半すぎには空港公団が、空いている団体待合室に、小野田さんを除く一二人を案内した。「老婦人ということで対応させていただいた」と空港公団は説明した。

午前一一時すぎに厚生省中国孤児等対策室の職員二人が到着、一二人を埼玉県所沢市にある中国帰国孤児定着促進センター（現在の中国帰国者定着促進センター）に受け入れることを発表、そのまま、一二人と面会した。午後二時前、小野田さんも合流して、一二人は厚生省の用意したバスに乗り込んだ。

一二人が向かった中国帰国孤児定着促進センターは、通常帰国した孤児らが帰国後四カ月（二〇〇四年から六カ月）入所し、日本語や日本の習慣について、学ぶ場所だ。対象とされているのは国費帰国の孤児で、自費で帰ってきた上に、自分の身元がわかっていて厚生省からは残留婦人等とされる一二人は、本来入所の対象からは外れていた。だが、厚生省は「今回は泊まるところがないので、国費帰国ではないが拡大解釈して」、一二人の入所を決めたのだった。

その日の夕方、日が傾き、あたりが暗くなりかけたころ、一二人は定着促進センターに到着した。先に入所していた孤児らに出迎えられると、不安と緊張が解け、表情がいくらか和んだ。八〇歳で最高齢の横田さんは、センターについたバスから降りた途端、ハンカチで目頭を押さえた。耳がやや不自由で、足取りもおぼつかなく、両脇を抱きかかえられながらだったが、何度も頭を下げ、喜びで顔をほころばせた。

失敗したときには、竹越さんと二人で責任を取ろうと話し合っていた青木さんは移動中のバスの中でもずっと不安だった。センターに着いて、センターの所長から「安心しなさい」と声を掛けられて、体の力が抜けた。やっと安心できた。それまではいつ中国に帰されるかもしれないとおびえ、「日本の空気を吸っただけでもいいじゃない」と自分に言い聞かせていた。

記者会見で語った一二人の思い

午後五時からセンター内で記者会見が開かれた。一二人は一人ずつ、緊張しながらも、集まった報道陣の前で思いを語った。

前述した七四歳の高橋ことのさんは少しどもりながら、日本語で話した。「日本に帰れまして、うれしくて仕方ありません。中国にいて五六年になります。帰りたくて帰れなくて……。懐かしくて懐かしくて。今度うれしくてたまりません」。

神奈川県出身の今井ワカさん、七二歳。今井さんは、明治大学に留学中の中国人と結婚し、二二歳で中国に渡った。夫は三年前に死亡した。「みなさんがこんなに親切に迎えてくれるとは思いませんでした。空港で親切にされ、泣いてしまいました。今度思い切って帰ってきても、どんなふうに迎えてくれるかと思うと、なかなか心が安らかでありませんでした。ただ、中国にはまだ二〇〇〇人近くの人がいる。その人たちも日本に帰れるように、今よりも容易に帰れるようにしていただきたい」。

この朝倒れた小野田マスヨさんは山形県出身の六三歳。一三歳のとき、一家で開拓団として中国へ。「集団自決」を生き残った。「今日はみなさん、ありがとうございました。父母も妹も弟もみな中国で死んでしまい、いつ日本に帰れるか毎日思っていました。今度は永住したいと思っています」。

最高齢の長野県出身の横田はつゑさんは八〇歳。三一歳で亡き夫の両親らとともに開拓団員として入植。日本人と再婚したが、敗戦後に夫は死亡。中国人と結婚した。「みなさま、こんにちは。私は丑年《うしどし》生まれです。牛に乗ってはるばると、恋しい日本に帰ってきました。中国には帰りませんから、日本のみなさん、お助けください。ここで死ねると思うと、ただただうれしいです」。顔をしわくちゃにして笑顔をみせた。

山形県出身の青木聰子さん、七一歳。一九歳のとき、義勇隊の一員としてソ連国境の町へ。発しんチフスで死にかけ、中国人に助けられた。「(戦後)四八年の歳月を中国で生きてきました。黒い髪が白い髪になりました。私たちのふるさとへの思いは重くなるばかりです。これから先はみなさんのお世話になると思います。よろしくお願いします」。緊張に顔を少しこわばらせながら、しっかりとした日本語で話した。

福島県出身の佐々木久栄さん、五八歳。六歳のとき、家族で開拓団として中国へ。敗戦後の混乱で、一緒に残された母と姉は死亡。一三歳のときから働きづめで、中国人と結婚した。「永住したいです。よろしくお願いします」。日本語があまり話せないからか、言葉少なだった。

長野県出身の黒塚ミヨ子さん、五六歳。六歳のとき、家族で開拓団員として中国へ。敗戦後、身重の姉の身を案じて残留。父と弟は帰国。その後、姉は自殺した。学校に通ったことがないため、中国語は話すが、読み書きができない。日本語も全くできないため、中国語で思いを語った。「六歳のときから中国にいます。一家五人家族。でも、お母さん、お姉さん死んじゃった。毎日泣いて大きくなりました。今は私は日本に帰ってきて本当にうれしいです。みなさん、ありがとうございます」。

長崎県出身の荒木美智子さんも五六歳で、日本語はできない。黒塚さん同様、中国語の読み書きもできない。五歳のとき、家族で中国へ。妹弟ともに中国に残された。「お父さん、お母さんと中国へ行った。戦後父母は死んだ。兄も死んだ。私は五つのときから中国にいて、五〇年たった。もう中国に帰ろうと思わない。永遠に帰りたくない。というのは、ここが私の祖国だからです」と中国語で話した。

長野県出身の宮嵜けさみさん、六七歳は日本語で話した。一九歳のとき、家族とともに開拓団員として入植。ソ連軍進攻で家族全員が「集団自決」。父の「帰れるなら帰れ」との言葉を胸に生き延びた。「一九歳のとき、家族八人で満州へ行きました。一年もたず、七人の家族が自決しました。生きていればいつか、日本に帰れるだろうと思っていました。子どもたちは、母さん、帰りたかったら帰ってもいいよ、元気で頑張って、と言ってくれました。でも、子どもたちは恋しいです」。

和歌山県出身の鈴木ヨシカさん、七二歳。日本人の夫が戦死した後の、二六歳のとき、身重の兄嫁を迎えに中国へ渡った。兄は戦死し、兄嫁は敗戦後の混乱の中で死亡。病院で働いていたが、食べていけなくなり、中国人と結婚した。「みなさんの顔をみると胸がいっぱいです。何をいっていいのかわかりません」。日本語はできるが、いつも周りに気を遣い、控えめに生きてきた半生の影響か、言葉は少なかった。

高橋さんと北京で竹越さんに泣きついた工藤照子さんはこのとき五八歳。中国人の家に引き取られてから働きづめだった人生を振り返りながら、「学校に行っていないので、言葉も勉強もできません。日本に来て、うれしく思っています。孤児と認められない妹が一人まだ中国にいる。夫に反対されたが、帰りたくて帰りたくて祖国に戻ってきました」と中国語で話した。

そして、リーダーの竹越リヱさん、六九歳。落ち着いた様子で、しっかりとした日本語で、まだ中国に残るほかの残留婦人らの思いまで代弁した。

「帰りたい帰りたいと思いながら、中国で暮らしてきました。思い切ってこんな行動をとって厚生省に悪いとは思いますが、仕方ありません。細川さんに会って意見を述べたいと思っています。自民党に何度もお願いしても、親族の承諾、身元保証人が必要と言われ、それで私たちは帰ってこれませんでした。厚生省には悪いが、細川さんならわかってもらえると思って、突然の行動に出ました。細川さんに会いたいという理由は、長年の間永住帰国には親族の承諾と身元保証人が必要とされてきたことを取り消しにしてほしいと思っています。そうすれば、早く帰れると思います」

「中国残留邦人等帰国促進・自立支援法」の成立

「強行帰国」と報道された一二人の様子をテレビで見ていた国友さんは、電話をしてきた服部さんに「まあまあ合格点だったな」と語った。

その数日後、国友さんは、センターに一二人を訪ねた。一人ひとりと握手し、ねぎらいの言葉をかけ、「困ったことはないですか」と聞いた。

竹越さんには「よくやった」と小声で話しかけた。

国友さんのその言葉に、涙を流したことのない竹越さんが、ボロボロと涙をこぼした。竹越さんが本当にほっとした瞬間だった。

その後も、国友さんは何度も電話してきて、「困ることはないか」と気遣ってくれた。

竹越さんらの捨て身の行動への対応を迫られた厚生省は一二人が定着促進センターで生活する二カ月の間に、それぞれの引き受け先を見つけた。三人が親族、九人が特別身元引受人の元に行くことになった。

一二人の行動に対する全国からの反響は大きく、お金ばかりでなく、古着なども大量に寄せられた。一二人はそれを仲良くみなで分け合った。字のかけない人には、字の書ける人が、中国の家族への手紙を代筆した。日本語ができる人は、日本語ができない人のために通訳をした。足の悪い人には、若い元気な人が買い物をした。国の政策という大きな見えない壁に立ち向かった一二人は共に闘う戦士であり、心をひとつにした家族になっていた。

一二人は、日本に到着した日の一年後、一九九四年九月五日の再会を約束して、一一月一〇日、それぞれの定着地に向かった。

世論からの批判もあり、厚生省はこの年の暮れ、中国残留邦人について、希望者は親族の同意のあるなしにかかわらず、国が帰国旅費をもち、公営住宅をあっせんするなどして永住帰国させるとの方針を打ち出した。これで、永住帰国を望めば、全員が祖国・日本に帰ってくることができるようになった。一二人の「強行帰国」が国を動かしたのだった。

さらに、この年の七月の総選挙で当選したばかりの田中真紀子・衆議院議員が動き出す。田中角栄元首相は日中国交回復の立役者として、中国残留邦人には絶大な人気がある。田中真紀子議員は祖国に帰って来られない残留婦人らの置かれた状況を「貧しい、悲しい現実」と理解を示し、厚生省の反対を押し切って議員立法の成立に奔走した。中国残留邦人の帰国促進、自立支援は「国の責務」と定めた「中国残留邦人等帰国促進・自立支援法」が議員立法で、一九九四年に成立した。戦後四九年たっての、中国残留邦人に関する初めての法律となった。

帰国後の暮らし

国を動かした一二人は、一九九三年一一月からそれぞれの生活を、親族や引受人のいる全国各地の定着地で始めた。これですべてが解決したように思われがちだが、実のところ、日本帰国後の生活の出発地点にようやく立っただけだった。思いこがれていた祖国で、彼女たちはどう暮らしているのか、私はその後、何度か全国に散らばる彼女たちを訪ね歩いた。

定着後半年を経た一九九四年の四月から六月にかけて一二人を訪ねて、一番印象的だったのは、どの顔も、いくぶんふっくらし、刻まれた皺の深さもやわらかくなっていたことだ。みな口々に「幸せです」「ヨカッタヨ」と祖国に帰って生活できる喜びを改めて語ってくれた。自宅にお風呂があること、花柄のブラウスが着られること、お刺身が食べられること、清潔な生活環境など、日本人にとってはごく普通に見える、ささやかな「幸せ」を語ってくれた。

一二人のうち、親族が承諾して、親族の元に行ったのは三人。そのほかは親族に拒《こば》まれて、厚生省が斡旋した特別身元引受人の近くで暮らしていた。半数は公営住宅で、ほかは民家やアパートでの一人暮らし。この時点で働いていたのは、長野県駒ヶ根市に定着した一番若い五七歳の黒塚ミヨ子さんだけだった。残りの一一人は生活保護を受けていた。

一二人の共通の望みは中国にいる子どもたちを日本に呼び寄せ、一緒に暮らすことだ。理解のある親族や特別身元引受人が保証人になってくれた四人は、すでにこのとき子どもたちを中国から呼び寄せていた。しかし、子どもの呼び寄せは簡単ではない。

高齢で、もう就職することが難しい彼女たちが、子どもたちを自力で呼び寄せることは不可能だし、親族や特別身元引受人も「子どもまでは面倒をみきれない」「言葉のできない子どもを呼んでどうするのか」となかなか承諾してくれないのだ。

一二人はみな口をそろえて「みなさんにお世話になり感謝しています」と言った。彼女たちのその言葉に嘘はない。みな心からそう思っている。しかし、「みなさんのおかげ」と繰り返す謙虚すぎる姿勢には「世話をされる側」の彼女たちの悲しみが見え隠れしていた。

そんな中で一二人は手紙や電話で互いを慰め合い、励まし合ってきた。ある手紙にはこうあった。

今、日本では連休に入り、公務員やサラリーマンは外国旅行したり、日本の名所に行ったり、楽しそうです。私らは一人どこにも行かず、寂しく生活しています。いろいろ事情はありますが、いっさいを忘れ、元気でがんばりましょうね。私たちは戦争という宿命に嘆き、祖国に帰ったのに、あまりにも祖国は冷たかったです。でも明日の幸せを待ちましょう。

特別身元引受人との葛藤

一九九四年五月一一日。長崎空港は雨だった。

空港から車で約三〇分。地図を頼りにたどりついた住所地には、純和風の大きな家が建っていた。大粒の雨に濡れた石塀が、色濃い緑の中で黒く光っていた。長崎県大村市の山あいに、荒木美智子さんは住んでいた。私が訪ねたとき、離れの二階で、ちょこんと畳の上に座っていた。「強行帰国」

したときからひとつ年を重ねて、このときは五七歳になっていた。荒木さんは一二人の中では最も若く、元気者だった。だが、久しぶりに会ったこの日の笑顔はどこか元気がなく、遠慮がちだった。

荒木さんの父親は戦前、長崎県島原市でコーヒー店を開き、第一号のタクシーをもつなど、ちょっとした財をなした有名人だったという。その父に連れられ、荒木さんが中国に渡ったのは五歳のときだ。父母、兄、姉、弟、妹と荒木さんの計七人。中国では、父は運転手として、軍需物資を調達する仕事をしていた。

敗戦前に長崎に戻った姉を除き、家族六人が、ソ連国境に近い黒竜江省の密山というところでソ連参戦を迎えた。ソ連軍進攻の報を受けて、家族全員で逃げた。鶏西まで来たときに、ソ連兵から発砲された。父母はとっさに荒木さんら子どもをかばって、覆い被さった。父母は弾に当たって死亡、そのとき五歳上の兄も死んだ。九歳の荒木さんと二歳年下の弟、三歳の妹の三人が生き残った。襲われて死んだ日本人たちが携行していた荷物や着物を拾いに来た中国人に拾われ、三人は別々の家にもらわれた。

荒木さんを引き取った養父母には子どもがいなかったが、荒木さんを引き取ったあと子どもが一〇人も次々と生まれた。養父は鉄道工事の労働者だった。家は貧乏で、荒木さんは学校には行かせてもらえなかった。家事、洗濯、豚飼い、畑仕事、石炭拾い、義理の弟妹たちの世話など、何でもした。養父母は悪い人ではなかったが、同居していた養父の母親にいじめられた。血のつながった孫でないために、何かあるとすぐにたたかれた。一日に何回もキセルの柄でたたかれ、「働け」と言われた。荒木さんはそのたびに外に走り出て泣いた。

養家では「日本人であることは言わないように」と口止めされていた。怒られると、荒木さんは、養父母らに背を向け、亡くなった自分の母を思い浮かべるのだった。我慢するしかなかった。だが、心のうちでは、「いつか日本に帰ろう」と思い続けていた。

自宅の裏でお湯がゴトゴトと湧き出ていたこと、そこで卵をゆでて食べたこと、鼻をついた硫黄のにおいなど、ふるさとの島原・雲仙《うんぜん》のことをずっと覚えていた。家の前の庭には、バナナのような木がはえていた。雨が降ると母がてるてる坊主をぶらさげていた。日本のことはひとときも忘れたことはなかった。

着る物もたった一枚のズボンとパンツ、それに上着も一枚しかなかった。靴もない。冬になると足はしもやけで腫れ上がり、膿《うみ》が吹き出した。後から生まれた一〇人の義理の弟、妹たちはみな学校に行った。送り迎えは荒木さんの仕事。雪が降ると、おぶって行った。義理の弟妹たちを送り迎えしたときにかいま見える学校の風景。荒木さんは勉強したくて、家族全員が寝静まってから、そっと養家を抜け出し、地域の女性のための夜間の学校をこっそり見に行ったこともある。だが、これも養父の母に見つかり、「なぜ学校に行くのか。どうして夜外出するのか」と詰め寄られ、断念せざるを得なかった。人気ドラマ「おしん」の幼いころの姿そのものだ。食事は、弟妹たちはもちろん養父と一緒に食べるが、荒木さんは同席することは許されず、養父の父母と一緒に食べた。いつも「早く食べるように」と怒られながらの食事だった。

一八歳で結婚したときも、だれと結婚するかも知らされなかった。二人の男性がある日、養家に来たが、どちらと結婚するのかさえもわからなかった。「なぜこんなに早く結婚しなくちゃいけないのか」と泣いたが、養父の母に「なぜ泣くのだ」とたしなめられた。

夫は三〇〇元を荒木さんの養父母に払い、嫁にした。金で買われた、そんな結婚が、荒木さんは最初はいやで仕方なかった。夫が部屋の中に入ってくると、荒木さんが外に出た。

しかし、夫は日本の統治時代、瀋陽にあった日本の金の精製工場で働いていたこともあり、日本人には好意を抱いていた。というのも、当時の工場長は、自分たちが食べていた米のご飯が余ると、おにぎりにして、食べるのに困っている人たちに分け与えていたからだ。

荒木さんがうまくご飯がたけず、真っ黒にしてしまっても、夫は怒りもしなかった。一緒に暮らすうちに、荒木さんは夫に心を開いていく。

結婚後は、荒木さんがくぎ工場の労働者として、四歳年上の夫は炭鉱で働いた。二人の間には、その後、六人の子どもが生まれた。だが、長男は四歳のときに脳膜炎で亡くなった。生活は苦しく、五人の娘はみな中学までしか行かせることができなかった。それでも「うちは勤め人だから現金収入があって、工藤さんや高橋さんのように農村に住んでいた人たちよりは生活は楽だったと思う。お金がなければ、屋台で野菜や洋服を売った」と荒木さんは話す。荒木さんの四女によると、荒木さんはスイカの季節はスイカを、魚が売れるときは魚を手際よく売り、市場では「日本のおばちゃん」として有名だったという。

荒木さんはふるさとへの思いが強く、養家を出て結婚すると、真っ先に弟と妹を捜した。二年生まで日本人の学校に通っていたため、ひらがなは書けた。自分の名前は「あらきみちこ」、弟は「中光」、妹は「みさこ」、姉は「みよこ」であることを覚えていた。近くに住んでいた年長の残留婦人にお願いして手紙を書いてもらい、一九五八年には島原の実家と連絡がとれた。日本の祖父母から衣服などが送られてきた。結婚後も、ずっと日本人として登録し続けてきた。

そのためか、文化大革命のときは、警察に連行され、三日間取り調べられた。結局、幼いときに中国に残されたということがわかり、晴れて釈放されたが、子どもたちは学校で「日本人の犬の子」と石をなげられたり、「日本に帰れ」と言われたりした。次女はみなで羽交《はが》い締《じ》めにされ、長い髪をばっさりと切られた。「どうしてお母さんは日本人なの？　なんで？」と子どもたちは荒木さんに聞き続けた。

一九七二年の日中国交回復のニュースを聞いた荒木さんは胸を躍らせた。「日本に帰りたい」。一九七六年から七七年にかけて、荒木さんら中国に残された三人のきょうだいは、長姉のもとへ三カ月ずつ里帰りした。久しぶりのふるさとは見慣れぬビルや建物が建ち、驚きの連続だった。うれしさに涙が止まらず、「五歳までここで暮らしたんだ」と見るものすべてがいとおしかった。

中国では生の魚を食べる習慣はなかったが、実家で出されたさしみはどこかで味を覚えていて、すぐに大好きになった。中国の家族の中では荒木さんだけが生卵を白いご飯にかけて食べる。これも、小さいころ荒木さんが父母との生活の中で親しんだ味だった。言葉は忘れ、日本語を話すことはできなくなっても、母親が作ってくれた塩オニギリやみそ汁など小さいときの味覚は体にしみつき、忘れることはなかった。

当時の中国は、風呂は各家にはなく、共同の風呂。トイレは家の外にあって、ハエがたくさん飛んでいた。荒木さんが暮らす鶏西市は炭鉱の町で、一時間外を歩くと、白い服は真っ黒にすすけた。久しぶりのふるさとは清潔で、空気もきれいだった。

荒木さんは長姉に「中国に戻りたくない」と話したが、姉は「帰った方がいい」と帰国を促した。その後、何度も手紙を書いたが、「日本語ができないのに、どうするのか」「めんどうをかけないで」などと返事が来るだけで、取り合ってもらえなかった。

荒木さんは、一九九三年春に春陽会の里帰りに参加したことで、「強行帰国」の計画を知ることになる。北京に集合という連絡を竹越さんから受けると、家族にも内緒で、帰国を決めた。夫は「中国で家族がみな暮らしているのに、いいじゃないか。日本での生活はどうなるかわからない」と反対した。娘たちもみんな心配して反対した。しかし、荒木さんは「日本に行ってダメだったら、海に行ってみんなで一緒に死ぬ。こんな年になったんだから、どんなことがあっても私は日本に帰る」と言い張り、決行した。荷物はほとんどなく、毛布一枚だけを抱えて日本に帰って来た。

こうして「強行帰国」したものの、やはり長姉ら親族には受け入れを拒否された。厚生省から特別身元引受人を斡旋され、荒木さんは一九九四年一一月から引受人の自宅の一角で暮らし始めたのだった。

私が訪ねた離れが荒木さんの住まいで、その横の純和風の大きな家が身元引受人の母屋だった。荒木さんは、月約六万円の生活保護を受けた。うち二万円を家賃として引受人に払う。一二月からは自分から言い出して、四〇〇〇頭を飼育する引受人の豚舎で働き始めた。エサや水やり、糞捨て。毎日午前八時から午後五時まで働いた。日曜もなかったが、祖国の日本で仕事ができることが、荒木さんにはうれしかった。だから、一生懸命働いた。給料は月三万円。少ないと思ったが、引受人は「家族だから、家族だから」と言った。

しかし、給料分は収入認定され、その分生活保護費は減らされた。結局、荒木さんの手元にはいくら働いても月六万円しか入らなかった。

一月中旬、転んで左の肋骨を二本折った。しばらくは寝返りを打つこともできなかった。医者には骨粗しょう症とも診断された。五月になっても胸は痛んだ。

引受人はいい顔をしなかった。

当時六〇歳を越えた引受人は恰幅《かっぷく》のいい体をソファに沈め、私に会うなりこう言った。

「正直言って、荒木さんにはがっかりしているし、落胆している。荒木さんはやる気が見られないねえ。医者は大丈夫といっても『痛い』という。私はボランティアではない。働く気持ちがあるというから引き受けたんです。こらえしょうのない人は（日本に）来たってしょうがない」

引受人は荒木さんらの「強行帰国」のニュースを知り、県に連絡をとって、埼玉県所沢市のセンターにいた荒木さんに一九九三年一〇月に会いに行った。

「働く気はあるのか」

「あります。助けてください」

「どういう気で日本に来たのか。金持ちの国だから遊ぶ気できたのか」

「頑張ります。体は小さいけれど、頑張ります。大丈夫です」

「一生懸命働くなら、引受人になろう」

こんなやりとりの末に引受人になったという。

「今考えると私は情け深かったねえ。かわいそうだと思い、自活させるために、働かせるために引き受けたのに。仕事をしないのなら、家族は呼ばない。荒木さんにも働く気がないのなら、家族は呼ばない、と言っている。荒木さんが来るというので、使っている人を一人減らしたのに……」

厚生省は引受人を「生活上の相談者」と位置づけ、その役割を「日常生活上の諸問題の相談に応じ、必要な助言、指導などを行うこと」としている。資格に明確な基準はなく、期間は三年。月二万円が支給される。日本語のわからない帰国者の世話をし、子どもの呼び寄せまでとことん世話をしようと思えばとても大変だが、荒木さんの引受人は、荒木さんのことを労働力として見ていた。出発点が違っていた。

荒木さんは、その後まもなく、長崎市にある長崎中国帰国者自立研修センターの宿泊施設に引っ越した。そこで、実質的に荒木さんの相談役になった下田裕一郎さんは、「荒木さんの引受人は奇特な人ではあるが、何もわかっていない。荒木さんを従業員の代わりと考えている。荒木さんを引き受けるからといって特別身元引受人になった人だ。行政は引受人をもっと慎重に選ぶべきだし、厚生省のやり方はなっていない。荒木さんら帰国者はみな、家族の呼び寄せをしたいと心から願っている。それをも考えてくれる引受人かどうかだ。家族を呼び寄せてもらえないと言われた荒木さんは追いつめられて、精神的に不安定だ。引受人は中国語もできないし、互いに誤解もあるだろうし、安易にそのときだけのことしか考えない対応ではだめだ」と指摘した。

私は取材中に、荒木さんの肩に手を触れたことがある。ギクリとした。人の肩とは思えないほど細かった。身長は一四〇センチほど。八歳のときに中国人に拾われ、たたかれて育った歳月が、壊れそうな肩から伝わってきた。学校に通ったこともないために、中国語の読み書きはできない。中国の家族からの手紙を自分では読むこともできないのだ。

そんな彼女は自立研修センターで、毎日日本語を勉強し始めた。「ゴタゴタあったが、いまは一日も早く仕事を見つけて家族を呼び寄せたい」。荒木さんは元気を取り戻して勉強に取り組み始めた。「強行帰国」から約九カ月、荒木さんはやっと祖国での生活のスタートラインに立った。

精神的な上下関係

特別身元引受人との関係に心を痛めていたのは、埼玉県所沢市の中国帰国孤児定着促進センター

特別身元引受人の元を離れてから４年、ふたりの娘も来日して「やっと幸せになれた」と話す小野田マスヨさん。娘と夫に囲まれて笑みがこぼれる

を出た後に、山形市で暮らし始めた小野田マスヨさんも同じだった。小野田さんは成田空港で一晩を明かした朝に倒れた人だ。

小野田さんは山形県南陽市の出身。自転車修理業を営んでいた父が小野田さんら家族八人を連れて開拓団員として中国に渡ったのは一九四一年だ。小野田さんは一二歳。父母と兄三人、二人の妹、弟と一緒だった。家族の中では、大阪で結婚していた長姉だけは中国に渡らなかった。

一家は、竹越さんが嫁いだソ連国境のジャムスという町からさらに東の樺川県に、板子房開拓団の一員として入植した。農地は中国人の農民から取り上げたものだった。入植から二年ほどは食べるものも不足し、三分の二が大豆のご飯だった。お腹はいっぱいにはならなかった。日本では学校に通っていた小野田さんら子どもたちも学校にも通わず、野良仕事をした。

一九四五年八月一〇日。麦畑にいると、開拓団の本部から「ソ連軍が攻めてきた。すぐ避難するように」と連絡が入った。開拓団として大切なものは馬車に積み、母が小野田さんら四人の子どもの手を引いて、馬車の後に続いた。父はほかの男性数人と本部に残った。このときはすでに、一緒に中国に渡った兄三人は日本に戻るなど開拓地にはいなかった。

馬車の車輪は、連日の雨でぬかるんでいた道にはまり、のろのろ進んだ。一行はジャムスを目指していた。ジャムスからなら列車に乗れるだろうという判断だった。

だが、ジャムスは遠かった。夜になって、ある村にたどりつき、そこで、火をおこして米を炊いた。食べようとしていたところで、西の方から銃声が聞こえてきた。だんだんとその音が近くなる。中国人が暴民となって襲ってきたのだった。

一行は、後戻りするように、いましがた来た道を引き返した。しかし、銃声は近づいてくる。走り出した一団は四方に散り散りになった。小野田さんも必死で周りの人について道ばたのトウモロコシ畑に飛び込んだ。無我夢中で走った。しばらく畑の中で隠れていると、母と末妹と出会った。弟ともう一人の妹の姿はどこにもなかったが、探すこともできず、小野田さんは母と末妹と一緒に、大隊について開拓団の本部に急いだ。

朝、明るくなってきたところで、小さな村にたどりついた。だが、小野田さんたちはすぐに十数人もの中国人に囲まれた。着ている上着をすべてはぎ取られた。裸同然になったが、それでも、ただひたすら本部を目指して、歩いた。暮らしていた板子房開拓団に着くと、奥の開拓地から逃げてきた人たちがいた。彼らが作ってくれたおにぎりを夢中で口に押し込んだ。二日ぶりの食べ物だった。

本部に残っていた父は、弟、妹が行方不明になったと聞いて、ほかの男性と一緒に馬車で探しに行った。それが、一生の別れになるとは思ってもいなかった。あとで聞いた話だと、中国人に射殺されたという。三日後、そのとき一二歳だった弟が自力で板子房開拓団に戻ってきたが、父は二度と帰ってこなかった。

数日後、開拓団の責任者は数百人を学校に集めた。そこに、撤退してきた七人の日本人兵士がたどり着いた。中国人の農民は、武器をもった日本人兵士らが開拓団員と合流したのを見て、発砲してきた。日本兵も撃ち返し、銃撃戦になった。

そんな中、日本兵は黒板で窓をふさいで言った。「我々は捕虜になるわけにはいかない」。集まった開拓団員に君が代を歌わせた。君が代が終わるやいなや、部屋のあちこちで手榴弾が爆発した。小野田さんの近くでも炸裂した。弟は脳漿を跳ね上げて死亡した。小野田さんも衝撃で気を失った。しばらくして気がつくと、日本兵が軍刀で開拓団の女性や子どもたちを次々に斬り殺していた。部屋の中は火が放たれ、炎が広がっていた。

生き残っていた母は小野田さんと末妹を連れて、死体を踏み越えて窓から逃げ出した。三人は畑や荒れた牧草地で九日間を過ごした。のどが渇けば、地面の窪地にたまった水を飲み、お腹がすけば、野草やトウモロコシの穂を食べた。顔や手は蚊に刺されて腫れ上がった。足も血だらけ、歩けなくなった。そんな状態のところを、六〇歳の李さんという中国人の農民に助けられた。母はいやそうだったが、生きていくには李さんの世話になるしかない。李さんのもとに母が嫁いだ形で、命を救われた。

養父の家は貧しく、まもなく小野田さんは一二歳年上の中国人男性と結婚させられた。米一斗と六元のお金との交換だった。

末妹も嫁に出されたが、その後、出産のときに死亡した。母も一九五二年に病死した。小野田さんは結局一人ぼっちになった。一九五三年ごろには日本人引き揚げのニュースが伝わったが、小野田さんは四カ月前に長男を出産したばかりだった。子どもは連れていけないと言われ、長男を置いていくわけにもいかず、そのまま中国で暮らさざるを得なかった。

夫はその後、一九六二年に病死。小野田さんは三人の息子を抱えて、食べていけず、トラックの運転手だった今の夫と再婚した。その後、さらに一男二女を出産した。

文化大革命のときは「おまえの親類は帝国主義だ」と非難された。文革前から日本の親族と手紙のやりとりをしていたため、取り調べは厳しかった。夫も小野田さんに暴力をふるい、小野田さんは一時期、精神に異常をきたす。しかし、子どもたちの看病の甲斐もあって回復、一九七七年には戦後初めて、日本に一時帰国することができた。兄のもとに半年余り滞在した。一九八三年には大阪の姉のところに三カ月余り帰国した。日本に帰国するたびに、兄や姉に永住したいと希望を伝えたが、受け入れてもらえなかった。

それで、思いあまった小野田さんは、春陽会の里帰りで知り合った竹越さんについて「強行帰国」したのだった。

所沢のセンターを出た後、小野田さんは最初、国から山形市郊外の寺の僧侶を特別身元引受人に斡旋され、寺の一部屋を住居としてあてがわれた。僧侶からは「寺にくれば何も困ることはない」と言われ、その言葉に従った。

寺に着いた翌朝は午前六時半に起き、庭に落ちていた銀杏《ぎんなん》を拾った。バケツ三つになり、皮をむいて洗って干し、袋に入れた。お世話になるからと思って、率先して動いた。ところが、ある日、少し寝坊をして午前七時に起き、そのまま食事をしたら、「遅く起きてはダメだ」と注意された。周囲の目が冷たく突き刺さった。

それからは午前三時、四時にトイレにおきると、そのまま眠らずに夜が明けるのを待った。明るくなると布団から起き出して枯れ葉をはいたり、草むしりをしたり、茶碗を洗ったり、板の間をそうじしたりした。仕事をすると、やさしく接してもらえるように感じた。夜は電気代を気にして九時には寝た。

一カ月ほどして、小野田さんは竹越さんに「毎日休むひまなく、囚人と同じです」と手紙を書き送った。苦労していることを中国の子どもたちには伝えられず、小野田さんは竹越さんや青木さんに手紙を送り続けた。気持ちを聞いてもらい、励ましの手紙が来ると、少し心が落ち着いた。

小野田さんは竹越さんや青木さんのアドバイスで役所にも相談、翌九四年からは近くの一軒家を借りて、寺を出ることができた。しかし、家にいると、「なぜ寺に行かないのか」と周りから声をかけられる。一日行かないと、「昨日はどうしたのか」と聞かれた。また、「お世話をしているんだから、言うことを聞かないと引受人を辞める」というようなことも言われたという。

三男は、僧侶に身元保証人になってもらい、九四年六月中旬に来日した。本当は三男と三男の家族も一緒に呼び寄せてやりたかった。それは引受人が認めてくれなかった。三男は、かつて小野田さんと日本に一時帰国していたので、日本語が少しできるが、嫁や孫にとっては日本語はまったくの外国語。「言葉ができないのにどうするのか」と反対されて、嫁や孫の手続きはしてもらえなかった。

「着物をもらったりしてみなさんには感謝している。でも、『ありがとうさま』『いつもお世話になっています』と頭を下げてばかりです。ひもでしばられているのと同じです」

小野田さんは寂しげに、ため息まじりに言った。

一方、特別身元引受人の僧侶に直接話を聞くと、「何かやらせてというので、草取りや茶碗ふきをしてもらったが、働かさないように気を使っているつもり。特別身元引受人は日本で生活していけるように指導する役目だから、一生懸命お世話させてもらっている」という答えが返ってきた。

世話する側と世話をされる側には、自然に精神的な上下関係が生まれてしまう。

「国からお金をもらって、毎日遊び歩いている」

親族が引き受けてくれた人にも遠慮はある。生まれ故郷の山形県飯豊町《いいでまち》に落ち着いた青木聰子さんは兄が身元を引き受けてくれた。しかし、地元で有力者である兄は、周囲の目があってしぶしぶ、仕方なく引き受けたようだった。

「強行帰国」のすぐ後に、所沢から電話すると「何しに帰ってきたのか」と言われた。それでも、身元を引き受けてくれるというのだから、と感謝した。飯豊町で暮らし始めてしばらくして、青木さんは一人での暮らしは寂しく、孫を呼び寄せる保証人になってほしいと頼んだ。三人の娘はみなが協力して、それなりの職業をもって生活している。まずは孫を呼び寄せようと思ったのだった。だが、兄はなぜ孫なのか理解してくれなかった。

「保証人になったら、一生めんどうをみなければならない。生活に困ったら全部うちにかかるんだ」「そんなこと言うなら、すぐに中国に帰れ。おまえが来て、迷惑だ」などという言葉を投げつけられた。気の強い青木さんは「乞食をしても実家の玄関には立たない」と言い返し、それ以降、絶縁状態になった。

ふるさとの飯豊町は、懐かしい土地だが、地方の小さな町で、封建的な土地柄。生活保護を受けて暮らしていると、「国からお金をもらっていい着物着て、毎日遊び歩いている」と噂された。毎朝の散歩が唯一の楽しみなのだが、その姿が、そうささやかれる原因らしい。そんな噂を耳にする兄

生まれ故郷に戻った青木聰子さん。最初に呼び寄せた自慢の孫二人と

からは「どこにも出て歩くな」と注意された。役場によると、一部の人から「実家があるのに、どうして町が面倒をみるのか」という声があがったのだという。地域の目も、親族が心を固く閉ざす原因のひとつかもしれない。

「私は悪いことは何もしていない。中国では、後ろ指さされたこともない。中国で五〇年間泣いて暮らして、ここでも泣いて暮らすのでしょうか。悔しいです。どうしてそんなふうに言われるのか。本当はきょうだいの悪口は言いたくないのだけど……」

青木さんは肩を落とした。思い続けて帰ってきた祖国だが、一人の生活は寂しく、また、周囲の目は必ずしもあたたかくない。

青木さんにとって愚痴を言えるのは、一緒に帰国した竹越さんだった。竹越さんに電話して経過を話し、「悔しくて、悔しくて。私、中国に帰るよ」と言った。それを聞いた竹越さんは「何言っているの。青木さんらしくない」と怒った。周囲に気を遣わなければならないのは、竹越さんも同じ。竹越さんは「自分を励ましてがんばれ」とねぎらってくれた。仲間の言葉が一番の支えだった。

青木さんは「実家はないと同じだが、役場にはお世話になっているから、がんばらなくちゃと思っている」と自分に言い聞かせるように言った。「やっぱり自分の生まれたふるさとだもんね。変わっていないのは山と川だけだけど」。

青木さんが中国に渡ったのは、一九歳のとき。一九四三年一一月だった。女学校を出て、一年ほど家にいた。勤労奉仕に出るよう言われ、それなら中国に行こうと思った。実家は父親が村会議員をする大きな農家で、中国行きには反対した。だが、青木さんは王道楽土の建設という国策のうたい文句に、好奇心がわいた。軽い気持ちで青年義勇隊として中国に渡った。

ソ連国境にある黒河で暮らした。白菜の手入れをしたり、畑を耕したりした。

一九四五年八月九日、ソ連の飛行機が飛んできて、黒河の町に爆弾を落とした。最初は演習だと思っていた。ところが、中国人が飛んできて、「早く逃げろ。ロシア人が入ってくるぞ」と教えてくれた。開拓団本部からも「すぐ逃げるように」と指令が来た。

昼は山に隠れ、夜になると山の中をさまよい逃げた。三日ほど歩き、町についたが、すぐにソ連の兵隊に捕まった。めがねや万年筆、時計などは全部取り上げられた。青木さんらは頭を坊主にし、炭を顔に塗ったが、ソ連兵は、胸を触って女性かどうかを確かめた。若い女性はみな連れて行かれた。

青木さんはそっと秘密を話してくれた。収容所に入っていた青木さんら日本の女性たちが、黒河の町で芸者をしていた女性に手をついて頭を下げたことがあるという。若い女性を物色するソ連兵のところに行ってほしい、とお願いしたのだ。出せるだけの金をみなで出し合い、芸者に手渡し、拝むように懇願した。すると芸者は黙って、ソ連兵についていった。敗戦後、ソ連兵に強姦された女性たちは少なくない。残留婦人たちはそうした過酷な状況を生き抜いてきた。日本の男性たちはみなシベリアに連れて行かれた。

一〇月に入り、冷え込みが厳しくなると、息を引き取る人が増えた。赤十字が馬用のコーリャンに大豆を入れたおかゆをたまに配給してくれたが、それを食べるとひどい便秘になった。だが、食べ物はそれしかない。食べるしかなかった。栄養失調は進み、顔がむくんだ。

「私はあのとき、どうやって助かったのかな。氷点下四〇度にもなる土地で、たった着物一枚で過ごしたのよ」。青木さんは不思議そうに当時を思い返す。

なんとかチチハルまで逃げてきて収容所に入ったが、冬も終わりかけのころ、青木さんは発しんチフスにかかった。四二度の熱にうなされて、意識を失った。気がつくと、ムシロにくるまれて、外に捨てられていた。目を開けると、中国人の老人が目の前に立っている。その老人は、まだ息のあった青木さんを病院に担ぎ込んでくれた。

そのとき、すでに収容所の日本人はみんな引き揚げた後だった。「気がついたときは、もうだれもいなかったの」と青木さんは振り返る。

この中国人の老人は、生死の境をさまよっていた青木さんの命を救ってくれた。そして、元気を取り戻した青木さんを、息子が営む雑貨店で働かせてくれた。

青木さんはまもなく、この雑貨店の店主であり、命を救ってくれた老人の息子の嫁となった。義父となったこの老人はいい人だった。「おまえは日本人だ。親の名前は忘れるな。いつか帰れるときがあるから」と言った。「青木」という字を入れて、中国名は「尚静梅」としてくれた。青木聰子から尚静梅となった青木さんは、作ってもらった中国服を着て、なるべく会話は控えた。口を開くと、すぐに日本人だとわかるからだ。

一九五三年には日本への引き揚げの話があった。青木さんは日本に帰りたいと思った。だが、夫に話すと、「帰るなら、帰ってもいいよ。だが、子どもは置いていけ」と言われた。規定でも中国人との間に生まれた子どもは連れていけないことになっていた。すでに子どもがいた青木さんは断念するしかなかった。

雑貨店では学用品、醤油、味噌、飴、お菓子、野菜、干し魚など何でも売った。日本人だからと、後ろ指をさされないように、ごまかさず、正直に商売を続けた。すると、店は繁盛した。しかし、一九五八年、個人商店はみな国営に移行するとの方針が出て、青木さんが切り盛りしていた雑貨店も国営商店に吸収された。以来、二〇年、青木さんはその国営商店で働き続けた。

国交回復のニュースを聞いて、「今度こそは日本に帰れる」と胸を躍らせて、父親の元へ手紙を送った。すでに父はこの世に亡く、兄から返事が来た。日本での財産権放棄を求める手紙が何通も来て、青木さんは財産権放棄に承諾し、一九七四年にやっと一時帰国を果たした。だが、その後、「強行帰国」するまで、永住帰国の願いはかなわなかった。

中国での生活は娘三人がすべてだった。「子どもの成長だけを楽しみに暮らしてきた。でも、子どもも孫も大きくなった。振り返ったら私は七〇歳になっていた。自分のことを考えようと思いました」。青木さんは言葉少なに、「強行帰国」した理由を話した。

帰国後の生活はバラ色ではないが、一人で寂しく、困っているときでも、冷静になると、「祖国にいられるのだから、これは幸せなのかもしれない」と思える。桜やツツジ、ダリヤの花、そして、ふるさとの山と川。散歩で目にするこれらの風景は、ずっとそこで暮らし続けている人にはなんでもないものかもしれないが、ふるさとを思い続けた青木さんの心にはしみいるのだ。

「戦争はまだ終わっていないと思う。まだ残留婦人が中国に残っているもの。それに死んだ人をそのままにしていていいのだろうか。犠牲になった人たちの弔いはしないのだろうか。五〇年、帰ろうと思ってもなかなか帰ってこられなかった。私たちは極限の状態の中で、自分が生きるため、子どものため、親のために、涙をのんで中国に残り、生きてきたのに、好きで残ったなんて言われるのはあんまりです。軍人には恩給がでている。そのわずか少しでもいいから残留婦人に慰問金とか出ないのですかねえ。戦争中は日本の軍曹や憲兵は、気に入らなければ、ひっぱたいたり、銃で脅したり、犬を殺すのと同じように中国人を扱った。ずいぶん悪いことをしていた。私は見ないふりをしていたけれど。その罪を残留婦人たちは中国で背負ってきたとも言えるんです。昔、国は開拓団に行け、行けと熱心に勧めておいて、いざ帰ってきたら、みな口ではご苦労さまと言うけれど、本当のところはどうなんでしょう」

青木さんは赤茶けた一枚の写真を大切に持っている。青年義勇隊として中国に渡る前に撮った親きょうだいとの写真。敗戦後、逃げる途中でソ連兵に取り上げられて、破られたものだ。後から拾って、つなぎあわせた。自分と日本を結ぶ証として、文化大革命中も大事に保管してきた。五〇年の時を経て、身元の引き受けをめぐって感情のすれ違いがあるきょうだいもそこに写っている。家族をバラバラにしてしまったものは何なのか。写真を見ながら、青木さんは考え込む。

＊

「周りの人のことを悪く書かないでください。ちょっとでも文句のように聞こえると、私が怒られます。ひれ伏す犬はたたかれないって言うでしょ」

一二人のうちの一人は私にこう言った。私が訪ねた一二人の共通の思いだ。

残留邦人が国費で日本に永住する場合は、親族またはそれに代わる身元引受人が必要だ。自費で帰ってきた一二人も国費扱いになり、引受人を斡旋された。しかし、この身元引受人制度が、彼女らを「ひれ伏す犬」に追い込んでいた。

この制度は、残留邦人問題を戦後の引き揚げ援護施策の延長線上に位置づけ、帰国は親族が面倒をみるべきものとした国の考え方が基本となっている。これが、彼女たちが苦しむ問題の原点とも言える。

戦後半世紀以上もたてば、親族も高齢化し、ほとんどの父母は死亡、きょうだいも現役を引退して、自分の生活を子どもたちに世話になっている人も少なくない。子どもたちに気兼ねして帰国に反対せざるを得ないという人もいる。また、いとこなど関係が遠い人や昔会ったこともない親族にとっては、文化が違い、言葉のわからない中国人を家族としてたくさん抱える残留邦人を自分たちの責任で帰国させ、その後の生活の責任をもつことに尻込みするのは当然といえる。だから、戸籍があっても、親族に拒否されて帰国できない人たちが増えたのだ。

国の誤った政策が親族を苦しめてきた側面もある。

厚生省は親族が未判明だったり、受け入れを拒否したりした場合のために引受人がいるとしている。国は引受人を「生活上の相談者」と説明しているものの、実は、引受人は、「残留邦人は入国に際しては外国人として扱う」とする法務省判断に沿った、入国の際の身元保証人の役割も兼ねている。

引受人は、住宅を手配、掃除をし、生活用品を準備する。住民登録や生活保護の手続きをする。本人や子どもの就職、就学先も探す。言葉も文化も違う中国で暮らしてきた人たちを相手にするわけだから、苦労もつきものだ。

引受人に名乗り出る人は善意だ。だが、生活するのに一から一〇まで手を貸す引受人と、手を借りる彼女たちの間にはどうしても上下関係が生まれる。引受人にしてみれば負担が大きいだけに、「世話してあげている」という意識にも陥りがちになる。これは親族でも同じことだ。

「みなさんの感情を害さないように注意している」「ペコペコしてばかり」。全国各地に定着した一二人の口からこぼれた言葉は、私の胸を突いた。彼女たちは昔の日本の女性だ。極めて控えめだ。そういう彼女たちがたいそう気を使っている。日本で生活できることに感謝する一方で、重い人生を重ねてきた女性として接してもらえない屈辱感に涙していた。三人は引受人の自宅などの一角に住んだが、いずれも精神的にまいってしまい、引っ越した。

帰国者の立場になって、熱い心で世話をやく引受人もいる。しかし、厚生省が「引受人の善意を信じるしかない」という身元引受人制度は、戦後処理問題といえる残留邦人についての責任を個人の次元に押しつけるものにすぎない。

一二人の「強行帰国」で、特別身元引受人制度はその後、身元引受人制度に一本化され、身元がわかっていようが、わかっていまいが、永住帰国を希望する人は、身元引受人を政府があっせんして帰国できるようになり、永住帰国は進んだ。法律で帰国促進や自立支援は国の責務と定められ、少しは改善したが、現場の基本的な考え方は変わらず、身元引受人制度はいまも存続している。

永住した一二人をはじめとする人たちは生活保護に頼らざるを得ない。竹越さんは講演会で「残留邦人問題をきちんと解決しない政府は卑怯だ」と話したが、それを聞いた市議会議員から「言い過ぎると生活保護を切られるよ」と言われた。また、青木さんのように、地方都市では「働きもせず、国から金をもらって」と陰口をたたかれることもある。「国民の税金で食べさせてもらっているのだから感謝するように」と事あるごとに引受人に注意された人もいる。憲法で定められた「健康で文化的な最低限度の生活」を送るための権利であるはずの生活保護を受けることさえ、精神的な圧力がつきまとう。

彼女たちは中国で、侵略してきた憎むべき国、日本の女・子どもとして、中国人に助けて「いただいて」半世紀を生き抜いてきた。祖国に帰ってなお、個人の善意に世話して「いただき」、生活保護を「いただいて」、残りの人生を生きなくてはならないのか。人間としての誇りを思ったとき、それではあまりにも悲しすぎる。

子どものためだけに生きてきた

残留婦人たちは、日本政府からは自分の意思で中国に残ったとされてきた。しかし、本当にそうなのか。彼女たちは国家の歴史に翻弄され、過酷な人生を送らざるを得なかったのだ。しかも、古きよき日本女性だからこそ、日本人ということを中国人から後ろ指をさされないようにと、心を砕き、気を配りながら、中国社会で生きてきた。

一九二一年生まれの鈴木ヨシカさんが中国に渡ったのは、敗戦の一カ月前だった。

鈴木さんは和歌山県新宮市生まれ。新宮で結婚した。だが、夫となった人は、二カ月後には召集され、フィリピンに送られて、戦死してしまった。

旧満州で生活していた長兄に召集令状が届いた一九四五年初夏、兄から「自分は戦争に行く。悪いが、身重の妻を迎えに来てくれ」と手紙がきた。敗戦の一カ月前、鈴木さんは中国に向かった。ソ連国境にある孫呉という土地。兄嫁は八月一七日に出産を迎えるが、難産を極め、出血多量で亡くなった。そのときには、ソ連軍がすでに進攻してきていた。

「ソ連軍が入ってきて、もう何もかもメチャクチャで……。義姉が亡くなってショックで、生きる気持ちもなくなっていた」

周囲の日本人はみんな逃げたが、病気になって立つこともできなくなっていた鈴木さんはその場に残った。「ソ連軍はひどかった。女、子どもを目の前で、強姦して殺した。一二歳ぐらいの女の子もです。男も老人や障害者は殺された。ニワトリよりひどい殺され方だった。本当ににくらしかった。私も病気じゃなかったら、殺されていたでしょう」

いつも控えめな鈴木ヨシカさん。孫娘と一緒に

しばらくして、中国共産党が率いる八路軍の兵隊が五人ほどやってきた。鈴木さんは動くこともできず、ただじっとしていた。もう死んだつもりだった。

兵隊は鈴木さんの腕をとって脈をみた。まだ、脈があるのを確かめて、病院に連れて行ってくれた。二カ月、病院のベッドで寝ていると、鈴木さんの体力は回復していった。鈴木さんはそのまま黒竜江省鉄力市の病院で働いた。生きていくためだった。

だが、まもなく、朝鮮戦争への出動命令が下る。仕方なく、製粉所を営んでいた八歳年上の中国人男性と結婚した。二九歳のときだ。夫はいい人だった。一男三女をもうけた。だが、六〇年代後半、その夫は心臓まひで死亡。長女と、長女が結婚した農民の婿に助けられながら、残りの子どもたちを何とか育てた。

鈴木さんは「日本が負けるなんてことは夢にも思わずに中国に行った。早く帰って来いと家族に言われて渡ったのに……。でも、これが運命というもんなんでしょうねえ」とあまり多くを語らない。

「私は中国人の夫と結婚してからは精神的には苦しみはなかった。夫がいい人だったから。一五歳のころの工藤照子さんに会ったことがあるが、彼女はかわいそうだった。夫が酒飲みで、乱暴で、泣いていたけれど、どうしようもないものね。私はその点、幸せ。でも、幸せになったところで、夫が急死してしまって……。人の運命ってなかなか難しいです。再婚をずいぶん勧められたけれど、それはできなかった。子どものためだけに生きてきた。死の一歩手前から助けられて家庭をもった私の、中国人への恩返しです」

長野市内に暮らす宮嵜けさみさん

「日本人の女の配給だ」

鈴木さんより四歳年下の宮嵜けさみさんは、長野県生まれ。一九四四年の秋、一家八人で開拓団員として中国に渡った。日本では尋常小学校を出ただけ。九歳で母を病気でなくし、その後は、後妻に入った義母が産んだ妹、弟たちの子守をしてきた。姉は結婚して、日本に残った。

「今思えば、どうしてあんなところに行ったのかなあと思うけど、親と一緒に行ったから楽しかった。でも、死にに行ったようなものだね」

あとで聞いた話だと、地元で貧乏な農家だった父親が区長をしたところ、「貧乏人のくせに」と陰口をたたかれたらしい。父親はその後突然「満州に行く」と言いだしたという。広大な土地で農業ができるという夢を抱いて、海を渡ったのだった。

宮嵜さん一家の入植地は、ソ連国境近くの黒竜江省宝清県。万金山高社郷開拓団だった。馬小屋のような二間の家に入り、農業をした。米に豆やいもを入れて食べた。思い描いていた米ばっかりのご飯など食べたことはなかった。

翌四五年八月、田んぼにいると、開拓団本部に集まるように命令があった。着の身着のままで集まった。そこでソ連軍の進攻の事実を聞いた。開拓団の団長は「もうどうすることもできない。ここでみなで自決しよう。毒薬を飲んで死のう」と言い出した。しかし、その毒薬をまぜたエサを犬に与えても、死ななかった。これでは人間は死ねない。

一〇日の夜、みなで開拓団を後にした。山道を進み、川を渡って、進んだ。二四日に、勃利県にある佐渡開拓団跡に着いた。「疲れているから一泊しよう」という団長の号令にほっとしたのもつかの間、飛行機が飛んできた。一九歳だった宮嵜さんは、「日本の飛行機が来た」と喜んだが、実はソ連の飛行機だった。団長は「これきりだ。これ以上生きている道はない。死ぬしかない。もしソ連軍が攻めてきたらおしまいだ。自分で出ていきたい人は出ていきなさい」と言った。二五日には自決するという。

宮嵜さんがほかの家に行くと、何人かが開拓団と別れて、行動するということを聞いた。「若い人が外に出るというから、私も出してくれ」と父親に頼んだ。父親は「おまえも一九歳だから、みんなと一緒に出るのもいいだろう。もし、無事日本に着いたら、きょうだい、親類によろしく言ってくれ。おれは絶対に日本には帰らない。死ぬ覚悟で来たのだから、意地でも帰らない」と言った。

父親は自分が首からかけていたお守りを宮嵜さんの首にかけてくれた。翌二五日の朝、宮嵜さんはほかの親子らと八人で開拓団から離れた。「ただただ、死ぬのがいやだった」。佐渡開拓団跡に残った高社郷開拓団は約四〇〇人、ソ連軍の襲撃を受けた佐渡開拓団事件でほぼ全滅したと伝えられている。

佐渡開拓団跡を抜け出した宮嵜さんらは太陽が出る方向が東、沈む方向が西ということだけを手がかりに、林口を目指して、山の中をさまよい続けた。林口まで出られれば、汽車で牡丹江に出られると思ったのだった。しかし、冷たい雨が降り続け、体の芯まで冷え切った。マッチをひと箱もっていたが、湿気て火がつかない。最後の二本でようやく火がつき、たき火をして服を乾かした。

山の中では方向がわからない。死ぬ覚悟は決まっていた。広い道に出て歩いていくと、中国人の小さい家があった。親切な中国人が、コーリャンのご飯を炊いて、食べさせてくれた。一晩、眠らせてくれた。宮嵜さんは、脚絆《きゃはん》の布を足からほどき、お礼に渡した。

歩き続けて、九月一五日の夜を迎えた。鶏西市の郊外、滴道という町にたどりついた。だが、翌日、中国人につかまった。

「あのころは死ぬってことは怖くなかった。ここまで生きてきたんだから、覚悟しろって自分に言い聞かせていた。ご飯食べて殺されてもいいと思っていた」

中国人は、梅干しとごはんを出してくれた。お腹いっぱい食べて、小さな家に案内された。日本人が何人かいて、共同生活することになった。だが、食べていく方策はない。気候もだんだん寒くなってくる。庭に中国人が集まって、「日本人の女の配給だ」などと騒いでいる。「バカ言うな」と心の中で思ったが、「仕方なくて」、中国人と暮らすようになった。

一九五三年ごろの日本人の引き揚げのニュースは耳に入っていた。だが、すでに子どもが三人いた。中国人との間の子どもは連れていけないと言われた。

「いくら外国人の子どもでも私の子ども。私も小さいとき、実母と死に別れてつらい思いをした。子どものために帰ることができなかった。それに、夫を置いて帰ってきたら、薄情者になってしまう」

夫は脳溢血《のういっけつ》で倒れ、二〇年近く寝たきりだった。働けないために給料もなく、思い通りに動かない体に腹を立て、宮嵜さんに当たり散らした。貧乏と夫の態度に、宮嵜さんは死んだ方がましだと鉄道の線路まで歩いて行ったこともある。

「でもね、人間ってあきらめるってことが大事だね。自分で自分をなぐさめることが大事だよ。オレの人生ってこんなんだなと思わなきゃ、生きてられないよ」

「強行帰国」後の宮嵜さんは毎朝必ず、父親の写真に向かって手を合わせ、般若心経を読む。

「中国で終わりだと思っていたけど、その後があった。きっとお父さんがそばについてくれているんでしょう。若くして死んだお父さんのこと考えれば、私は幸せだ。生きている限り、お参りします」

生前の今井ワカさん（左）。肺が悪く、家の中でも鼻に酸素を送るチューブを入れていた。近くに住む残留孤児が訪ねてきて、一緒に写真撮影した

文革の嵐を生き抜いて

強行帰国したときに七二歳だった今井ワカさんは、ほかの残留婦人らとは少し異なる経歴をもつ。強行帰国から一〇カ月あまりして東京都国立市の都営住宅に訪ねると、鼻に酸素のチューブをつけていた。肺気腫だという。帰国してまもなく一カ月近く入院したという。中国では、よく息が苦しくなって、階段の上り下りさえできなかった。「強行帰国」のときは、三男がおぶって北京の町の階段を上り下りしてくれた。

「中国にいたら、もう死んでいたかもしれません。いま思うと、よく

一人で荷物をもって、帰ってきたものです。でも、本当にみなさんに感謝しています」

物静かに頭を下げる今井さんは、品のよい、教養のあるおばあちゃんだ。

今井さんは、戦前、明治大学に留学していた中国人・孫継倫さんと知り合い、恋に落ちた。叔父が営む自転車屋に孫さんが立ち寄ったのがきっかけで知り合った。両家の反対を押し切ってふたりは結婚、一九四〇年、夫について中国に渡った。夫は長春で警察の仕事についた。

一九四五年夏、ソ連軍が進攻し、長春が空爆された。自宅のすぐ裏に爆弾が落とされた。夫に安全な所に避難するように指示されて、長男を連れて郊外に逃げた。今井さんは日本の敗戦を知らずに、近所の人と郊外の家を借りて、身を寄せあって暮らした。すると、大家から「おまえは日本人。巻き添えを食うのはごめんだから、出ていってくれ」と追い出された。今井さんは仕方なく、長男をおぶって出た。昼間はコーリャン畑の中に隠れ、あたりが暗くなると歩き出した。何日かしてやっと市内に戻ることができたが、途中の小川やクリークには日本人の死体がプカプカと浮いて、腐臭を漂わせていた。

今井さんは中国語ができなかったので、ろうあ者のふりをしたが、「怖くて、怖くて、生きた心地はしなかった」。

戦後、夫のふるさと、大連市の近くの蓋州市に移り住んだ。だが、夫は元国民党で、「満州国」の時代には警察の仕事をしていた。そのために、今井さんの家族は監視され、自由には出歩けなかった。そのうち、畑仕事をしていた夫は、結核になってしまった。

土地解放で夫の実家の屋敷は小作にとられ、物置が家になった。塩をなめて水を飲んで、飢えをしのいだことが何度もある。いつ飢え死にするかという状況が何年も続いた。

さらに、文革の時代は、夫は病気で動けないために、義務労働をこなせない。そのために子どもたちが苦労した。夫の家系はみな官吏。元地主、元官僚、しかも侵略者である日本人の妻をもつ、として、格好の批判対象になった。夫は病気で伏せっていたため、批判集会には三男一女の子どもたちが連れて行かれ、非難された。「どうしてみんなと同じように生まれて、同じように暮らしているのに、何も悪いことをしていないのに、こんなに苦しめられるのか」という子どもたちの言葉が今井さんの心につきささった。

集団農業では一生懸命働いても貧乏は変わらなかった。しかし、そうした中でも、今井さんは子どもたちに正直であることを言い聞かせてきた。夫について日本を離れ、中国に渡るときから、「一挙手一投足が日本の、日本人の女性のすべてを背負っている」と思い続けてきたからだ。今井さんの行動が、日本人を代表すると見られるということをいつも意識してきた。だから、中国では「孫の庭には金の塊を落としても大丈夫」と言われるほど、信用があったという。そういう信頼、信用を築いた中で、何とか生きてきた。

今井さんは夫を数年前に亡くし、抑え込んでいた日本への思いを抑えきれなくなった。それで、「強行帰国」に参加したのだった。今井さんは厳密には、敗戦前後の混乱で家族と離別した残留婦人ではない。しかし、日本に帰れないことは同じだった。今井さんもまた、「強行帰国」でしか、日本に戻ることはできなかった。

テレビでニュースを見た、中国でかつて近くに住んでいた残留孤児が、今井さんの特別身元引受人をかって出てくれた。その帰国者とは、長女の家で隠れてこっそり会う仲だった。日本人であることを公にするのが怖く、ずっと隠れるようにして会っていた人だ。この残留孤児は、帰国後、中華料理店を開くなどして、日本の社会にしっかり根を張っている。こういう人に引受人になってもらった今井さんは一二人の中では、精神的には一番恵まれていたかもしれない。今井さんも「中国でのことをいろいろ知っているこういう人に引受人になってもらって、いやな思いをしなくてすみますから。私は幸せです」とほほえんだ。子どもたちの呼び寄せにも理解があり、今井さんの子どもたちは次々に日本に帰国した。

今井さんは子どもたちが日本に来る前から、子どもたちに言い聞かせていたことがある。「日本に来たらちょっと悪いことをしても、だれだれがこうだじゃなくて、中国人がこうだと言われる。一人で中国の名誉を背負っているのですよ。あなたたちは日本の女の子どもだという名誉を背負っているんですよ」と。今井さんは、日本での中国人に対する見方が悪くなっていることを心配していた。

それでも、今井さんは毎朝窓を開けて、空気を入れると、幸せを感じる。「ああ、これが日本の空だ。日本の景色だって。何を見ても、毎日毎日うれしいんです」。

「私たちが帰ってきて、法律ができたと聞きました。希望すれば、みな帰国できるようになったと聞きました。ありがたいことです。私ももう一年遅かったら、体がいうことをきかなくなって帰れなかったと思います。他の方も命との勝負でしょう。早くみなさんが帰れることを祈っています」

今井さんは子どもたち全員を日本に呼び寄せた後、何度か体調を崩して入退院を繰り返した。二〇〇二年三月、八一歳でこの世を去った。生前の今井さんは、孫たちが日本の大学に進んだことをことのほか喜んでいた。長男によると、「満足した最期だった」という。

一回でいいから、中国に残した子どもに会いたい

同じ境遇を生き抜いてきた残留婦人らは互いに思いやる気持ちが強い。

帰国当時八〇歳で最高齢だった横田はつゑさんに対しても、青木さんや竹越さんが「このおばあちゃんは苦労したから」といつも心配していた。帰国して一〇カ月後、長野県南箕輪村《みなみみのわむら》の老人ホームに暮らしていた横田さんを訪ねた。

「私はお願いします、お助けくださいとお願いして、みんなに手を引いてもらって帰ってまいりました」。横田さんは、まるで内緒の話よ、とでも言うように、くちびるに指を縦にあてて言った。

横田さんは自室でぞうきんを縫っていた。窓の外は中央アルプス。眼鏡もかけずに、針に白糸を通す。骨張った細い手がゆっくりゆっくり縫い進める。「おもしろいですよ。縫えと言われているんじゃないです。私の方から縫わしてもらっています。これまでに一五〇枚も縫ったのよ。退屈だか

らねえ」。小さいころから働きづめの生活で、何かしないと落ち着いていられないのだ。

長野県に生まれた横田さんは一〇歳のときから製糸工場で働き始めた。二〇歳で結婚。二人の子どもを産むが、夫が事故死。三〇歳のときに、嫁ぎ先の家族と一緒に開拓団員として中国に渡った。連れて行った子どもは「お母ちゃん、なぜこんなところに来たの?」と言いながら、二人とも病気で死んだ。女手ひとつでは割り当ての畑は耕せず、現地で日本人と再婚したが、その夫も敗戦後に病死。二人目の夫の間に生まれた女の子を抱えて生きていけず、中国人と三度目の結婚をした。

横田さんは話の途中で、震える声で急に歌を歌い出した。私は聴いたこともない歌だった。

旗、旗、日の丸の旗は美しい
真っ赤なお日様昇るように
振れ振れみんなして
元気に振れよ、旗
日本の子ども、勇ましや

「製糸工場の運動会でエプロンをかけて、小さな日の丸の旗を二本持って踊ったんです。悲しいことがあると中国でこの歌を歌っていました。二人の子どもにも慰めに歌ってやりました。死んでしまいましたけど」

そういいながら、横田さんは立ち上がって小旗を振って行進するまねをした。だが、目は笑っていなかった。何を思っているのか、心の内はわからなかった。ただ、厳しい人生を歩いてきたことだけは確かだ。

「強行帰国」後は、姪の夫が身元を引き受けたが、突然帰ってきたおばあちゃんとの同居は厳しい。結局、老人ホームが落ち着き先になった。だが、横田さんには衣食住、物質的にはすべての面で中国より快適だ。中国人の夫が六年前に亡くなってからは、同居した息子夫婦とうまくいかず、自殺を図ったこともあった。

「みんないいもんで、ここは幸せです」。横田さんは肩をすぼめ、顔をしわくちゃにして笑った。横田さんは戦後ソ連兵に殴られたことが原因で耳が悪くなり、耳元で大きな声で話しかけてもなかなか通じないほど耳が遠い。「耳も遠いし、それに字がかけないから、余計困る。製糸工場で、いろいは、ぐらいはわかるようになったけど。いいのは目だけです」。老人ホームで補聴器を用意してくれたが、耳につけると、補聴器はうなるような音を上げて、調子が悪い。耳が痛くて使えない。「仕方ない、仕方ない。補聴器があっても聞こえないんだから。でも、日本に帰ってこられて幸せです」。

ただ、このときの横田さんは、子どもを呼び寄せたいと思いながら、それができない現実に必死に耐えていた。「私には子どもを呼び寄せる力はないの。子どものことはあきらめてここでお世話になっています。情けないけど、仕方ないですもの。でも、死ぬまでに一回だけ、一回だけでいいから、子どもに会いたい。そう思います」。

在りし日の横田はつゑさん。暮らしていた老人施設に長男が訪ねてくると、うれしそうに「ピース」と指を出し、カメラに収まった

四年後の一九九八年一〇月にもう一度、横田さんを訪ねた。すると、親族の計らいで、その三年前に、長女夫妻が来日していた。さらに、一緒に「強行帰国」した最年少の黒塚ミヨ子さんが見るに見かねて、長男家族を同じ年の暮れに呼び寄せてくれていた。黒塚さんは同じ開拓団出身で、長野県駒ヶ根市に定着していた。黒塚さんは、横田さんが四〇歳を過ぎて産んだ長男を、この上なく愛していることを知っていた。

黒塚さんは、自分の六人の子どものうち一人しか呼び寄せていないのに、横田さんの長男の身元保証人になり、手続きをした。住宅や仕事の世話もした。「お母さん一人でかわいそうよ。いつ死ぬかわからない年だから。願いをかなえてあげようと思って」。黒塚さんは覚え立ての日本語でそう答えた。

そんな黒塚さんのおかげで、横田さんは日本に帰ってきて「最高に幸せな最期」を過ごした。私が横田さんの部屋にいると、四二歳の背の高い長男が訪ねてきた。横田さんはうれしくて仕方ない。カメラを向けると、長男と並んで、ピースのポーズをした。こんなうれしそうな目をした横田さんは初めてだった。

「ありがたいです。こんな親でも訪ねてきてくれる。だって、『強行帰国』して捨ててきたようなものだから」

笑みがこぼれる。横田さんは中国語は片言しか話せない。中国では五〇年以上、子どもとさえちゃんとした会話はできなかった。孫が「バアチャン、ナンサイ?」と覚え立ての日本語で尋ねると、横田さんはにこやかに顔を近づけて、「八五歳だよ」と答えた。

横田さんはその後も、おだやかな時間を過ごし、二〇〇五年、九二歳で波瀾の一生を終えた。

たまたま死ねなかっただけ

横田さんのことを人一倍心配し、自分の子どもより先に、横田さんの長男家族の呼び寄せの手続きをした黒塚さんは、「強行帰国」した次の年のはじめから働き始めた。一二人の中で最も早く自立した。

一九九四年六月の土曜日。長野県駒ヶ根市の寺で、伊南郷開拓団の「五〇回忌」慰霊祭が行われた。だが、その一員だった黒塚さんの姿はそこにはなかった。

懇親会で元開拓団員らが酒を酌み交わし、昔を振り返っていたちょうどそのころ、五七歳になっていた黒塚さんは、市内の森林組合で黙々と材木を運んでいた。

長さ三メートルほどの合板を十数枚束ね、ひもで縛る。太い角材や丸太を運ぶ。外での作業も多く、顔は日焼けして真っ黒。擦り傷も絶えない。一日働くと、おがくずが髪の中、鼻の穴まで入り込み、体じゅうが汗とほこりまみれになる。風呂に入ると、湯船が黒くなるほど、体は汚れる。

負けん気の強い黒塚さんは「うんと疲れる」としか、私には言わなかった。だが、同じ市営住宅に住む残留婦人がそっと教えてくれた。「疲れて死んでしまう。もう行かない」と最近まで毎日泣きに来たという。「倒れるかと思いました。この人は頑張りますよ。今もつらいはずですけど、世話になっている市に紹介してもらった仕事だから義理もあるし、一生懸命なんですよ」。もう一日、もう一日と働き続けてここまで来た。

黒塚さんは、一家五人で伊南郷開拓団員として中国に渡った。黒塚さんが六歳のころだ。八歳で敗戦になった。そのとき、中国人に襲撃されて母親は撃ち殺された。父と姉、弟と逃げまどったが、生きるために、農村の貧しい中国人の家に身を寄せた。着る物も食べる物もない家だった。四つ年上の姉はソ連兵からの乱暴を恐れて、別の中国人と結婚した。

まもなく、日本人の引き揚げが始まった。「姉さんを一人で残すのはかわいそうだから、おまえも残ってくれ」と父は言った。当時、女性が帰国の道を歩くのは危ないともされていた。人さらいや強姦が横行していた。黒塚さんは父が再び迎えに来てくれることを願って、父と弟を見送った。

黒塚さんは一六歳のとき、「仕方なく」身を寄せた貧しい中国人農家の嫁になった。耕す畑も満足にない。人の家で働いたり、力仕事をしたりして日銭を稼ぎ、何とか暮らした。それでも、養父と夫によくたたかれた。

「当時、日本人は戦争で負けた国の人だから、売り買いされても仕方ない、そういう境遇だった。生活も苦しくて、生きているのが嫌になっちゃったこともある。自殺を図ったこともある。でも、なぜか、生命力が強くて……。私には希望があったわけではなく、たまたま死ねなかっただけです。今生きています」

黒塚さんはうっすらと涙を浮かべた。

黒塚さんの姉は、黒塚さんが二九歳のとき、井戸に身を投げて自殺した。姉がいたから、残った中国だったが、姉は姉で日本に帰れないことや貧しい生活を苦にしていたらしい。

「過ぎたことは考えないようにしている。小さいときからのいろいろなことを考えると眠れなくなる。そうすると、働けなくなる。今のことだけを考えて、今は幸せ。死なないでよかったね。こうしているんだから」

そう言って、黒塚さんは八歳のときから慰めに吸ってきたという、たばこの煙をくゆらせた。

日中国交が回復し、黒塚さんのもとに、父から手紙が来た。その後ずいぶんたった四六歳のころやっと一時帰国できたが、その半年前にすでに父親は死亡していた。聞いた話だと、父と弟は日本に引き揚げ、父は再婚、弟も結婚して、家庭を築いていた。半年の滞在中、弟には遠慮して永住したいとは言い出せなかった。

だが、中国に戻っても、夜、横になると、頭の中には日本の風景が浮かんだ。小さいころ、兵隊

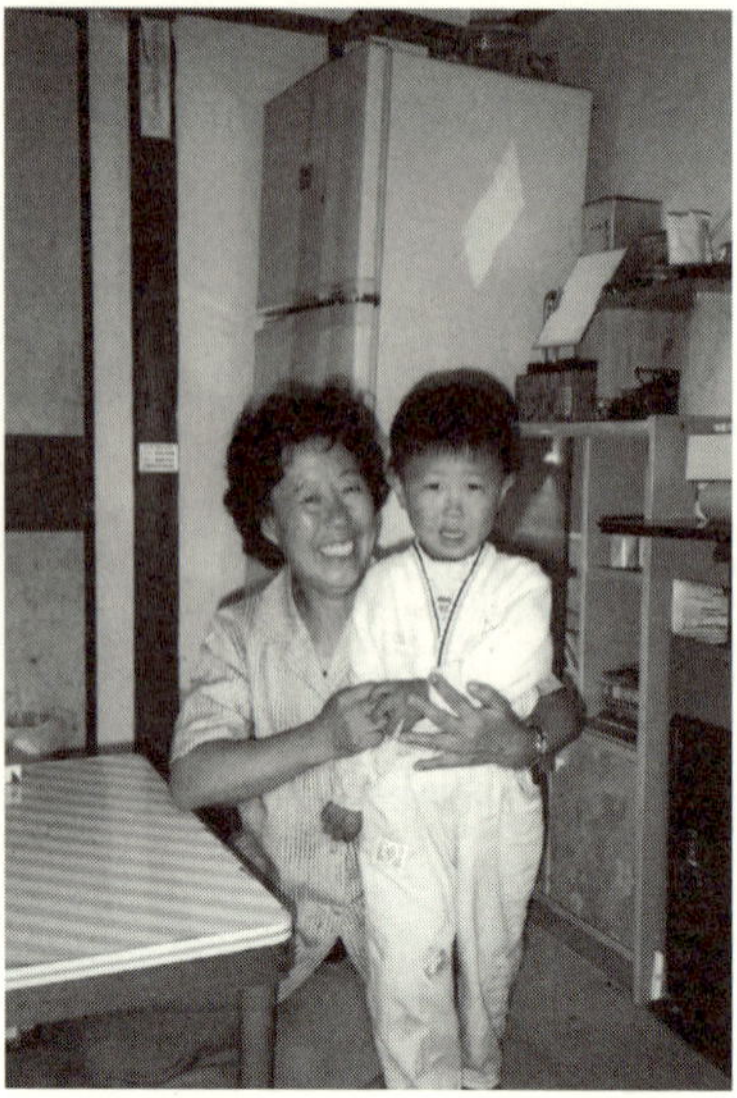
肺ガンで2003年に亡くなった黒塚ミヨ子さん。頑張り屋だった。孫と一緒に、まぶしい笑顔を見せてくれた

さんが出征していくのに日の丸の旗を振って子どもたちみんなで送ったことや、建築途中の大きな家の材木置き場でみんなで遊んだことなど、小さいころの記憶が次々に浮かんでは消えていった。日本に帰りたい気持ちは強まるばかりだった。弟に手紙を書いたが、返事はなかった。

「春陽会」の里帰りの後、厚生省に帰りたいという手紙を書いたら、「二、三年待つように」との返事が来た。それで、「春陽会」に手紙を書くと、「強行帰国」の計画を知らせてきた。もう待てないと、黒塚さんはパスポートを持って、横田さんを連れて北京に向かった。日本に帰国する人たちが泊まる北京のホテルで、竹越さんらと落ち合った。

「帰ってきてヨカッタヨ」

森林組合での給料は一日五六〇〇円。皆勤すれば奨励金も出る。慰霊祭に参加しなかったのは、会費の三〇〇〇円が必要だし、休むとその分、収入が減るからだ。とにかく、働いて、金を貯めて、子どもを呼びたい。黒塚さんは、その思いで働いていた。

多くの日本人が、一からやり直したのは一九四五年のこと。その戦後を黒塚さんはようやく一九九四年のこのとき、必死に自分の手で切り開こうとしていた。

その甲斐あって、黒塚さんはこの年六月に次男家族を呼び寄せ、暮れには横田さんの長男家族の世話をした。さらに、二年後の一九九六年には長男、三男、長女、次女と次々と子どもたちを日本に呼び寄せた。体が不自由だった三女は中国で亡くなったが、それ以外の子どもは全員自力で日本に帰国させた。

次に私が黒塚さんを訪ねたのは、一九九八年五月。黒塚さんはその年の三月末に六一歳になったその日に仕事を辞めていた。四年間勤め、日給は六〇〇〇円まで上がったが、退職金はなかった。

「子どもを全員呼び寄せたので、体がもたなくなったし、終わりにした。私の任務は終わった。日本に帰って来たのは、自分のためでもあったし、子どものためでもあった。でも、それも全部終わったよ」

帰国して五年、部品工場に勤める次男の黒塚宝さんによると、中国での生活は本当に貧しかったという。電気が通ったのは一九七一年。主食はコーリャンで、小麦粉さえも一カ月に一回程度しか食べられなかった。肉は正月に豚をつぶして食べるだけ。「あまりの貧しさに、中国で母が泣いているのを見たことがある。日本に来なければ、あの生活からは抜け出せなかった」と宝さんは言う。

働きづめの人生だった黒塚さんには、ぼんやりと時間を過ごすことは苦手だった。仕事を辞めた後は、市営住宅の前の小さな庭に大好きな花や、トマト、なす、キュウリなどを植えて世話をした。近くの公園まで散歩に出かけもした。家にいるときは、時間を見つけては中国刺繍をしていた。誰に習ったわけではないが、黒地の布に、色鮮やかな虎や竹を縫い込んでいく。世話になった人にあげたり、子どもの家族が使う布団カバーにしたりするのだ。

呼び寄せた子どもたちは苦労しながらも、何とか日本で働き、生活し始めた。

「子どものことはもう安心。あとは私の老後ね……」

そう笑顔で話す黒塚さんは以前にもなくおだやかな表情をしていた。

人生の最期を黒塚さんは子どもたちに囲まれ、夢に見続けた日本で生きた。この五年後、黒塚さんはガンで亡くなった。

五〇〇キロのコーリャンと交換で嫁に

親族に拒否され永住帰国できずに、「強行帰国」に踏み切った一二人。そのうち、親族と比較的良好な関係をもてるようになったのは、福岡市南区の市営住宅に落ち着いた佐々木久栄さんだけといっていいかもしれない。佐々木さんの場合は、しかも、当初引き受けを拒否していた六歳年上の実兄が、身元を引き受けてくれたのだった。

帰国後一〇カ月して、福岡市南区の佐々木さん宅を訪ねると、佐々木さんはにこやかな笑顔で迎えてくれた。

「おふろやおトイレに入るとねえ、中国ではお外にいかなくてはいけないのに、うれしくなります」。

五九歳になっていた佐々木さんの日本語はちょっと変わっていた。すっかり忘れていた日本語を少しずつ勉強し、身につけているからだろう。話の間には、中国語の「えーと」にあたる「ニガ、ニガ」という音が何度も入る。

佐々木さんがテレビを見ながら急にぶつぶつ話し出した。字幕を読んでいるのだ。「お兄さんに勉強しろと言われているんです。字が読めないから。兄は私には本当に厳しいですよ。勉強しろって。本を買ってくれて、漢字を勉強しろって言うんです」。小学校の一年生から六年生までの国語の教科書を、佐々木さんは声を出して読み上げる。

「兄に対する気持ちはここに来て変わりました」

佐々木さんはしみじみと話した。

成田空港に「強行帰国」し、所沢市の中国帰国孤児定着促進センターで生活している間も、佐々木さんは、兄のところには絶対に行きたくないと話していた。日本に来てから、しばらくして兄のところに電話をすると、「何で帰ってきたんだ。これからどうするんだ」というぶっきらぼうな返事が返ってきたからだった。

佐々木さん一家は、父母が福島県の出身。東京に出て来て、父は水道関係の仕事をしていた。中国に渡ったのは、佐々木さんが二歳のころ。両親はふたりの姉、兄と佐々木さんを連れて、長春で生活した。佐々木さんの記憶では、父は水道関係の仕事を続け、母は産婆のところで働いていた。一番だが、五歳のころ、父が死亡。その遺骨を母と一緒に福島まで届けに来たことを覚えている。一番上の姉は女学校を卒業して、結婚するために日本に帰国した。兄は、満鉄（南満州鉄道株式会社）に勤め、佐々木さんらと離れて、吉林で仕事をしていた。兄は敗戦を撫順で迎え、その後、一人で日本に引き揚げた。

敗戦時、長春に残されていたのは母と姉と佐々木さんの三人。だが、まもなく母が病死。母の死後、看護師をしていた姉と二人で何とか生活していたが、佐々木さんが一三歳のころ、仕事から戻ってきた姉がごはんも食べずに床に入ったと思ったら、そのまま息を引き取ってしまった。佐々木さんは一人ぼっちになった。近くの日本人に、「この中国人についていけば、ごはんを食べさせてもらえる」と言われ、曹という中国人について行った。馬車に乗せられ、農村に連れて行かれた。「中国人に拾われたのね」と佐々木さんは言う。

曹家の養父母はいい人だったが、とにかく貧乏だった。佐々木さんは日が昇ると焚き物をとりに山に行き、昼間は畑仕事や草取りをした。もちろん言葉はわからず、怒られることもたびたびあった。手足はあかぎれやしもやけで腫れ上がった。米はいっさい食べられず、コーリャンやアワ、ヒエ、トウモロコシをお腹を満たすぐらい食べられるのが精一杯の生活だった。時には、トウモロコシの皮や木の皮の内側の薄い膜まで、口に入れられるものは何でも食べた。それでも、曹家の子どもたちには、「おまえが来たせいで食べるものが少なくなった」と蹴られたり、たたかれたりした。

佐々木さんは夜になると泣いた。鉄道の線路の上でたたずみ、列車が来るのを待ったこともある。死のうと思っていた。だが、自殺しようとしている佐々木さんの姿を見た近所の中国人に止められた。「死んだ方がよかったなあ。二番目の姉のように、病気で死んでしまえばよかった」とさえ、そのときの佐々木さんは思っていた。

曹家には息子が四人いた。だが、貧しい農家には嫁も来ない。佐々木さんは養父母に四男と結婚するように迫られたが、どうしてもいやだった。それで養父母は、佐々木さんの夫となる范福林さんを連れてきた。佐々木さんより六歳年上の范さんもまた、貧しい農家の生まれで、学校に通ったことはない、中国語の読み書きもできない人だった。

范さんは佐々木さんを五〇〇キロのコーリャンと交換に、嫁にした。

「夫は私を買ったのよね」と佐々木さんは振り返る。

しかし、貧乏は変わらなかった。舅、姑のほか、兄、弟二人、妹二人との同居生活。佐々木さんの布団もなかった。手のマメをつぶしながら畑仕事をして、コーリャンや大豆を作った。豚や鶏も育てた。だが、生活はいっこうによくならない。米や小麦はもちろん、コーリャンさえ食べられず、トウモロコシの芯を水につけて臼でひいて食べた。だが、たくさん食べると便秘がひどくなる。空腹のあまりトウモロコシの芯を食べ過ぎて死んだ人もいるという。

「あのときは、ただ生きているだけだった」

一八歳で長女を出産したのを皮切りに、計五人の子どもを産んだ。子どもは勉強をしたがったが、貧しくて小学校しか行かせられなかった。靴も服も買うことはできず、全部佐々木さんが手作りした。

夫の范さんは「日本人と結婚したから、私の親族は軍隊に入れなくなってしまって、親族にも文句を言われた。人の紹介だったたし、家も貧乏だったたし、妻と結婚したんだが……」という。「貧乏だから、いい人なんてもらえなかったんです」と佐々木さんが応じた。

佐々木さんは子どもが寝静まると、一人で「日本に帰りたいなあ」「兄はどうしているかなあ」と思い続けた。

佐々木さんは中国名は名乗らず、ずっと「佐々木久栄」で通してきた。日本の外国人登録にあたる外僑登録を毎年、お金を払いながら、更新してきた。自分が日本人であることはひとときも忘れたことはない。「私は日本人だ」との思いをずっと胸に抱いて生きてきた。

文化大革命のときは、「日本のスパイだ」と非難されたが、貧乏だったので、批判集会などには引っ張り出されなかった。ただ、息子たちは軍隊に入ることは許されなかった。

文革が終わった一九七〇年代後半、本籍の住所に手紙を出したら、長姉から返事が来た。うれしくてうれしくて仕方がなかった。四二歳のとき、三男を連れて、初めて帰国した。このときは、長崎に暮らしていた兄のもとに半年ほど、身を寄せた。

戦後、中国から引き揚げていた兄は、長崎・高島の炭鉱で働いていた。兄に仕事をしたいと懇願したが、当時の佐々木さんはすっかり日本語を忘れてしまっていて、「言葉もできないのに、何の仕事があるのか」と言われ、それっきりになった。日本語の辞典を買ってもらい、それを大事に中国に持ち帰り、勉強し続けた。

再び、日本に一時帰国したのは、一九九二年、春陽会の招きによる里帰りだった。このときにも、兄は佐々木さんの来訪を認め、佐々木さんは福岡で暮らしていた兄のところに滞在した。兄嫁は病気で入院していた。佐々木さんは「永住したい」と話したが、兄は何の返事もせず、それ以上は何も言えなかった。その後、厚生省に永住希望の手紙を書いたが返事はなかった。だが、佐々木さんの祖国への思いは日に日に強くなっていった。

佐々木さんは日本に帰りたい一心で、子どもたちを日本に働きに行かせられないかと考えた。当時、佐々木さんのように日本に永住できない残留邦人の子どもや孫、つまり二、三世を対象に、中国側のブローカーが多額の手数料を取って日本の企業に送り込み、日本の企業では二、三世を安い劣悪な条件で働かせるということがあちこちで起こっていた。日本の戸籍をもっている残留邦人の子どもや孫の場合、日系人扱いとなり、労働ビザが出やすかった。そこに目をつけたブローカーが、帰れない残留邦人が自分がダメならせめて子どもだけでも日本に行かせたいと必死になっていたことにつけ込んだのだった。佐々木さんも次女夫妻と次男をそうしたブローカーに一人一万二〇〇〇元の手数料を払って、日本に働きに行く手続きをした。一万二〇〇〇元は、佐々木さんに簡単に出せるお金ではなく、親類や友人から借金して、何とか捻出したものだった。わらをもすがるような思いでの行動だった。

その次男らのビザを取るために瀋陽の日本領事館に行ったときだった。帰り道の長春駅で、恰幅のいい日本人らしい女性を見つけた。「この人、日本人じゃないかしら」。佐々木さんは思わず声をかけた。

この人が、のちに「強行帰国」のリーダーになる竹越リヱさんだった。

お互いに日本人ということを確認して、互いのことを話すうちに、竹越さんは「うちらは日本に帰る」と言い出した。佐々木さんは必死に「私も帰りたい。一緒に連れて行ってください」と頼んでいた。

この偶然の出会いが、佐々木さんを「強行帰国」のメンバーにした。

次男と次女夫妻は、多くの借金をして、七月に日本に働きに行ったが、佐々木さんは自分もなんとしても日本に帰りたかった。竹越さんと出会い、佐々木さんは「生まれて初めて大きな希望をもった。何も考えず、ただ、日本に行きたいと思い続けた。先のことは何も考えなかったです、あのときは」と振り返る。

そんな思いで帰ってきた佐々木さんに、「何で帰ってきたのか」という兄の言葉は冷たく響いた。だから、兄のところには絶対に行きたくないと思っていた。だが、厚生省が手続きを進めていくうちに、兄が引き受けを承諾したと聞き、それに従わざるを得なかった。

一九九三年一一月一〇日、所沢のセンターから福岡県の職員に付き添われて羽田空港に出て、飛行機に乗った。福岡空港に着くと、兄が迎えに来ていた。佐々木さんの気持ちは落ち着かない。

一晩、兄の家に世話になり、翌日、市営住宅に連れて行かれた。照明器具もついていなかった。何もなかった。兄は、三ドアの冷蔵庫とこたつを買ってくれた。布団も自宅からもってきてくれた。

テレビや洗濯機は電気屋から中古をもらってくれた。なべや炊飯器、カーテン、タンス、鏡台、石油ストーブ、扇風機、ポットなどは兄が兄の友人に頼んでかき集めてくれた。洋服もすでに亡くなっていた兄嫁の服を持ってきてくれた。

兄は二カ月ほど毎日来てくれた。慣れてくると、二日に一度になり、半年を過ぎて三、四日に一度になったが、兄は佐々木さんを気遣って顔を見せてくれた。佐々木さんも寂しくなると、兄のところに電話を入れ、「お兄さん、来てくれない？」と来訪を乞う。

後で知ったことだったが、佐々木さんが「強行帰国」する、その前の年に兄嫁が亡くなり、兄自身も体調を崩して一年ほど入院していたらしい。また、兄は年金暮らし。兄嫁の連れ子の長男と同居しているため、佐々木さんの帰国に気兼ねがあったらしい。

佐々木さんのところに来た兄の昭雄さんは私に言った。

「まさか何もかも捨てて帰ってくるとは思いませんでした。両親は中国で死んでしまい、妹はきょうだいの愛情に飢えている。私もそうです。小さいころの彼女の顔が浮かんできましてねえ。最終的には息子夫婦を説得して押し切った形です。私もめんどうをみてもらう立場だから、最初はできないと言っていたんだけど。私が倒れるまでには、（妹の）子どもたちが自立できればと思う。それにしても、政府はもう少しきちんと手をさしのべなくてはならないだろう」

昭雄さんは、労働ビザで来日していた佐々木さんの次男のために、十数本も電話をかけて、福岡での新たな就職先を探してくれた。佐々木さんの夫と三男の家族の呼び寄せの保証人にもなってく

訪ねて行くと、餃子を手作りしてくれた佐々木久栄さん。夫や孫らと笑顔でカメラの前に集まってくれた

れた。

その後も、昭雄さんは、佐々木さんの長男家族、長女家族など、すでに働きに来ていた次男、次女以外の子どもたちの帰国のための保証人を引き受けてくれた。一九九六年暮れには、佐々木さんの家族は全員が日本に帰国することができた。

佐々木さん宅で、昭雄さんと一緒に昼食をごちそうになった。手作りの水ギョーザとキクラゲの炒め物。「味が濃いぞ。料理をもっと勉強しなきゃなあ」。相変わらずぶっきらぼうな言い方しかできない不器用な昭雄さんに向かって、佐々木さんはうれしそうに「はい、はい、そうですね」と返事をした。

「強行帰国」から五年後の一九九八年一〇月に再び、佐々木さんを訪ねると、このときは家族でギョーザを作ってくれた。二二歳の孫娘が下ごしらえをし、夫も皮をこねる。湯気を立てる水ギョーザには、はちきれんばかりの肉が入っていた。四年前に訪ねたときのギョーザは、佐々木さんが一人で作り、中身は野菜ばかりだった。そのときはほかの家族を呼ぶために、懸命に節約していた時期で、ギョーザひとつをとっても年月の流れと佐々木さんの生活の変化が見てとれた。

しかし、ここまで来るのは大変だった。夫は来日後に、荒れた。言葉が通じない。友だちはいない。寂しさのあまり、自室にこもり、「中国に帰る」と声を張り上げる毎日だった。佐々木さんが「じゃあ、帰れば」と応酬し、けんかが絶えなかった。

それが、市営住宅の小さな空き地で野菜づくりを始めるようになって、少し変わった。収穫した大根やネギは食卓にのぼり、近所にもおすそ分けする。そのため、団地内で声をかけてくる人も出てきた。夫の表情もだんだん和やかになっていった。佐々木さんとそんな話をしていると、そばで聞いていた夫の范さんは「今でも帰りたいよ」と言ったが、顔は笑っていた。

佐々木さんは五人の子どもとその家族合わせて二九人を日本に呼び寄せた。来日するとみな、佐々木さんの家で寝泊まりしながら、佐々木さんが子どもたちの仕事を探す。職業安定所について行き、新聞広告を見て電話をかけた。面接にも一緒に行く。うまく就職先が決まれば決まったで、佐々木さんが同行し、社長にあいさつをし、仕事の内容を通訳する。

家族のだれかが具合が悪くなって病院に行くときも佐々木さんが同行する。子どもの学校の手続きに行くのも、ビザの更新で入国管理局に行くのも、ついて行くのはみな佐々木さんだった。孫が学校でけんかして謝りに行ったこともある。孫たちの家庭訪問にも呼ばれる。

忙しい毎日だが、それでも、お刺身を食べられ、時代劇をテレビで見られる日々に、佐々木さんは幸せを感じた。「本当に無理して帰ってきてよかった。いまは幸せ。お仕事しなくても、(生活保護で)食べていけるからね」と。


さらに五年後。二〇〇三年の四月末に再度訪ねると、佐々木さんの生活はさらに落ち着いていた。子どもたちは勤めていた会社が倒産するなど、ほとんどがアルバイトで働くようになっていたが、それでも何とか暮らしている。孫たちも大きくなり、佐々木さんがあっちこっちついて歩く必要もなくなった。


「今は本当に自由になったね」

夫の自転車の後ろに乗り、子どもの家に行ったり、買い物に行ったり。テレビを見たり、散歩したり、人生で初めてゆったりした時間を過ごす。

「日本にいられることは幸せ」と佐々木さんは言う。「生活保護をいただいてありがたい」とも。だが、悩みもある。生活保護では、中国に行くとその間の保護費が受給できない。そのため、経済的に余裕のない佐々木さん夫妻が中国に行くのは難しい。

以前、夫がどうしても中国に戻りたくて、福祉事務所に内緒で訪中したら、だれかに告げ口をされ、その間の保護費を一年ほどかけて分割で払い戻さなくてはならなかった。

「夫には中国にきょうだいがいるので、元気なうちに連れていってあげたいんだけど……」。けんかばかりしていた夫だったが、自分が日本に帰ってきたかったように、夫がたまには中国に行きたいと思う気持ちは理解できる。

佐々木さんは言う。「ろくに字も読めない私は、一人では帰ってこられなかった。これまでもいろいろ励ましてもらった」と改めて、「強行帰国」をともにした仲間を思う。いつもは節約して電話をしないという竹越さんのところに、私の携帯電話で電話をかけた。佐々木さんに代わると、満面の笑顔をみせ、近況を語り合った。そして、最後に意気投合してこう言った。

「せっかく日本に帰ってきたのだから、長生きしましょうねえ」

「強行帰国」した一二人は全員が、子どもや孫を呼び寄せた。家族と近くで暮らすことができるようになって初めて、本当の幸せをかみしめ始めたとも言える。しかし、家族の定着はそう簡単ではないのも現実だ。

中国から呼び寄せた家族が直面した「壁」

「強行帰国」したとき、五六歳と最年少だった荒木美智子さん。特別身元引受人とうまくいかず、長崎県大村市の引受人の家を出て、長崎市内の自立研修センターの宿泊施設で生活を始めたのは一九九四年五月だった。

荒木さんの「強行帰国」に中国人の夫は反対した。「中国は遅れているかもしれないが、家族みんなで幸せに暮らしているんだから、いいじゃないか」と。しかし、荒木さんは聞く耳をもたなかった。「私は帰る。こんな年になったんだから、絶対に帰る」。日本での記憶が鮮明に残る荒木さんには、年を重ねるほど、ふるさとは何にも変えられない懐かしいものとなっていた。

四女の五月さんによると、「強行帰国」することを、荒木さんは夫の親類関係にも一切何も言わなかった。「私たちにも相談という形じゃなくて、『日本に帰る』と告げる感じだった。日本の社会は忙しいと聞いていたから、あんな小さな体をしてて、母はいつも無理して頑張って働くから、すごく心配だった」という。

大村市で生活を始めた荒木さんは、特別身元引受人との関係に悩み、精神的におかしくなるほど、苦しい時期があったが、荒木さんから中国への家族には、「心配ない。元気だ」という手紙しか届かなかった。

「頑張るしかなかったから」と荒木さんは振り返る。中国では学校に通ったことがなく、自分の名前さえ書けなかった荒木さんだが、長崎市の自立研修センターで四カ月間、猛然と日本語を勉強し始めた。ノートを取るということさえ、生まれて初めての経験だ。書くことは苦手だから、日本語のテープを何度も何度もすり切れるほど、聞き、頭に入れた。

九月に大村市の市営住宅に入り、荒木さんは石屋で働き始めた。墓石に彫られた字に金箔を流し込む仕事だ。午前八時に家を出て、午後五時まで働いた。給料は一カ月三万円。それでは生活していけないために、三万円の生活保護を受けた。

生活保護を受けると、働いても働かなくても一カ月の収入は計六万円だが、それでも、あえて荒木さんは働いた。

「生活保護だけで生活していると、子どもを呼ぶことができない。だから、ずっと頑張って働いた」と荒木さん。

問題は、中国籍の夫や子どもを呼び寄せるために必要な身元保証人だった。幸い、荒木さんの母方のいとこの夫の井上文夫さんが、引き受けてくれた。井上さんは荒木さんと同じ年齢で、自らも両親と旧満州で敗戦を迎えて引き揚げてきた。それだけに荒木さんの中国での苦労はある程度想像できる人だった。

一九九五年二月に、荒木さんの夫と、独身で、当時一七歳だった五女の月子さんが来日した。家が貧しく、中国では中学も二年しか行っていない月子さんには日本に来られたこと自体がうれしくて仕方なかった。だが、来日後すぐに、言葉の壁にぶつかった。

日本語が全くわからず、戸惑うことばかりだった。何をするにも涙がこぼれた。長崎市の自立研修センターで三カ月間、日本語を勉強することができたが、勉強を終えて大村市に帰るとき、どのバスに乗っていいかわからなくなってしまった。日本語で乗るべきバスがわからないことをどう聞いていいかもわからない。だれにも聞くこともできず、三〇分以上バス停で立ちつくした。仕方なく、泣きながら井上さんに電話して、迎えに来てもらった。

荒木さんは給料の少ない石屋から、縫製工場に転職。糸を検査する仕事についた。月給は八万円ほど。月子さんも六月から同じ工場のアイロン係として働き始めた。夫も型枠工場で掃除の仕事についた。いずれも、井上さんが探してくれた。

夫は言葉が通じず、「中国に帰る」と繰り返した。そのたびに、荒木さんが「我慢して」となだめた。自転車で二〇分ぐらいのところに出かけていく掃除の仕事に慣れてくると、夫は少しずつ心を落ち着かせていった。

同じ年の一〇月には、さらに、次女の陽子さん家族が来日した。これも井上さんが保証人になってくれた。三九歳だった陽子さんはすでに中国人の夫を亡くし、二人の子どもを連れて来日した。陽子さんは中国で一五年間、看護師をしていた。来日一カ月ほどで、病院で准看護師として働き始めた。月収は九万円ほど。二〇歳だった長女は荒木さんと同じ縫製工場に就職。二人の収入で、一四歳だった長男を中学校に通わせた。

しかし、陽子さんも言葉ができず、苦労した。中国では病院の看護部長をしていたが、日本では看護師たちが一番嫌がる手術室の掃除の担当を一年半もさせられた。一生懸命掃除をしても、注意され、ほかの看護師たちがお茶を飲んでいても誘われなかった。慣れるのには一年以上かかった。

陽子さんは自分が日本の生活に慣れるのに精一杯だった。そんな親の姿を見ているため、長男の洋くんも中学校であったことを何も言わなかった。陽子さんも息子の心を見抜くことはできなかった。

洋くんが雨の日にびしょびしょになって、中学校から帰ってくることが続いた。傘を持っていったはずだ。陽子さんがそう聞くと、洋くんは「なくした」としか言わなかった。そのたびに、陽子さんは傘を買ってやった。

ある日突然、「学校を辞めて働きに行きたい」と洋くんが言い出した。中国では勉強が好きだった洋くん。陽子さんはおかしいと思った。よく話を聞いてみると、学校で「中国人、中国人」「中国に帰れ」といじめられていたという。雨の日には持っていった傘を取られ、靴を外に捨てられることもあった、と洋くんは言った。

「勉強は続けた方がいい」。陽子さんは洋くんにねばり強く説得した。中国では生活そのものが大変で、二人の子どもを学校に通わせることはできなかった。だから、日本に来て、縫製工場で働き始めた姉の和子さんは中国で小学校しか出ていない。洋くんは日本に来たからこそ、高校にも行けるんじゃないか、将来のためには勉強しておいた方がいいと、陽子さんは洋くんに話した。

中国での生活を思い返して、何とか中学を辞めずに過ごせた洋くんは、工業高校に進んだ。日本語もできるようになり、すっかり、高校生活が気に入った。バレーボール部に所属し、朝は午前五時に起きて勉強してから学校に行き、放課後部活をして、午後九時ごろに帰宅するという生活を送った。

陽子さんは、私が荒木さんを訪ねた一九九八年、「ニッポンキテ、ヨカッタネ」と日本語で話した。暮らしは楽ではないが、中国では洋くんを高校に通わせることはできない。苦労はあっても、日本で暮らすことが何よりも子どもたちの将来のためになると考えている。陽子さんは「今は幸せ。私も病棟担当になったし、子どもたちもみんな大丈夫。日本の生活は食べ物もいいし、なんでもある。中国では週に一、二回しか入れなかったお風呂にも毎日入れる。建物もきれい」と中国語で付け加えて笑った。

だが、このとき、呼び寄せの保証人になった井上さんはその隣で、顔を曇らせた。陽子さんは病院側からは辞めてほしいと言われているのだという。敬語や丁寧語がうまく使えなくて、患者から苦情が出たらしい。「働く環境や考え方も違うし、言葉もまだまだだからねえ」と井上さんはため息をついた。月子さんが結婚して呼び寄せた中国人の夫も、中国では大学卒業のエリート。井上さんが紹介して鉄工所で働き始めたが、言葉ができないために、「使いものにならないと言われている」というのだ。井上さんは頭を抱えていた。

中国残留邦人の家族が、日本で根を下ろしていくには、さまざまな困難を乗り越えていかなくてはならない。まず日本語ができない。しかも、生活保護が受けられないため、生きていくためにはすぐに働き出さなくてはならない。働き始めれば、日本語を勉強することもなかなかできないという矛盾にぶち当たる。そのため、言葉ができなくてもいい単純労働しかできなくなってしまう。当然、低賃金だ。それでも、就職できればいい方かもしれない。

ただ、それでも、中国の貧しい農村から出てきたり、労働者階級だったりした人たちにすれば、生活レベルは上がる。国営企業では給料も出ない当時の中国の状況に比べれば、日本では働いただけの給料はもらえる。また、荒木さんらが暮らしていた中国での生活レベルは日本とは比べものにならないほど低かった。中国では電気製品はほとんどなく、料理は石炭の火を使っていた。風呂だって家にあるわけではない。当初は「中国に帰りたい」と言っていた荒木さんの夫も、自分の姉の葬式に参列するために中国に一度里帰りしたところ、「日本の方がいい」と言い出した。日本での生活は子どもたちを呼び寄せ、夫の気持ちが安定していく中で、少しずつ根を下ろしていくことになる。

一九九六年、荒木さんは六〇歳で定年になった。夫も退職し、ふたりは九〇万円の貯金を使い果たしてから、生活保護を受けて、暮らし始めた。しかし、定年になったらなったで、荒木さんは、今度は近くに住む中国からの帰国者や日本人と結婚した中国人らの世話に追われた。当時は周辺に七人ほど暮らしており、市役所の手続きや仕事探し、病院への付き添いなどを頼まれた。荒木さんは頭の回転がいい。文字の読み書きはできなくても、日本語を耳で覚えて、ある程度のことならコミュニケーションがとれるようになっていた。帰国者たちの通訳と世話係として頼りにされるようになった。

しかも、移動に便利なようにと、これまで乗ったこともなかった自転車に乗る練習も始めた。二輪車はどうにも難しく、特注で三輪自転車を購入した。何度も何度も転んだが、そのたびに起きあがり、ようやく乗れるようになると、その自転車で荒木さんはどこへでも出かけていった。うぐいす色の三輪車は荒木さんの世界を広げ、同時にみなから頼られるようになった。

娘の「おしっこ！」がわからない

一九九八年春には四女の五月さんが四歳の一人娘を連れて来日。当時、五月さんは二五歳、親子ふたりでの来日だった。

五月さんの来日は三月二三日。四月一日からは麺工場で働き始めた。荒木さんが井上さんの力を借りながら職探しをしてあったのだ。最初の四、五日は荒木さんが職場に付き添い、通訳をしながら、仕事の説明をした。

五月さんの仕事は、うどんや麺の袋詰め。時給は五四〇円。日本人より安かったが、日本語ができないから、仕方ないとあきらめた。

五月さんは、「会社の人はやさしくて、いい人ばかりだった。でも、日本語ができなくて大変だった」と振り返る。「最初は自分の名前、『荒木五月』だって、すぐ忘れてしまうのだから」。五月さんの中国名は「張月雲」、いきなり「荒木五月」になったのだから無理もない。五月さんが涙ながらに「日本語ができない」と荒木さんに訴えたこともたびたびだった。

五月さんは、荒木さんから「日本と中国は違う。一番違うのはマナー」と口がすっぱくなるほど言われていた。朝、人に会ったときにはあいさつ。昼に会ったときもあいさつ。あいさつすることを一番気をつけるようにと言われた。それに、食べているとき口を開けて話さないようにということも注意された。年上の人は敬うように、丁寧な言葉を使うようにということも母親の荒木さんの教えだった。

荒木さんの言うことに気をつけて仕事をしていたら、職場の人たちは、五月さんをみな娘のように思って接してくれ、かわいがってくれた。年配の人たちは、五月さんが休み時間などに「これは何?」と日本語で聞くと、「いす、だよ」などと親切に教えてくれた。

月給は一〇万円ほどになった。だが、五月さんは荒木さんとは同居できなかった。というのも、荒木さんと同居すると、荒木さん夫妻の生活保護費が出なくなるからだ。五月さんは先に来日していた月子さんの家に、四歳の一人娘、美幸ちゃんと世話になり、一年ほど同居させてもらった。朝、美幸ちゃんを荒木さんのところに送り届け、保育園への送り迎えは荒木さんにしてもらった。

孫娘を三輪自転車のかごに乗せて保育園の送り迎えをしていた荒木美智子さん

荒木さんはうぐいす色の「自家用自転車」のかごに美幸ちゃんを乗せ、朝八時に近くの保育園へ連れて行き、午後四時半に迎えに行く毎日を送った。荒木さんの暮らす市営住宅周辺では、うぐいす色の三輪自転車をこぐ荒木さんの姿を知らない人はいなかった。

ところが、五月さんが働き始めて一一カ月後。事故が起こった。

一九九九年三月三日。五月さんはいつものように「母のためにも、母の面目のためにも何でも一生懸命に」との思いで、麺工場で働いていた。麺を入れるビニール袋がベルトコンベアで送り出されていく。どうすれば効率的に作業ができるだろうか。そう考えながら、手をビニール袋にかけたところ、左手がコンベアに巻き込まれた。

あっという間のことで何が起こったかわからなかった。

気がつくと、左手の人差し指が第一関節からない。

「あー、指がない」

五月さんの口からはそれしか日本語が出てこない。周りの人たちも最初は何が起こっているのか理解できず、すぐに機械を止めることをしなかった。血で染まる五月さんの左手を見て、やっと機械が止まった。が、ちぎれた五月さんの指は機械に巻き込まれて、どこかに行ってしまった。

五月さんはすぐに病院に担ぎ込まれた。だが、指はまだ見つからない。あとで会社の人たちがちぎれた指を見つけて、洗って病院に届けてくれたが、再び五月さんの左手に縫い合わされることはなかった。遅かったのだ。

「日本語がもっとできれば、すぐに機械を止めてもらって、すぐに指を見つけて、くっつけられたのに……」。五月さんは短くなってしまった左の人差し指をさする。

その後も、五月さんは二年ほど、工場で働き続けたが、体を壊し、二〇〇一年に辞めた。

しかし、仕事をしなくては食べていけない。静養して体調を回復した後に、車で三〇分ほどのところにある諫早市のハム工場で働き始めた。原料の鶏肉を箱から出す作業で、午前六時から午後四時まで。残業があると午後八時まで働く。正社員になって、月収は約一五万円だ。

一九九九年に中国人の夫を呼び寄せた。来日した夫は建設現場で働いた。

五月さんは午前四時半に起きて、弁当と朝食を作る。午前五時半には夫が出勤、自分も出かける。小学生になった美幸ちゃんは一人で起きて学校に行く生活だ。

五月さんは残業のない日は夜に近くの中華料理店で二時間ぐらいアルバイトをすることもある。帰国者たちは懸命に働いている。

「来日二年ほどは、本当に苦しかった」。五月さんはしみじみと言う。

来日して一カ月半ほどしたとき、夜中に美幸ちゃんが「お母さん、おしっこ、おしっこ」と言い出した。美幸ちゃんはすでに保育園に通っていた。子どもは言葉を覚えるのが早い。五月さんは「おしっこ」という日本語の意味がわからなかった。

「中国語で言って」

「わからない。おしっこ、おしっこ」

美幸ちゃんは五月さんの寝床まで来て、五月さんの体を揺らした。

「お母さん、おしっこ」

「何？」

五月さんが自分の布団から出て、美幸ちゃんの布団までいくと、布団はぬれていた。子どもの言うことさえわからない、理解できないことが、ただ悲しかった。

だが同時に、絶対に日本語を勉強しなくちゃという気持ちにもなった。

五月さんは、生活がある程度安定してから、夫を中国から呼び寄せた。だから、一番つらい最初のころは、話し相手がいなかった。母親の荒木さんに話すと心配をかける。美幸ちゃんは小さい。気持ちのもっていき場のないことが苦しかった。

当時、五月さんは、自転車で三〇分ほどかけて出勤前に美幸ちゃんを荒木さんのところに送り届け、職場に通っていた。ある冬の朝、冷たい雨が降っていた。それでも自転車で行かなくてはいけない。

美幸ちゃんが言った。

「お母さん、車で行ったら寒くないよね」

その言葉を聞いて、五月さんは胸が詰まった。

「お母さん、一生懸命勉強するからね。免許証を取るからね」

五月さんは、涙をこらえてそう答えることしかできなかった。

それから二年ほどして運転免許を取得し、車も購入。はじめて車に乗った美幸ちゃんは「私も車に乗れた」と言った。その言葉を聞いて、五月さんはうれしかった。同時に、子どもに支えられていると実感した。

五月さんと同様、夫も日本に来て運転免許を取得した。特に、男性は運転免許がないと就職が難しい。夫は夜中に一人でよく勉強していた。二人で六〇万円以上かかったが、何とか免許を取れた。その後、車を二台購入して、いまはそれぞれ通勤に使う。来日直後は「中国に帰りたい」と言っていた夫も、中国にいるときに機械や電気の修理をしていた経験が生きて、給料も上がった。最近は夫の口からは「中国に帰りたい」という言葉は出なくなった。

「朝から晩まで仕事で体はつらいけど、いまは幸せです。中国は貧富の差が激しいが、日本はそうではない。中国では私たちのような労働者は車を買うなんてことは一生考えられない。日本は部屋の外も中も清潔だし、環境がいい。それに、なによりも、美幸のために日本に来てよかったと思っている」

美幸ちゃんは週に三回、英語教室に通う。将来、日本語と中国語と英語、三カ国語ができるようになればいい、と五月さんは思っている。別にお金持ちになるようにという意味ではない。ただ、できる限り教育をつけさせ、大人になったときに学歴が足りないと言われて引け目を感じないようにしたいのだ。

それは、五月さんと夫とふたりの経験からくるものだ。五月さんは中学二年までしか通えなかった。九歳で両親を亡くした夫は小学校も卒業できなかった。小さいときから苦労のしっぱなしだったのだ。ふたりは、美幸ちゃんが大学に行きたいというときに行かせられるようにと学資保険にも入った。

美幸ちゃんが、五月さんらの生活の中心だ。あるとき美幸ちゃんがこんなことを言い出した。

「どうして、お父さんとお母さんは私にだまって結婚したの?」

五月さんが意味がわからずにぽかんとしていると、「だって、どこにでも連れていってくれるのに、結婚のときは私は知らなかったでしょ……」と美幸ちゃん。

家族三人で大笑いした。苦しい時期を乗り越え、いま家族には笑顔が絶えない。

家族の中では一番はじめに来日した五女の月子さんは、勤めていた縫製工場が倒産、その後は漬け物工場で働いた。パートで時給六〇五円。月曜から土曜まで午前九時から午後三時半までだ。

最初の就職先の鉄工所で「使い物にならない」と言われていた夫は一日も休まず、二年間働き続け、その後半年間、諫早にある大学で日本語を勉強した。もともと中国の大学を卒業し、中国では設計士として働いていた人だ。正式に勉強すると、日本語の力をどんどんつけた。大学で日本語を学んだ後は、中国から野菜を輸入している漬け物会社の正社員となって、通訳として働く。月給は二〇万円ほど。月子さんのパートと合わせて、子ども二人を育てる。

月子さんは、夫が最初鉄工所に勤め始めたときには、夫が生まれて初めての肉体労働に耐えられるか心配していた。だが、夫はそれをやりとげた。いまは家族全員で日本国籍も取得、すっかり日本の社会にとけ込んでいる。

孫娘が弁論大会に出場

五女の月子さん、次女の陽子さん、四女の五月さんが先に来日した荒木家は、その後、三女の智枝さん家族、長女の初子さん家族も来日、二〇〇〇年から家族全員が日本で暮らすようになった。初子さんの子どもたちはすでに成人しており、来日後すぐに独立して働き始めた。初子さんは夫を中国で亡くして独り身で、初子さん自身、帰国当時ですでに五〇歳に近かった。職業安定所にも何度も通ったが、言葉ができずに仕事はなかなか見つからない。荒木さんの世話をしながら、荒木さん夫妻と同居する。

三女の智枝さんは、中国では夫の剛志さんとともに料理店を開いていた。来日後は、一カ月ほどしてすぐにすし屋でそうじのアルバイトにつき、その後、縫製工場で働いた。剛志さんはレストランや水道修理の仕事をした後、青果会社で運送の仕事をする。青果会社の仕事が休みの日は、木を切ったり、草を刈ったりするアルバイトを月に三回ほどこなす。

「私はそんなに苦労とは感じなかった。暮らしていかなきゃいけないから。子どものために頑張らなきゃいけないという思いだった。中国にいるより、日本の方がチャンスは広がる。家族がみんなこっちにいるので私は中国が恋しいということはない。でも、夫は肉体労働が大変だったと思う」と智枝さん。

夫の剛志さんは「言葉ができないことがつらい。でも、日本に来て一番うれしかったことは、子どもが三人になったことだ」。中国では一人っ子政策で、都市部に住んでいると、妊娠しても二人目以降は産ませてもらえないという。「将来は、日本でレストランを開くのが夢だ。家族で仲良く暮らせたらと思う」と剛志さん。智枝さん夫妻は来日後に、一男一女をもうけた。

智枝さん、剛志さん夫妻は、長女の愛子ちゃんに、やりたいことをやってもらいたい、と心から願っている。

愛子ちゃんは一九九九年の来日当時、一二歳だった。中国では小学校六年生だったが、日本に来て、中学一年に編入した。最初、日本語ができずに、クラスの教室に入れなかった。保健室で一人勉強する日が続いた。

同級生に「中国に帰れ」と言われたこともある。蹴られたこともある。それでも、言いたいことが言えなかった。悲しかった。泣くしかなかった。「でも、中国に帰りたいとは思わなかった。だって、負けたくないから。帰りたいと思うと負けちゃうでしょ」と高校生になった愛子ちゃんは振り返る。

中学二年になって、やっと教室に入れるようになった。辞書を持ち歩いて、わからない言葉は何でも調べた。そして、三年になって、やっとみんなの輪の中に入れた。

三年のとき、日本語の練習になるから、弁論大会に出ないかと、先生に誘われた。いじめにあったことをみんなに伝えたい、二度とこんなことが起こらないようにという思いで、原稿を書いた。

「県を明るくする運動」弁論大会で、愛子ちゃんは壇上に立った。荒木さんも孫の晴れ姿を見に行った。愛子ちゃんは「昨日の私と今日の私」という題で、発表した。

皆さんは、外国で生活したことがありますか?

私は中国で生まれ、一二歳までずっと中国で生活していました。祖母は残留孤児ですから一九九三年、母国〝日本〟に帰国しました。その時から私はずっとおばあちゃんに会いたかったのです。

一九九九年五月にやっと日本に来れるようになりました。パスポートがとれると、私は〝ああ、もうすぐおばあちゃんと会えるよ。日本がどんな国か見れるよ〟とうれしくて、日本に来るのが楽しみでした。しかし、うれしさの中に、ああ、私はもうすぐこの国と別れるんだ。もうすぐきょうだいのような〝友だち〟と別れるんだと寂しさを感じました。そして、日本で友だちができるだろうかと不安な気持ちもありました。

西大村中学校の一番最初の印象はとてもやさしい親切な所だと思いました。クラスでも温かさを感じました。困った時、手伝ってもらって涙がでるほど感動しました。そして、私に日本語を教えてくださる先生まで探してくださり、毎日二時間ずつ日本語を習いました。このころは私にとってとてもとても楽しい日々でした。でも日がたつにつれてみんなの態度がかわりました。私が声をかけても、「何を言っているのかわからん」と冷たく言うのです。この時私は日本語を早く覚えようと決心しました。九月になると、すこししゃべれるようになりました。本当にこの日本語の先生のおかげだと思いました。友だちがいなくても先生たちが助けてくれてそれで十分だと思いました。

でもそんなに簡単ではありませんでした。理科の時間一緒に座る三人から「バカ、ぶた、私たちは日本人、あなたは中国人だから中国に帰れ」と言われました。私は針を刺したような痛みがしました。私はどこに帰ればいいの？　帰る国がないんだよ。誰も私を相手にしてくれない。だれも私の立場で考えてくれないと心は氷のようにつめたくなりました。これを言いたかったけど、日本語で言えませんでした。くやしくて、日本語をしゃべれない自分を責め、一人で涙を流しました。この事件は先生たちのおかげで解決しました。私もわらって許すことができました。初めて、許すのがこんなに美しい事だと感じました。

そして二年生になると、すぐ、実力テストを迎えました。私にとってははじめてのテストでした。とった点数はわずかでした。その点数を見てこのままだったら高校に行けない。もちろん自分の夢も実現できない、と思いました。私の夢は医者です。人の笑顔を見るのが好きで、自分の力でたくさんの人を助けたいからです。でもテストの点数を見て、夢をあきらめようとした時、担任の先生が「よくがんばったじゃないですか。はじめは少ないけど、だんだん上がっていこうね」と言ってくださいました。心がすごくあたたかくなり、自信も出てきました。私は自分に言いました。〝愛子、あなたはたくさんの人から支えられている。だからあなたはあきらめてはいけません。倒れたらまた立ちあがる、失敗したらまたがんばる。たくさんの子どもが勉強したいと思っている。だけどできない子どももたくさんいるよ。あなたは今こんなにいい機会が与えられたのにあきらめてはいけません〟こう思いました。

それからの私はいろんな事に挑戦しました。新体操部、体育大会の応援リーダーそして図書委員です。三月には図書だよりも書けるようになりました。

私は今三年生です。もっと勉強しなければならない。夢を実現するためです。「できないと思ったらできない。成功させたいと努力を続けるならば道は開ける」。私はこの言葉を信じています。

私は日本が大好きです。中国も大好きです。みなさんの力がなかったら私は今ここに立つことができない。〝ありがとう〟私は今ありがとうしか言えません。いつかきっと私の感謝の気持ちを行動で表したいと思います。

扔去昨日玩皮的我、去探求今日新的自我

昨日までのわがままな私を捨てて、今日の新しい私を探します。

会場で聞いていた荒木さんの目に涙が光った。「日本に来て、すごく成長したね」。この日の大村市の大会で、愛子ちゃんは最優秀賞を受賞、その後の県大会でも、最優秀賞を取った。弁論大会で語ったいじめのことについては愛子ちゃんは、いじめを受けていたときには母親の智枝さんには話すことができなかった。必死で日本の生活に慣れようと働く両親の姿を見ていて、心配させたくなかったからだ。中国にいたときなら、すぐに母親に言ったと思う。でも、日本に来て、自分のことは自分で解決しなくてはと思った。愛子ちゃんは言う。

「いじめの経験は宝物です。いろんなことを教えてもらった。いじめを受けて、初めて他の人の立場に立つことを考えました。言っちゃいけないこととか、いじめている人たちの気持ちもわかった。中国にいるときは、何の苦労もなくて、成績もいいし、友だちもたくさんいた。中国にいるときは、私はそんなこと考えたこともなかったです」

愛子ちゃんはその後、私立高校に特待生として合格した。高校では、生徒会の副会長も務めた。学校生活だけでなく、家でも、智枝さんや剛志さんが具合が悪ければ、愛子ちゃんが病院についていく。仕事を探すときも愛子ちゃんが頼りだ。愛子ちゃんは両親の姿を見ている。

「お父さんもお母さんも何も言わないけど、苦労している。お母さんは日本語がわからないときに職場に一緒に行った。すし屋でそうじして、縫製工場ではミシンで靴下を作っていた。疲れていても、夜中の二時ごろまで勉強していたこともある。お父さんも、会社の近くを通ったときに、汗を流して、野菜の入った箱を運んでいる姿を見た。お金もたくさんあるわけではないけれど、私にはパソコンとか電子辞書とか買ってくれる。苦労かけたくないけど、かけてるなって思う。でも、頑張って道を開いていきたいと思う。私にとって、何にも言わないけどおばあちゃんが一番の先生だから。おばあちゃんって、絶対あきらめないところが大好き」

愛子ちゃんは小さいころから、なぜおばあちゃんが日本人なんだろうと疑問に思っていた。小学校の教科書には日本が中国を侵略した戦争のことが書かれていた。いまでも一〇〇パーセントわかっている自信はないが、家族の中ではおばあちゃんが一番苦労したと思う。でも、犠牲はおばあちゃんだけじゃない。戦争では中国人も亡くなったし、ほかの日本人も亡くなった。ただ、愛子ちゃんが思うのは「戦争は二度と起こらない方がいい」ということだ。そして「私には日本人の血も中国人の血も流れている。両国の架け橋になりたい」と心から思うのだ。

愛子ちゃんが高校生弁論大会で県で二位になり、全国大会に進んだ原稿がある。「未来って美しいですね」と題された原稿は、荒木さんの苦労を土台に、新しい世代が育ってきていることを印象づける内容だ。

どんな時も「未来って美しい！」と信じて歩いて来た私、私は、今一六歳。

残留孤児であった祖母が日本に帰国していたために、三年前に私の家族も日本へ行くことに決まったのです。

私は未知の国、日本へ行く不安よりも、新しい生活に対する夢や希望の方が大きく、未来を信じて日本の土を踏みました。

初めて経験する日本での生活、中でも学校生活はとても興味あるものでした。

日本の教育で最もすばらしいと思っていること、それは一言で言えば、「自由」ということです。先生と生徒の間に壁がなく、思っていることを率直に表現できるすばらしさです。まるで友だち同士のようです。自分の意見や考えを先生に対してきちんと述べることができる、という経験は私にとって、とても新鮮でした。

また、中国では成績は一番から最後の人のまでみんなの前で発表されます。このやり方は、競争心をかき立てられ、勉強意欲がでて優秀な人はどんどん伸びることができます。が、逆に意欲を失ってあきらめる人も大勢いるのです。日本のやり方では、自分だけの結果しかわからないので、他人をうらやんだり、他人の目線を気にしたり、必要以上の競争心をあおられることもありません。しかし他人との競争心が育ちにくいという欠点もあります。中国では個人の能力が大切にされ、日本では個人より、集団が大切にされているという印象を受けました。

私は、中国の教育と日本の教育を受ける機会を与えてもらいましたので、両国の長所を生かして勉強していきたいと考えています。

日本に「井の中の蛙大海を知らず」という諺があります。中国にも同じような物語がありますが、とてもおもしろいので紹介してみましょう。

昔々、一匹の蛙が井戸に住んでいました。その蛙は、自分が井戸の中から見ることができる丸い空が、空だと思い込んでいました。ある日、遠くから一羽の小鳥が飛んできて、疲れ果てて井戸に止まりました。

すると蛙は不思議そうに「どうしてあなたはそんなに疲れているんだ」と尋ねました。「私は何日も何十日も大空を飛んで来たからよ」と答えました。蛙は笑って「空はこんなに小さいのに」と言いました。驚いた小鳥は「空は井戸の中から見える範囲ではないのよ」と返事をしました。小鳥の言うことをどうしても信じられなかった蛙は、思いきって井戸から飛び出してみました。そして空の広さに驚きました。蛙は、二度と井戸に戻らず、広い世界で生きる決心をしました。

日本の中にいると自国の長所や短所は見えにくいものです。私もあのまま、中国にいたら、井の中の蛙になっていたことでしょう。井戸を出ることができてよかった。日本に来られたことを感謝しています。

今年は日中の国交が回復して三〇周年になり、友好ムードが広まっていますが、日本と中国の間には、過去に「戦争」「占領」という大きな壁があって、今でもまだまだ難しい問題が多いようです。しかし、中国と同じような立場にあったお隣の国、韓国は、ワールドカップのサッカーを日本と共同開催したことで、急速にお互いの理解が深まり、新しい一歩を踏みだしました。

今、日本で一番問題になっている国に北朝鮮があります。母が生まれた黒竜江省にも小さな朝鮮村があったそうです。

中国・北朝鮮・韓国・日本等の北東アジアと呼ばれる国々の人々は、肌の色も、目の色も同じ隣人同士です。北東アジアや東南アジアの国々が互いに助け合ってＥＵ共同体に負けないような組織をつくることができたらどうでしょうか。

未来のことは誰にもわかりません。その未来を築いていくのは私たちです。私はいつも「未来って美しい！」と未来に夢を託して生きて来ました。日本人と中国人の両方の血が流れている私の役割、それは両国の友好はもちろんのこと、アジアの人々、世界の人々の架け橋になりたい。

対干十六岁的我来説未来真的很美好！

私は今、一六歳、未来って本当に美しいですね！

未来に向かって懸命に生きた荒木さんの家族は、日本の社会に根を張った。看護師をしていた陽子さんも、日本人と再婚し、新たな家族と暮らしている。一時はいじめを受けて悩んでいた洋くんも独立して、通訳として働いている。

荒木さんが「強行帰国」した直後は、電話しても電話口にも出てくれなかった親族は、いまは子どもや孫を連れて荒木さんが訪ね、墓参りに行くことを受け入れてくれる。本家からは、ときどきそうめんが送られてくる。

「私が帰国して一〇年以上がたって、親族に頼ることなく、自立して生活しているのを見て、親族が変わった。いまはみなが喜んでくれている。いまは姉とも話ができる。それが何よりもうれしい」と荒木さんは言う。

荒木さんにとって「強行帰国」後の一〇年はあっという間に過ぎ去った。一人ぼっちのときは長

５人の娘と夫に囲まれる荒木美智子さん。荒木さんにとって家族が何よりも大切だ。前列左から長女・初子さん、夫・忠誠さん、荒木さん、次女・陽子さん。後列左から、三女・智枝さん、四女・五月さん、五女・月子さん（写真提供・荒木美智子）

く、つらい時期だった。だが、子どもたちが一人、また一人と来日し、気持ちも楽になった。荒木さんの妹、弟も荒木さんの後に、日本への永住を果たした。

「仕事して、お金は全部子どもたちに使った。苦労したとか、疲れたとか、何にも考えない。ただ、頑張ってきたから。子どもや婿たちにも、頑張らないと『中国に帰れ』って言うからね。でも、本当によくみんな頑張ったよ」

荒木さんを支え続けてきた井上さんも「一〇年経ってみんな落ち着いた。こんなに頑張れるとは思わなかった。荒木さんは読み書きができないけど、子どもや孫にいろいろなことを言って聞かせているからね。いまどき珍しい、本当に自慢の家族です」という。

四女の五月さんは言う。「本当に偉大な母です。小さいときから、ずっとお母さんに頼ってきた。母は本当に強い人」。五月さんは、来日したときに、自分の名前を書く荒木さんの姿を見て、びっくりした。中国では、字を全く書けなかったのだから。「私たちも頑張らなくちゃと母を見ていつもそう思う」。

荒木さんがいつも子どもや孫に向かって言い続けていることがある。「お世話になった人のことは忘れてはいけない」。子どもたちを呼び寄せてくれた井上さん、「強行帰国」を計画した国友さん、そして、一緒に帰国した仲間たち。いろいろな人の世話になって、今があるということを絶対に忘れないように、と言うのだ。それともうひとつ、「五人の姉妹が仲良くすること。私が死んでも、仲良く生きていくのだよ」と言い続けている。「仲の良いのが一番。私にはもう何も希望がない。とても幸せ」と荒木さんは笑う。「でも、もっと早く帰ってこられたら、私も車の運転ができたんだけど」とおどけてみせた。

日曜日になると、子どもたちは荒木さんの家に集まり、一緒に食事をしたり、マージャンをしたりする。その後は、子どもたちの車に乗せてもらって、近くの温泉に行く。子どもや孫と一緒に湯船に体を沈めるとき、荒木さんは、心の芯から温かくなるのを感じる。そして、「生きていてよかった」と思うと同時に、あのときは死ぬ覚悟で行動を共にした「強行帰国」の仲間のことも考える。

荒木さんはもうすぐ七〇歳。

祖国・日本で、心安らかな日々を送ることができるようになるまでには、長い長い道のりを歩いてこなければならなかった。

＊

国を動かした一二人の「強行帰国」。一二人は各地で生活を始めてから二度と全員で顔を合わせることはなかった。それでも、いつも仲間のことを心の中で思い続けてきた。すでに亡くなった人もいるが、一二人は固い絆で結びつき、そして、その一人ひとりがさらにそれぞれの家族を日本に呼び寄せ、人生の最後の時を、家族に囲まれながら過ごしている。戦争によって一度は家族との絆を引き裂かれた人生だっただけに、彼女たちは子や孫ら家族と暮らすことがどれほど幸せなことであるかをかみしめている。

一二人が「強行帰国」したときに、日本に帰りたくても帰ることができなかった約二五〇〇人の残留婦人、残留孤児ら〝帰れぬ人々〟は、その後、日本政府の政策が変わったことでほとんどが日本に永住帰国し、自分の家族を呼び寄せている。

Ⅲ 政府の強制退去命令とたたかった井上さん家族の「きずな」

井上鶴嗣さん（２列目左から３番目）の還暦を祝って集まった井上さん一家（2000年５月）。後列―左端が孫の成男くん、４人目が三女・蘭子さん、５人目が次女・由紀子さん、６人目が四女・珠美さん、７人目が長女・菊代さん、９人目が孫の晴子ちゃん、11人目が孫の東くん、右端が五女・綾子さん。中列―左端が長男・忠文さん、２人目が妻・琴絵さん、６人目が由紀子さんの夫の浩一さん。前列―右から3人目が孫の龍男くん（写真提供・井上鶴嗣）

第二の家族離散

「母ちゃんの子どもは私の子ども。ずっと育てて大きくなったけん。なぜ別れなければいけけん。私、いやでね。ずっと一緒に暮らしたい。別れたくない」

熊本県菊陽《きくよう》町に暮らす中国残留日本人孤児、井上鶴嗣《つるじ》さんの声が、東京・永田町の参院議員会館会議室に響いた。二〇〇二年一一月二九日。この日、六二歳になる鶴嗣さんは午前五時に自宅を出発、五歳年下の中国人の妻・琴絵さんを伴って、右も左もわからない東京にやってきた。

琴絵さんの連れ子である二人の娘とその家族が強制退去命令を受けたため、その命令を見直し、在留資格を認めてほしいと訴えに来たのだった。日本に永住して約二〇年、鶴嗣さんは、中国語なまりのある熊本弁で、言葉を絞り出すようにして、国会議員や法務省の役人に一生懸命思いを伝えた。隣りでは、妻の琴絵さんがうつむき、ハンカチで涙をぬぐっている。

鶴嗣さんの娘ら家族が強制退去命令を受けた理由は、簡単に言うと、「日本人孤児との間に血縁関係がない」からだった。国は、法務省告示で、成人した連れ子には定住資格を認めていない。そのため、鶴嗣さんの娘二人とその家族は不法に上陸したとして、強制退去命令を発布されたのだった。

戦後半世紀以上かかって、鶴嗣さんはやっと自らの家族とともに、日本で平穏な暮らしを始めたばかりだった。その矢先に、家族が入国管理局に収容され、再び家族離散の危機に襲われたのだ。

「戦争のとき、私と父母はバラバラになった。今度はまた子どもと別れるのか。私、本当に悲しい。みんな私の子ども。血はつながっていなくても、娘たちは私の家族。在留許可お願いします」

二人の娘とその家族、合わせて七人の在留資格を認めてほしいと、ただひたすら頭を下げて、国会議員らに懇願する鶴嗣さんの姿は痛々しかった。

強制収容

それは、突然のことだった。

二〇〇一年一一月五日。午前六時前、鶴嗣さんが住む県営住宅と目と鼻の先にある別棟の県営住宅に暮らしていた関麗芬（通称・井上由紀子）さん宅の呼び鈴が鳴った。由紀子さんは琴絵さんの二人の連れ子のうちの下の娘だ。鶴嗣さん一家では次女になる。

由紀子さんは一九九八年に来日、中国人の夫、馬好平（通称・井上浩一）さん、当時中学三年だった長男の馬東東（通称・井上東《あきら》）くん、中学二年だった馬燕燕（通称・井上晴子）ちゃんと四人で暮らしていた。呼び鈴がならされたとき、四人はみなまだ布団の中でまどろんでいた。

「こんな朝早くにだれだろうか」。そう思いながら、由紀子さんが布団を抜け出し、玄関に出た。ドアを少し開けると、外には見知らぬ七、八人の人がいた。彼らは無理矢理ドアを開け、あっという間に家の中に入ってきた。その中の一人がわかりにくい中国語で言った。

「福岡入国管理局です」

「今日限りで入国許可を取り消します」

　由紀子さんには意味がわからなかった。気が動転して、考える余裕もなかった。やっとの思いで、「どうして?」と尋ねたが、係官は「私たちと一緒に入管に来てください」としか言わない。騒ぎを聞きつけて、夫の浩一さんも起き出してきた。だが、由紀子さんも浩一さんも日本語はほとんどできない。何が起こっているのかわからない浩一さんは息子の東くんを起こした。親の由紀子さんや浩一さんよりは日本語ができる東くんが勇気を出してどういうことなのか尋ねてみたが、詳しいことは話してもらえなかった。

　この日は月曜日。浩一さんは仕事に行く予定になっていたし、東くんと晴子ちゃんは学校に行くはずだった。

「職場や学校の先生に電話をさせてほしい」

　そう懇願したが、とりあってもらえなかった。だれに連絡をとることも許されず、簡単な荷造りをさせられた四人は待機していた小型のバンのような車に乗せられた。

　ちょうど同じころ、由紀子さんの姉、つまり鶴嗣さん一家の長女である孫忠梅（通称・井上菊代）さんの自宅でも同じことが起こっていた。菊代さんは一九九六年に一家で来日したが、その後、中国人の夫と離婚、夫は中国に戻っていた。菊代さんは、離婚後、ふたりの息子、楊百鳴（通称・井上成男）くん、楊百龍（通称・井上龍男）くんと三人で、これもまた、鶴嗣さんの自宅近くの県営住宅で暮らしていた。当時、成男くんは専門学校に通い、龍男くんは小学六年生だった。菊代さん一家も複数の入国管理局の職員に踏み込まれ、何がなんだかわからないうちに、連行された。

由紀子さんの家族四人、菊代さんの家族三人の合わせて計七人が乗せられた車は、高速道路を北へ走り、福岡市内にある福岡入国管理局に向かった。こうして、七人は強制収容された。

このときのことを、晴子ちゃんは次のように書いている。日本に来て三年。一生懸命覚えた日本語で思いをつづっている。

二〇〇一年一一月五日に福岡入国管理局の人々が来て、いろんな理由で上陸許可が取り消されました。それを聞いた瞬間、もうすべてが終わり、時間がその瞬間に止まり、私の夢がすべて終わったと思っていました。そのときの気持ちは悲しかったです。涙がぼろぼろ落ちてきて悲しいです。おばあちゃん（琴絵さん）たちに電話をかけようとした時に受話器を取られ、切れました。どこにいても入管の人がついてきます。もう、中国に帰るんだと思っていました。

朝の七時ぐらいになって、車に乗りました。その車は普通の車ではなく、なにか罪を犯した人を乗せる車みたいでした。おばあちゃんの家の前を通っていきました。そこはおばあちゃんの家ですので、少しぐらい話をさせてくださいとお願いをしても、「ダメです」と言われました。

おばさん（菊代さん）家族も連れてこられました。高速に入ると雨が降ってきました。「もしかして、神様が私たちはもう中国に帰ることを知っているから、悲しんでくれたの？」。これでもう本当に終わりなの？　外の雨を見ていると、小さいころから日本に来て、新しい出会い、新しい人生の始まり、新しい友だちをつくり、新しい思い出、すべての新しい出来事が目の前に現れました。

やがて後ろから何か声が聞こえてきました。後ろを向くとお兄ちゃん（東くん）が泣いています。お兄ちゃんの横にお父さん（浩一さん）がいます。お父さんのやさしい顔を見つめていました。お父さんの目が潤んでいました。どんな苦しい時だって、お兄ちゃんとお父さんの泣き顔を見たことがありません。そんな悲しい顔を見ると、私もいつのまにか涙がボロボロ落ちてきました。静かな高速道路、走っていた静かな車の中に涙が落ちてくる音しか聞こえません。父と兄はどんなに悲しいか、すごく、すごく感じます。

入管についたら別々に話を聞かれました。だいたい午後の四時ぐらいになって入管の人が別の部屋に連れて行って、その中に入ったら、もうドアがロックされました。二度目の悲劇でした。いろいろ検査されました。たくさんのことをして、もう刑務所に入るような感じで、また涙が出ました。中に入ってお父さんとお兄ちゃんとは別室でした。

最初に入った時はみんな眠れなくていろいろなことを思い出していました。そのとき、隣から泣き声が聞こえました。お母さん（由紀子さん）がお兄ちゃんの名前を呼んで「泣いているの？」って聞いたら、いとこの成男お兄ちゃんでした。おばさんが「どうしたの?」って聞いたら、成男お兄ちゃんが「中国に帰りたくないです」と言いました。もういっぺんにみんなが泣き出しました。「そうよね。私だって帰りたくないよ」。その静かな入管の中にもう悲しい泣き声だけでした。

七人が入国管理局に連れて行かれたことに気づいた鶴嗣さん、琴絵さん夫妻はそれぞれ仕事を休んで、福岡入国管理局の熊本出張所に飛んでいった。だが、子どもや孫たちの姿はない。鶴嗣さんは出張所の職員に必死に尋ねた。

「私たちの子どもはどこ?」

しかし、返ってくる答えは素っ気ない。

「ここでは何もわからない」

「自分たちはわからないから、ここに電話をしなさい」

職員が一枚の小さな紙を差し出した。付箋紙だった。みると、そこには、福岡入国管理局とみられる電話番号が記されていた。

登校して来ない東くんや晴子ちゃんたちを心配して、何かが起こっていることに気がついた中学校や小学校の先生たちも出張所に駆けつけた。目の前には、門前で呆然と立ちつくす鶴嗣さん、琴絵さんの姿があった。当時、日本語指導を担当していた武蔵ヶ丘中学校の井野幸子先生、武蔵ヶ丘

井上鶴嗣さんと妻の琴絵さん

小学校の寺岡良介先生が声をかけると、鶴嗣さんと琴絵さんは力無く答えた。

「ここじゃあわからない。自分たちにはわからんと言われた」

井野先生らが出張所の中に入って、職員に事情を聞くと、出張所では何もわからないの一点張り。仕方なく付箋紙に書かれた番号に電話した。電話に出た福岡入国管理局の職員は、強制送還で調査をしていること、今日はばたばたしているから福岡まで来ても会えないなどということを一方的に伝えた。

井野先生たちは、東くんら子どもたちが朝ご飯も食べていないだろうと心配した。差し入れぐらいはできるのではないかと、熊本から福岡入国管理局に出向いたが、会うことは許されなかった。鶴嗣さん、琴絵さん夫妻も二人の間の実子であるほかの子どもたちと相談して、福岡に向かったが、この日は面会を許されなかった。熊本に戻るほかなかった。

鶴嗣さんが、収容された子どもや孫たちと面会することができたのは、二日後の七日だ。井野先生たちの協力で弁護士を見つけ、何とか会うことができた。家族の無事を確かめ、今後の対応を検討した。このまま強制送還される可能性もあるため、早急な対応が必要だった。

二度目の強制収容

一一月二一日に七人の仮放免を申請するとともに、「異議の申し立て書」を提出した。翌二二日には子どもたちを中心に六人の仮放免が認められた。しかし、浩一さんただ一人、仮放免を認められず、収容され続けた。

鶴嗣さんらは弁護士に相談、一二月に入って、七人の特別在留許可を求めて、当時の森山真弓法務大臣に嘆願書を出した。

一二月一七日。福岡入国管理局から出頭するよう要請があった。不安の中、六人が出頭すると、一〇人ほどの男性職員に囲まれた。「実子と偽って入国していた。在留特別許可を認める理由はない」として、在留特別許可を認めないとする法務大臣の裁決の内容が言い渡され、そして、強制退去命令が発布されたことが伝えられた。そのまま、力ずくで収容された。二回目の収容だった。

このとき、収容されるのを嫌がった子どもたちは無理矢理、入国管理局の職員に押さえ込まれた。

東くんは四、五人の職員に床に押さえつけられ、襟を引っ張られて、ひきずり込まれた。その横では、晴子ちゃんがタートルネックセーターの襟を摑まれ、中に引きずり込まれる。成男くんは複数の職員に抱えられ、施設の中に連れて行かれた。小学生の龍男くんはただ、泣くばかり。子どもたちの腕や首には、強く摑まれた痕や爪でひっかかれた傷が残った。複数の大人に取り囲まれて引きずられていく子どもたちの様子を見た由紀子さんは、ショックのあまり意識を失って倒れてしまった。

鶴嗣さんらは弁護士や井野先生らの協力を得て、七人全員の仮放免申請をその日のうちに再度提出した。

二度目の収容に、鶴嗣さんらは衝撃を受けた。そして、子どもたちの心にも大きな傷を残した。晴子ちゃんは二度目の収容後の一二月二〇日、中学校の日本語指導担当の井野先生にこんな手紙を書いている。

　先生方へ。
　お元気ですか？　来るときは絶対にこの中に二度と入りたくないと思いました。でも、自分の願いがかなわなかった。一七日に中に入ってもう絶対頑張って出ると思って、この中の人とケンカ（?）をしたりやってたのにダメだった。なんでかわからないけど、どうして私たちだけこんな目にあわないといけないのですかと思うと、悲しくて、泣いた。強くなろうと思うけど、できない。二度目この中に入って本当に悲しい。なんでかわからないけど、原因はいくつかあった。

（一）法務大臣はどうしてこういう結果をだしたの？

（二）どうして私たちの運命はこんな苦しいの？

（三）どうしていろいろなこと全部私に来るの？

外に出たい。行きたい。家族と幸せ一緒に暮らしたい。毎年の正月は家族とｏｒ先生たちと一緒にすごしたのに、今年はどうすると？　もしかして……

東くんも床に押さえ込まれたときのことを、言葉少なだが、こう振り返った。

「痛かった。ぼくの体は痛かった。でも、心の方がもっと痛かった」

鶴嗣さんらは、八日後の二五日に、強制退去の執行停止と、法務大臣の裁決の取り消しを求めて福岡地方裁判所に提訴。その動きの中で、翌二六日には、晴子ちゃんら四人の子どもと母親二人の計六人の仮放免は実現した。

しかし、晴子ちゃんの父、浩一さんの仮放免は今回も認められず、二七日には長崎県の大村入国管理センターに移送されてしまう。その後も何度、仮放免を申請しても、浩一さんの仮放免は認められなかった。

仮放免という身分

私がこの鶴嗣さん家族と出会ったのは、提訴から約一年後、冒頭に記した鶴嗣さんらが法務省や国会議員に改めて要請に行く少し前だった。鶴嗣さんが住む県営住宅を訪ねると、家族が集まってくれていた。晴子ちゃんは父親の浩一さんが収容されたまま一年が過ぎ、父親の体調を気にしていた。大黒柱の働き手を失った由紀子さん一家は、体が弱い由紀子さんの働きだけでは食べていけず、息子の東くんが全日制高校への進学をあきらめ、定時制に通いながら、車の解体現場で働き、家計を支えていた。晴子ちゃんも中学校の卒業があと数カ月後に迫っていたが、家族が食べていくには働かなくてはいけないと、定時制高校に進むことを決めていた。由紀子さんの姉・菊代さんも魚屋で懸命に働き、成男くんも定時制高校に行きながらアルバイトをし、家計を支えていた。

仮放免中の六人には在留資格はない。正確にいうと働いてはいけない立場だ。だが、働かなければ食べていけない。菊代さんは以前から勤めていた職場に理解があり、菊代さんの働きぶりも認められていたことから、働き続けることができた。しかし、在留資格のない外国人をすすんで雇う所は極めてまれだ。子どもたちは自分たちが在留資格がないことを隠しながらアルバイトをしていた。

仮放免という身分は、一カ月に一度、福岡の入国管理局に出頭し、仮放免の延長手続きをしなくてはならない。どんなに嫌でも行かなくてはならない。だが、彼らには二度目の収容の記憶が生々しく、出頭するときには、いつも「もしかすると、また収容されるかもしれない」という恐怖がついて回った。一カ月に一度の出頭は、想像以上に精神的な負担になった。

また、仮放免中の人は、県外に出る場合には許可が必要なため、由紀子さん家族が長崎県大村市で収容されていた浩一さんに面会に行くには、福岡の入国管理局に出向き、移動許可をとらなくてはならなかった。晴子ちゃんたちが父親に会いに行くときは、福岡で許可をもらい、その足で、大村に向かった。

入国管理局に出頭するための交通費もかかる。また、弁護士費用や仮放免のための保釈金など、三〇〇万円近くのお金がかかった。鶴嗣さんはそうした費用を捻出するため、ビル管理の仕事を続けた。冒頭に記した国会議員や法務省に要請に行ったときも、午前五時に自宅を出発、東京で歩き回り、午後八時の飛行機で福岡に向かった。熊本県内の自宅に戻ったのは深夜だったが、翌日は、また、早朝からビル管理の仕事に出た。

夫が収容されたままの由紀子さん一家、子どもと三人暮らしの菊代さん一家は、食べていくために、子どもたちはアルバイトをし、母親も働いて、何とか生活していた。鶴嗣さんもこの裁判を闘い抜くために、働き続けなければならなかった。どの家庭も、経済的にギリギリの中で、精神的にも追いつめられていったが、彼らを支えたのは、「家族で一緒に暮らしたい」というささやかな願いと、強い気持ちだった。小さいときに親と離別した鶴嗣さんには、「もう二度と家族と離れたくない」という思いが人一倍強かった。

忘れられないキュウリの味

鶴嗣さんは一九四〇年七月一日、佐賀県出身の父・霍雄さんと母・ミヨさんの間に長男としてこの世に生を受けた。鶴嗣さん誕生の前に、両親はすでに中国東北部（旧満州）に渡っていた。鶴嗣さんは、ソ連国境に近い黒龍江省（当時の牡丹江省）東寧県で生まれている。

父の霍雄さんは写真屋を開いていた。軍付きのカメラマンだったらしい。店の裏にはビリヤード台もあり、日本の軍人がよく遊びに来ていたのを、幼かった鶴嗣さんは覚えている。父は怖くて、厳しかった。悪いことをしたら、すぐに手をあげる父だった。子どもの教育に対しては厳格だった。父はその地域の日本人消防団の団長をしていた。近くに赤い消防車が一台あったことも記憶の隅に残っている。

鶴嗣さんは自分にきょうだいがいたかどうかは覚えていない。だが、日本に来てから戸籍をみると、姉が二人、弟と妹が一人ずついたことになっている。だが、戸籍によると、姉二人と妹は敗戦前に死亡、弟も戦後の一九四六年一月に亡くなっている。

一九四五年八月九日。鶴嗣さんが五歳になったばかりのころ、ソ連軍が参戦、北から一斉に攻めてきた。

国境近くの東寧県に暮らしていた鶴嗣さんらは、ほかの日本人たちとともに西の方に向かって逃げた。家を出たのは昼ごろだった。父の経営する写真屋の従業員だった女性二人が米や毛布を背負い、鶴嗣さんは、その二人の女性とともに母に連れられて家を出た。幼かったために、記憶は途切れ途切れだが、大八車を仕立てる余裕はなく、ただ、持てるだけのものを担いで慌てて飛び出したことだけは覚えている。家を出た後は、草原を歩き、山の中の道なき道をかきわけて進んだ。ソ連軍の飛行機が空を舞い、戦車が突き進んでくる中を集団で歩いた。飛行機が飛んでくると、うつぶせ、飛行機が行くのをやり過ごし、そして、また歩き始める。昼も夜も歩き続けた。鶴嗣さんは疲れると、店の女性か母の背中におぶってもらい、眠った。途中で自転車を拾い、自転車の上でも寝た。

父も逃げる大集団のどこかにいたのだろう。ときどき、鶴嗣さんに会いに来た。鶴嗣さんは母とひとときも離れることなく、逃避行を続けた。

荒野を逃げる中、日本軍がソ連軍に包囲されていたり、道ばたや坂道に日本人の死体がたくさん転がったりしていたところを見た。銃撃された者、餓死した者、多くの人が息絶えていた。幼い鶴嗣さんの目に、その悲惨な光景は焼き付いた。

夜になると、木の根の近くに身を横たえ、道ばたで睡眠をとった。それ以外の時間は、ただただ歩き続けた。

あるとき、歩いていた畑で、中国人がキュウリを食べていた。母は、みぶりてぶりで「子どもがおなかをすかしている。キュウリを半分分けてもらえないか」と懇願した。

中国人が差し出してくれたキュウリを、母は一口も口にせず、全部鶴嗣さんの口に入れた。

「あのときのキュウリはおいしかった。いまでもその味は忘れられない」

食べるものも飲み水もない状態での逃避行で、多くの人が体力を失い、途中で脱落し、命を失った。

あるとき、大きな川に出た。鉄道が通っていたとみられる橋がかかっている。一団はその橋の上をそろそろと進んだ。鶴嗣さんは母に背負ってもらっていた。橋の真ん中あたりにさしかかったとき、母が進める足を止めた。橋の下には、川が轟音をたてて流れている。

「鶴ちゃん、二人で一緒に死んでしまおうか。このままでは、いつまで生きられるかわからない。飛び込んでしまおうか」

井上さんの実母・ミヨさん。戦後、日本の土を踏むことはなく、中国で亡くなった（写真提供・井上鶴嗣）

母が背中の鶴嗣さんにそう言った。鶴嗣さんは大声で泣き出した。「絶対嫌だ」と騒ぐ鶴嗣さんの勢いに気圧《けお》されたのか、母はだまってまた歩き始めた。

どれぐらいの間、移動したのだろうか。黒竜江省の東京城鎮という町についたときには、もう雪が五〇センチほど積もっていた。この町から四キロほどのところに、多くの日本人が身を寄せていた日本人収容所があった。鶴嗣さん一家も、そのひとつ、自興村という村へ入った。周囲は、ソ連軍に包囲されており、逃げようとすると銃殺された。村の中にあった家の中の馬小屋にたどり着いた。そうじして、わらを敷いて寝た。

父と母、そして店の従業員の女性二人が一緒だった。どうやって食料を手に入れたのかは知らないが、なんとか食いつないでいた。だが、いつもお腹がすいていた。まもなくすると、父の体が黄色くなっていった。あっという間に死んでしまった。お金もなく、医者にみせることも、栄養のあるものを食べさせることもできなかった。

父の死後、鶴嗣さんは母に連れられて東京城鎮に移った。一つの家を二つに区切り、その片方に住んだ。もう片方、つまり隣には中国人が暮らしていたが、その中国人の妻が日本人だった。詳しい状況はわからないが、たぶん母がその日本人女性と知り合いだったのではないか、それで、片方に住まわしてもらえるように頼んではないのかと鶴嗣さんは思っている。

しかし、母と二人だけの生活では、収入がない。まもなく、母は東京城鎮から汽車で一時間ぐらいのところにある中国共産党が率いる八路軍の軍靴工場に働きに出た。鶴嗣さんは、隣の日本人女性の家に預けられた。それが、母との別れになるとは、幼い鶴嗣さんは思いもしなかった。

しばらくして、中国人の男性が鶴嗣さんが一緒に暮らしていた隣の家に、訪ねてきた。この男性は鶴嗣さんの顔を見るなり、ほほえんだ。

「かわいいねえ」

このころには、鶴嗣さんにはある程度の中国語がわかるようになっていた。

「おじさんの家に遊びに来ないか。おいしいものがあるよ」

これが鶴嗣さんの養父になる孫振起さんである。好奇心旺盛で、やんちゃな鶴嗣さんは、「おいしいもの」という魅力的な言葉にひかれた。「まあ、いいか」。そんな軽い気持ちで、翌朝、孫さんと歩いて家を出た。かなり歩いたが、疲れてきたので、途中から馬車に乗せてもらった。夕暮れ前に、三塊石村という農村についた。

鶴嗣さんを連れた孫さんを見かけると、村人たちが一斉に飛び出してきた。

「もらわれた日本の子が来たぞ」

鶴嗣さんは、知らない大勢の人に囲まれ、恥ずかしいやら、怖いやら、身を固くした。しかし、鶴嗣さんを連れてきた孫さんは自分の家に鶴嗣さんを招き入れ、ごちそうを出してくれた。家には、孫さんの妻と、鶴嗣少年より一〇歳ほど年上の娘が一人いた。六歳の鶴嗣さんは深く考えることなく、その日は、目の前に出されたごちそうに気をとられ、おなかいっぱい食べて、幸せな気分で眠りについた。

目が覚めた翌朝、鶴嗣さんは、自分が全然知らない土地に来ていることに気がついた。

「東京城に帰りたい」

鶴嗣さんは泣いた。困ったような顔をした孫さんは「遊びに行かないか」と鶴嗣さんを誘った。馬車に乗せてもらって、山の方に行った。着いたのは、馬鞍山と呼ばれるところ。一軒の小さな小屋があった。その回りには何もない。人影も人家もない。孫さんはそのあたりに、耕作地をもっていたらしい。孫さんとふたりきりで小屋で過ごした。夜になると、オオカミの声が聞こえた。オオカミに食べられてしまうのではないかと思って、鶴嗣さんは身を震わせた。怖さで、一人では絶対に出歩けなかった。頼りは孫さんだけだった。

一週間ほど過ごしただろうか。孫さんに促されて、三塊石村に戻った。そこで、こう言われた。

「うちの子どもになるんだよ。パパ、ママ、お姉さんと呼びなさい」

孫さんは付け加えた。

「お母さんは日本に帰ってしまった。おまえは帰れない。私がおまえを育ててあげるから」

鶴嗣さんはどう理解していいかわからなかった。だが、そう言われてしまっては、どうしようもない。四〇キロも離れた東京城鎮への戻り方もわからないのだから。六歳の子どもにはあきらめるしかなかった。夜、床につくと、実母の顔を思い出した。

あとから聞いた話だと、最初に鶴嗣さんが預けられた隣の中国人の男性と、養父になった孫さんは親戚だったらしい。隣に住む中国人の男性が男の子がいない孫さんに、「日本人の子どもがいる」と連絡したのだった。男の子がほしかった孫さんは、それで飛んできて、鶴嗣さんを連れて行ってしまったのだ。

鶴嗣さんは「守堂」という名前を付けてもらい、中国人「孫守堂」として養父母と暮らす生活が始まった。三塊石村は八〇戸ほどが生活する農村だった。鶴嗣さんのほかに、もう一人日本人の男の子がいた。鶴嗣さんより六、七歳年上だった。

養父は空が明るくなり始めると起き出し、畑に出かけていった。一日じゅう、野良仕事をしていた。養父母は自分の子どものように鶴嗣さんを育ててくれた。養父には一度もたたかれたことがない。養母は、いたずらをすると尻をたたく、厳しい人だったが、鶴嗣さんを大切に育ててくれた。

ある日、近所の子どもから「小日本」とからかわれた。頭にきた鶴嗣さんはその子を殴りつけた。その子は泣きながら家に帰って行った。しばらくすると、その子の母親が、家に怒鳴り込んできた。

「おたくの子どもがうちの子を殴って泣かせた」

それを聞いた養母は「ほかの子どもを泣かしてはダメだよ」といいながら、鶴嗣さんの尻をたたいた。しかし、やんちゃな鶴嗣さんはそんなことでは言うことを聞かなかった。近所の子を泣かしては、毎回養母に怒られた。

姉は学校に行っていた。鶴嗣さんは野良仕事を手伝わされることもなく、家の回りで近所の子どもたちと遊んだ。

土地改革で生活が一変

養父はもともとは一〇〇畝《せ》ほどの土地をもっており、当時としては富農といえた。だが、日本敗戦後の中国東北地方は、国民党軍と八路軍が戦う内戦があった。共産党率いる八路軍が制圧した後に、土地改革があった。地主や富農は幽閉され、その間に、一〇畝程度の土地しか持たない貧農や小作農が、地主や富農の家に押しかけ、家財道具を奪った。

鶴嗣さんが暮らす養父の家も例外ではなかった。馬、馬車、洋服ダンス、食料、義姉の服までも全部もっていかれた。養父の家も、それ以降、貧乏になった。耕作できる土地は一〇畝程度になり、そこでトウモロコシやコーリャン、アワを栽培しなくてはならなくなった。

朝はアワご飯やトウモロコシの粉をこねて焼いたもの。昼は朝ご飯の残り物。夜は、トウモロコシのおかゆを食べた。おかずは、白菜やジャガイモ、ほうれん草、インゲン豆など、自分の畑でとれたものを食べた。米はほとんど食べられなかった。それでも、何とか空腹は満たされた。だが、餃子や饅頭などのごちそうは正月や親戚が訪ねてきたときだけ。小麦粉を使い、時に肉も入る餃子は一家には特別なごちそうだった。

鶴嗣さんに言わせると、以前に比べれば生活は貧乏になったが、当時の農村としては一般的な生活だったという。着るものは、養母の手作り。つぎはぎだらけで、一年ぐらい着たきり雀の状態だったが、それが普通だった。しかし、まもなく姉は学校に行かなくなり、すぐに遠くへ嫁に出された。

養父母は鶴嗣さんを小学校にも通わせてくれた。六歳で通い始めた鶴嗣さんは同級生の中では年齢的に一番幼かった。一四歳、一五歳という同級生もいた。体も当然一番小さかった。だが、成績はよく、五〇人ほどの学年の中で一番だった。同じ村にいるもう一人の日本人孤児は鶴嗣さんより三学年上にいたが、彼も一番の成績をとっていた。村人たちの間では「日本人は本当に頭がいい。

こんなに小さくてもふたりとも一番だ」と評判だった。

　ひもじい思いはせずに、おなかいっぱい食べられる生活だったが、勉強を続けるには貧乏はこたえた。鉛筆は残りが一、二センチになって握れなくなるまで使った。最後は、芯だけを取り出して、薬莢に入れて最後の最後まで使った。ノートは自分で作った。大きな紙を切って縫いつけノートにした。だが、何回も紙を買うほどのお金はない。手作りノートの紙は表も裏も書いて使い、そのあとに、消しゴムで消す。消しては書き、消しては書きを繰り返して、何度も使った。消しゴムも手作りだった。落ちている靴底のゴムを切って灯油の中に一晩入れておくと、ふくらんだ。それを乾かして、消しゴムにした。紙や鉛筆を買う金も自分で工面した。拾った靴のゴムの部分をくず屋に売って、金を作った。冬は芝を刈ってきて、市場で売ったこともある。

井上さんの養父・孫振起さん
（写真提供・井上鶴嗣）

　村の学校は四年生までで、先生は一人しかいなかった。クラスは一学年ひとつずつ。先生が一年生を教えているときは、ほかの学年は自習という具合に、一人の先生がすべての生徒を教えていた。

　学校では、何かあると同級生たちに「日本人だから遊んでやらないよ」と言われた。鶴嗣さんは「中国人だよ」と言い返し、けんかになった。鶴嗣さんにとっては、「日本鬼子《リーベンクイズ》」という言葉は大嫌いだ。「日本鬼子」とだけは言われたくなかった。そういわれるとケンカした。ケンカでは負けたことがなかったが、その言葉を同級生たちの口の中に封じ込めておくことはできなかった。

ふだんは自分が日本人であることをそれほど意識していなかったが、友だちに「日本人」と言われるときと、そして、歴史の授業のときは、自分が日本人であることを否応なく意識させられた。日本軍が中国を侵略し、虐殺などを行ったと先生が説明すると、同級生たちの視線が一斉に鶴嗣さんに向いた。

「戦争なんてなければよかったのに……。侵略がなければ、自分が中国に来ることもなかったのに……」

鶴嗣さんはもっていきようのない心の痛みを感じた。

鶴嗣さんは中国生まれだが、何度か船や汽車を乗り継いで、ふるさとの佐賀県に帰ったことを覚えている。それが日本でのことなのか、中国でのことなのかはよく覚えていないが、家族が多かったことも記憶にある。鶴嗣さんが庭で、手押し車をカタカタいわせながら歩き、そのまま井戸に落ちたことがあった。家中が大騒ぎになり、祖父がその井戸をつぶした。その庭には、大きな柿の木が何本もあった。

鶴嗣さんはよくおねしょをした。おねしょを直すためと、背中に毎日お灸をすえられたことも覚えている。祖父や母が手招きをする。

「鶴ちゃん、おいで」

「柿をとってやるから」

だまされて近寄ると、背中に三カ所、お灸を載せられた。だが、熱いお灸が終わると、すぐに柿を食べさせてくれた。

厳しい父にたたかれそうになると、すぐに母のところに逃げていったことも覚えている。母は「大丈夫、大丈夫」と鶴嗣さんを抱いてくれた。

そんな実父母や家族との記憶を胸に、鶴嗣さんは養父母のもとで生活していた。

養父母や養父母の親類は成績のいい鶴嗣さんを自慢し、「この子は大学にも行ける」と喜んだ。ただ、いくら成績がよくても、農村では、経済的な理由から上の学校に進むのは難しい。鶴嗣さんも村の小学校で終わりかと思っていた。しかし、四年で卒業した後に、試験を受け合格、五年生、六年生は五キロほど離れた和盛村の小学校に通うことになった。三塊石村からは一五人ぐらいが鶴嗣さんと同じように進んだ。隣村の小学校へは山道を一時間以上かけて通った。五年生、六年生になっても、鶴嗣さんはずっと一番か二番だった。学級委員長もしていたし、放課後の自習班のリーダーも務めていた。本当は中学に進み、勉強を続けたかった。しかし、中学に行くには町に出なくてはならず、通うことはできない。寮に入るだけのお金は家にはなかった。

小学校六年を卒業すると、鶴嗣さんは養父を手伝い、農作業に出るようになった。空が明るくなってきたら、養父とともに畑に出て、暗くなるまで働いた。当時は、人民公社の前身で、村の人たちがみな一緒に働く共同作業だった。小学校を出たばかりの鶴嗣さんは一番幼く、体も一番小さかった。鋤《すき》をもって、畝《うね》を作っても、養父の半分もできなかった。

そのころ、養母が亡くなった。

帰国できなかった理由

一九四九年に中華人民共和国が成立、日本との国交は断絶した。国による日本人の引き揚げも中断した。しかし、一九五三年、赤十字など民間が中心になった引き揚げが再開された。一三歳になった鶴嗣さんは、この年、中国政府が開いた説明会に呼ばれた。鶴嗣さんが暮らしていた三塊石村から三〇キロほど離れた渤海鎮という町の学校の講堂に集まれという指示が来た。鶴嗣さんは養父に連れられて町に出た。養父の親戚が渤海鎮で床屋をやっており、その家に泊まった。

鶴嗣さんは一人で、午前八時ごろに、会場になっていた学校の講堂に行った。一〇〇人ぐらいの日本人が集まっていた。中国政府の役人が、「日本への帰国を許可する」などと説明していた。一時間ほどして、後ろから声がした。

「鶴ちゃん」

その日本語に反応するのは、鶴嗣さんしかいなかった。振り返ると、後ろの入り口から入ってきた女性と目があった。実母だった。

「お母さんは自分を置いて日本に帰っていなかったんだ」

養父から日本に帰ったと言われた実母が目の前にいた。八年ぶりに会う母。一度も忘れたことがなかった母の姿に、涙がこぼれた。

母はすぐに鶴嗣さんの横に来た。下手な中国語で話しかけてきた。

「どうしていたのか。元気だったのか」

会場での説明会そっちのけで互いのこれまでのことを語り合った。

母はこの日に鶴嗣さんに会えるかもしれないと思っていたという。母の話では、母が軍靴工場で働いて東京城鎮の家に戻ってくると、鶴嗣さんの姿がなかった。隣人に「一週間ぐらい田舎に暮らす親戚のところに遊びに行かせた」と言われた。しかし、待てど暮らせど、鶴嗣さんは帰ってこなかった。隣人を問いただし、鶴嗣さんが三塊石村というところにいることは聞き出したが、四〇キロも離れた農村に、中国語も満足にできない日本人の女が一人で行くことはできなかった。母は一人で生きていくしかなく、その後、仕方なく左官屋をしていた中国人のもとに身を寄せたという。その人との間に娘が二人いるとも聞いた。

鶴嗣さんは母を連れて、渤海鎮の親戚の家で待っていた養父のもとに行った。母は養父に「息子を東京城鎮に連れていきたい」と懇願した。一度は承諾した養父だったが、親戚から「このままでは息子を連れていかれ、日本に帰ってしまうぞ」と忠告され、養父は翻意する。「今回は待ってほしい。次の機会があるときに、私が東京城鎮に連れてくるから」と養父は母に言った。鶴嗣さんは心の底では母について行きたかった。だが、養父への育ての恩もある。引き裂かれるような思いで、養父と三塊石村に帰った。

農村での生活は、そのまま月日を重ねた。しかし、大人に混じっての作業はつらかった。みかねた養父が、鶴嗣さんが一五歳のとき、村の書記に頼んだ。

「うちの子は体が小さいので、農作業には向いていない。町に出して、床屋の技術を学ばせたい」

しばらくして許可が出て、鶴嗣さんは養父の親戚が営む渤海鎮の床屋に弟子入りした。床屋で見習いをしていると、ある日、床屋の主人が客に向かって、こう聞いた。

「この子は中国人と思うか？　日本人か？　朝鮮人か？　どう思う？」

客が答える。

「中国人に決まっているだろう」

「それが、違うんだよ。日本人なんだよ。お母さんだって、東京城鎮にいるんだよ」

「えっ。東京城鎮の日本人ならオレはみんな知ってるぞ」

「その人には娘が二人いるはずだ」

次の日、鶴嗣さんが仕事をしていると、ガラス越しに、実母がこちらに歩いてくるのが見えた。小さな母が、ふっくらした顔をして、うれしそうにやってきた。

「お母さんだ」

鶴嗣さんもうれしくて、店を飛び出した。昨日、床屋に来た客が、母のところを訪ね、鶴嗣さんの居場所を伝えたらしい。母はいてもたってもいられず、飛んできたのだった。おみやげにビスケットをもってきてくれた。仕事そっちのけで、二時間ほど話し込んだ。帰り際には母の住所を教えてもらった。

床屋の主人が休みの日に母の自宅まで連れて行ってくれた。その後は、鶴嗣さんは休みのたびに、一人で四キロほど離れた東京城鎮の母の家を訪ねた。鶴嗣さんは母に聞いた。

「どうして日本に帰らなかったのか」

「息子がいないのに、帰ることはできない」

その母の答えが、鶴嗣さんはうれしかった。しかし、鶴嗣さんには養父に育ててもらった恩がある。養父を捨てることはできない。養父と実母もどっちも大切だということを母に伝えた。母は黙って聞いていた。

それから一年ほどして、公私合営という政策が行われた。鎮の床屋がみな合併し、私企業が全部国営に移行することになった。鶴嗣さんもこのときに、国の職工になり、独り立ちすることになった。渤海鎮から東京城鎮にある床屋に移ることになった。新しい職場は一五人が働く大きな床屋だった。寮に住んだ。そこから、母の家までは歩いて一〇分ほど。鶴嗣さんは仕事が終わると毎日母の家に行き、夕食を食べた。久しぶりに味わう母との時間を喜び、幸せを感じた。

鶴嗣さんが働く床屋の前に、もう一軒の床屋があった。そこは鶴嗣さんの働く店より規模は小さく、職人は六人いた。人口四万人の東京城鎮に床屋はこの二軒だけだった。ともに国営企業。前の床屋に行って、話をすることもあった。鶴嗣さんはそこで働いていた胡亜芹さんを紹介された。いまの妻、琴絵さんである。琴絵さんは二人目の娘を出産して前夫と離婚したばかりだった。

「最初は日本人とは知らなかった。でも、いいな、と思った」

そう琴絵さんが言えば、鶴嗣さんもこう言う。

「東京城鎮の人は私が日本人だとほとんどみんな知っていた。日本人だということで、なかなか嫁に来てくれる人が見つからなかった。自分を好いてくれる人がいれば、それだけでうれしかった」

二人は一九六五年に結婚した。長女の菊代さんはこのとき二歳、次女の由紀子さんは七カ月だった。鶴嗣さんは友人に金を借りて、ボロ屋を買い、新居にした。当時一カ月の給料は三七元。新居はボロ屋とはいえ一六〇元もした。次女の由紀子さんは軟骨病で、体が弱く、一人で座ることもできない状態だった。

鶴嗣さんも琴絵さんも働かないと食べていけない。裕福な友人の知り合いが「女の子がいないので、あなたの次女を養女としてほしい」と言ってきた。体が弱い次女を自分たちは十分に世話をすることができない。自分たちよりは裕福な家で育ててもらった方が幸せになるのではないかと考え、鶴嗣さん夫妻は、由紀子さんを養子に出した。いつか生活が安定したら、連れ戻したいと思っての行動だった。

まもなく、鶴嗣さん夫妻の間に三女蘭子さんが生まれる。

鶴嗣さんは実母の近くに住みながら、自分の家族を作っていった。このまま平穏な生活を送ることができるかに見えた。だが、今度は、中国社会の荒波に飲まれていく。一九六六年、社会を震撼させた文化大革命が始まった。

下放された農村での生活

文化大革命が始まるとすぐに、鶴嗣さんは勤める床屋で、批判対象となった。理髪店、宿泊所、食堂、写真屋など、飲食サービス業に関わる人たちが集まる会議が毎晩開かれた。午後五時に仕事を終え、食事をしてから、午後七時ぐらいにその会議は始まる。大きな会議室に一六〇人以上が集まる。

「黒五類」といわれる人々が批判対象だった。地主、富農、反革命分子、破壊分子、右派。日本人の鶴嗣さんは反革命分子とされた。養父も昔は富農だったため、二重の負い目があった。鶴嗣さんら黒五類とされた人たちは十数人。会議が始まる前にいつも早めに別の部屋に集められた。会議室に群衆が集まり、着席すると、会議室の前に入場させられた。

頭を下げて、おずおずと入っていく。鶴嗣さんの首には、「私は反革命分子です」と書かれた厚紙の看板が下げられていた。どこかから「頭を下げろ！」という声が上がると、九〇度の角度で頭を下げ続けなければならなかった。毎日、前に出された十数人のうち、四、五人が選ばれて集中的に批判された。批判開始の号令がかかると、一六〇人を超す群衆から口々に批判の言葉が浴びせかけられた。

「日本へ情報を渡していないのか！」

「日本と連絡をとっていないか！」

「日本のスパイ！」

鶴嗣さんへの批判は日本につながっているということを疑われてのことだった。批判集会は毎晩毎晩続けられた。

「いつ終わるのか。いつ逃れられるのか」

鶴嗣さんはそればかり考えていた。職場の幹部で、黒五類とされた人の中には、群衆に殴られる人もいたが、幸いにも鶴嗣さんへの暴力はなかった。だが、仕事が終わる夕方になると、胃のあたりがキリキリと痛み、鶴嗣さんの気持ちは深く落ち込んでいくのだった。

まもなく鶴嗣さんは一家で農村に下放される。下放とは、思想改造するための農村部での強制労働のことだ。鶴嗣さんは東京城鎮から約六キロ離れた寧安県城東公社新興大隊に所属させられた。大隊は四つの小隊で構成されており、鶴嗣さんは第一小隊に所属した。八〇戸が生活する第一小隊の中で、下放されてきたのは、鶴嗣さんの一家だけだった。

鶴嗣さんは、長女の菊代さんと生まれたばかりの蘭子さんのふたりの娘と妻を連れて、歩いて、農村に引っ越した。土壁、草葺きの家を借りた。三部屋が並ぶ長屋のような家の一番端の小さな部屋が、生活の場になった。その後、二女一男が次々に生まれた。

生活はとても苦しかった。早朝、鐘の音が村に響き渡り、起床。村人がそろって畑に向かい、トウモロコシやコーリャン、大豆などを栽培した。妻の琴絵さんは毎日畑でトウモロコシの茎をひろってきては、台所の焚き物にした。水は井戸、オンドルにくべる薪は山に拾いに行かなくてはならなかった。

秋の収穫後に、トウモロコシやアワなどの作物を生産隊の人数で平均して割り、「一年分の食料」として与えられるが、食べ盛りの子どもたちを抱えた鶴嗣さん一家は、分配された食料は半年もするとなくなってしまった。残りの半年分は友人や親戚に借りて食いつなぐしかなかった。一年分として配給された油は、一カ月ももたなかった。

そんな貧しい農村生活でも、文化大革命は大きく影を落とした。週に二、三回は農作業が終わった夜に批判集会が開かれた。農作業を終えて家路につくと、突然、ラッパの音が鳴る。集合の合図だ。黒五類だけが先に集められる。集会所の前に並んで待っていると、ほかの村人が入ってくる。「始め！」の合図で批判が始まるのだ。

慣れない農作業で疲れ果てた体には、夜遅くまで続く批判集会はきつかった。鶴嗣さんは過労と栄養失調で、倒れた。黄疸と肺炎の症状が出て、一カ月半も都市の病院に入院した。退院後も一年近くは寝込んでいる状態で働けなかった。

生活は困窮を極めた。布団は一家で一枚。友人から古着をもらい、村人が新しい服を買ったときに捨てようとしている古着をゆずってもらい、子どもたちに着せた。オンドルにくべる薪も思うようになく、朝、食事で煮炊きした残り火を洗面器に入れて部屋の中に運び込み、子どもたちは手を暖めた。着るもの、燃やすもの、食べるもの、何にもなかった。

こんな生活の中で、鶴嗣さんを助けたのは、妻・琴絵さんの連れ子で、長女の菊代さんだった。一〇歳にもならなかったが、川に行って洗濯をし、山に行って薪を拾い、料理をした。次々と生まれる妹弟の世話もした。鶏や豚へのえさやりなど、家のことはなんでもこなした。また、冬は薪を集めるために、元気になった鶴嗣さんと一緒に雪山に入って、木を切り、運んだ。午前三時ごろに起きて、暗いうちに家を出発、三〇キロも離れた山に行き、五〇〇キロの重さの木を集めて、リヤカーで引いて帰ってきた。家にたどり着くのは午後一〇時すぎ。零下三〇度から三五度にもなる厳しい寒さの中での作業だった。夏は夏で、菊代さんは鶴嗣さんと一緒に、便所にたまった糞尿をくみあげ、畑にまいた。

農村の生活は、現金収入がほとんどない。飼っている八、九羽の鶏が産む卵は貴重な現金収入源になる。卵を全部市場に持っていき、売った。そのお金でノートや醤油などを買った。豚を飼い、子どもを産んだら、子豚を売る。子豚もまた、貴重な現金収入源だった。

一九七二年生まれで一番末っ子の綾子さんが小さいとき、ねだったことがある。

「お父さん、今日は私の誕生日よ。お母さん、ゆで卵作ってほしい」

卵は貴重だ。一個売れば、それでノートが買える。しかし、末っ子の綾子さんのかわいさに負け、鶴嗣さんは売り物の卵を一個、ゆで卵にして、プレゼントした。綾子さんはうれしそうに、ドアの後ろで隠れるようにして食べた。きょうだいの中では唯一誕生日プレゼントをもらった綾子さん。

そのプレゼントがゆで卵ひとつだった。

こうした苦しい生活の中で、長女の菊代さんの存在は大きかった。「苦しいときに、一番手伝ってくれたのは、菊代ちゃんよ」と鶴嗣さんは言う。

下放されて二年おきに生まれた四女の珠美さん、長男の忠文さん、五女の綾子さんは、菊代さんが父違いの姉であることは知らなかった。そんなことは想像したこともなかった。菊代さんのことは日本に帰国してからもずっと本当の姉だと思っていた。育てられ方に区別がなかったからだ。忠文さんは、農作業に出かけた両親の代わりに、菊代さんにあやしてもらい、親のように育ててもらった。

綾子さんは小さいころ、おしっこをもらして、菊代さんがそれを乾かそうと綾子さんのお尻を火鉢に向け、やけどしたことを覚えている。

「お姉ちゃんが、あとでお母さんに怒られていたよね」

「お姉ちゃんには家のことは全部してもらっていた」

今は日本で公務員として働く忠文さんも「自分にとって、菊代姉ちゃんは、一〇〇パーセント本当のきょうだいです」と話す。

菊代さんは言う。

「みんなきょうだい一緒で、区別はなかった。小さいときから、お父さんと一緒に住んでいたから、お父さんには遠慮なく何でも話せる。お父さんは私の本当のお父さんです」

鶴嗣さん一家は、この極貧の農村生活を一三年間、家族で肩を寄せ合って、しのぐことになる。その間、東京城鎮に暮らしていた実母が尾てい骨を骨折、なかなか直らずに、床を離れられなくなったと聞いた。すでに、実母の中国人の夫は死亡していた。鶴嗣さんは農村に実母を引き取り、最期を看取った。実母は祖国・日本の土を再び踏むことなく、中国の大地で一生を終えた。

そのすぐ後、うれしいニュースが舞い込んできた。一九七二年、日本と中国の間の国交が正常化する。

生前、実母から聞いていた実父の本籍地である佐賀県有明町役場に手紙を書いた。すると、「親類は、長崎におじさんが一人いる。熊本にもおばさんがいる」という返事が戻ってきた。おじというのは、実父の母違いの義理の弟だった。そのおじに手紙を書いた。

「一度いらっしゃい」という返事をもらい、鶴嗣さんは天にも昇るような気分になった。

帰国までの長い道のり

一九七七年三月。鶴嗣さんは三七歳になっていた。同じ黒竜江省寧安県に住む残留孤児約二〇人が団体で日本に向かった。半年間の親族訪問という形の一時帰国だ。日本に到着後、みなが親族のいる地方へそれぞれ散らばった。鶴嗣さんはおじがいる長崎県へ向かった。

初めて見る日本の風景は鶴嗣さんにはすべてが驚きだった。農村でも、鶴嗣さんにはみないい服を着て、いい家に住み、生活していると思えた。一枚の服を着られなくなるまで着る自分たちの生活とは大違いだった。日本は農村でも都市でも生活レベルは変わらない。鶴嗣さんが住む中国の農村からは想像できないことばかりだった。

蛇口をひねれば自動的に清潔な水が出る。トイレが家の中にある。しかも、水で流す。中国の農村では見たこともない冷蔵庫がすべての家に置かれている。お風呂もある。ガスコンロに火がつき、料理ができる。薪を拾ってくる必要はない。テレビもある。

鶴嗣さんの中国の農村での生活は電気しか来ていない。日本での生活とは、天と地ほどの差があった。そして、日本には何よりも、自由があった。何を話しても、どんな出身でも、問題にされることはなかった。鶴嗣さんは、絶対に日本に永住帰国したい、と思った。

「私は日本人なんだから、日本に帰って当たり前なんじゃないか」

そんな気持ちを強くした。

中国ではさまざまな政治運動がある。日本人である鶴嗣さんはこれまでも十分すぎるほどの差別を受け、苦労してきた。しかし、将来また別の政治運動が起こるかもしれない。そうなれば、どうなるかわからない。豊かな生活だけでなく、心の安寧を得ることは鶴嗣さんにとっては大きな夢だった。

おじたちは最初は歓迎してくれたが、いかんせん言葉が通じない。小さいときから鶴嗣さんを知っていたわけでもない。文化や習慣も違う。何となく気まずい雰囲気が流れた。気持ちを伝え合うことは到底無理だった。

鶴嗣さんは一週間ほどして、すぐに働きに出た。電気・水道工事の仕事だった。おじの家で弁当を作ってもらって出かけた。世話になっているからと、給料は全部おじに渡した。

しばらくして、鶴嗣さんは体の具合が悪くなる。十二指腸と胃に潰瘍ができていたらしい。長年の苦労が体に蓄積していた。胃の三分の二を切除。三カ月入院した。

おじの家族は、鶴嗣さんには何となくよそよそしかった。言葉ができないから、そう感じたのかもしれないが、鶴嗣さんには「自分は招かれざる客」のように感じた。

日本を離れる日が近づくにつれ、おじは「中国に帰りなさい。また、子どもを連れて来ればいいじゃないか」と言った。口では家族が中国で待っているのだから、という意味のことを言ったが、本音は、永住帰国のための身元保証人にならないという意味だと鶴嗣さんは受け取った。

日本滞在中に佐賀県有明町にある井上家の墓に行った。墓には鶴嗣さんの位牌も入っていた。日本では、鶴嗣さんは死んだ存在として扱われていたのだった。

「私はまだ死んでいない」

自分の位牌を出してもらった。

中国へ戻る少し前、熊本県内に暮らすおばとその夫、いとこが家族で長崎に、鶴嗣さんを訪ねて来てくれた。父の妹にあたるこのおばは、「身元保証人になってもいい」と話してくれた。鶴嗣さんは、いざとなったら、このおばを頼ろうと心に決めた。しかし、まずは一度中国に戻らなくてはと、思った。

というのも、日本へ出発する前、妻の琴絵さんが「これっきり帰らないんじゃないか」と激しく泣いた。周囲の人たちも一〇人が一〇人、豊かな日本に一度行ってしまうと「もう帰って来ない」と言った。それほど中国の農村での生活は貧しく、厳しかった。同時に、日本に行くということは、当時の中国の農村で暮らす人々にとっては夢のまた夢の話だった。鶴嗣さんは「日本に行って、少しでも働いて金を稼いでくるから」と説得して、家を出てきたのだった。

熊本のおばが少しお金をくれた。その金でおみやげ用の古着を買い、A4判ぐらいの大きさの小型ラジオを買って、鶴嗣さんは中国に戻った。ラジオは、北京から自宅に戻るまでの汽車の中で売り、その金を自宅に持ち帰った。

中国の自宅に戻った鶴嗣さんは、妻の琴絵さんに、日本の様子を次々と話した。

「日本はいいところだよ。きれいで、衛生的だ。生活レベルも高い。中国では正月にしか食べられない米や小麦粉を毎日食べられる。家の中に風呂やトイレまである」

トイレは、共同使用で外にある中国と違って、それぞれの家の中にあること、しかも、水洗で臭くないことまで、細かく報告した。しかし、琴絵さんは全然信じない。

「それじゃあ、まるで天国じゃない」

いくら説明しても琴絵さんは頑として信じようとしなかった。

「嘘つき。そんな世界あるわけないじゃない」

学校に行ったこともなく、中国語の読み書きもできない琴絵さんはずっと中国の田舎町で暮らしてきた。自分の世界しか知らない琴絵さんには、外国の日本での生活を想像し、信じることができなかった。鶴嗣さんの説明を信じない琴絵さんは、「日本にみんなで一緒に永住帰国しよう」と言う鶴嗣さんの言葉を拒絶した。妻の同意がなければ、鶴嗣さんは日本に帰ることはできない。子どもや妻と離ればなれになって一人で帰ることは、鶴嗣さんにとっては第二の家族離散になるからだ。

嵐のような文化大革命は一九八〇年を前に終わりを告げる。鶴嗣さん一家も、下放から解放された。鶴嗣さんは、富農であったことを批判され、同じ農村に下放させられていた養父を引き取り、一緒に、東京城鎮の町に戻った。以前働いていた床屋で、また働き始めた。琴絵さんも同じ職場に復帰、まだ小さかった四人の子どもの世話は、長女の菊代さんがしてくれた。

その菊代さんも二〇歳になり、一九八二年に結婚。所帯をもって、独立していった。

鶴嗣さんにとっては、文化大革命が終わり、農村から都市に戻れたことは喜ばしいことだった。しかし、最大の望みは日本に帰ることだった。だが、相変わらず琴絵さんは、日本の生活を「夢のような話」として信じてくれなかった。

しかし、そのころになると、鶴嗣さんらが暮らす寧安県の孤児たちの中にも、日本に帰国する人が出てきた。あるとき、日本に永住帰国した残留孤児夫妻が、一時的に寧安県に里帰りしていた。鶴嗣さんは琴絵さんを連れて、話を聞きに行った。その夫妻も、夫が残留孤児で、妻は琴絵さんと同じ中国人だった。その妻が日本の様子を話し、「日本に帰った方がいいわよ」というのを聞き、琴絵さんはようやく鶴嗣さんの話を信用し始めた。迷った末に、とうとう日本への永住帰国を承諾してくれた。

鶴嗣さんはさっそく、寧安県公安局外事課に、日本への帰国を申請した。しかし、ひとつだけ問題があった。当時七四歳で、一緒に生活していた養父のことだ。日本に連れて行っても日本の生活になじめないのではないか。万一病気になったときに言葉が通じず困らないか。一緒に連れていくかどうかを悩んだ。申請を受け付けた外事課の担当者にも、「あなたの養父の今後の世話はどうするのか。あなたの恩人を、一人中国に残したまま帰国することは許されない」と言われた。

悩んだ末に、一緒に連れて行こうと思っていた長女の菊代さんに、「長女として、しばらくの間、中国に残って養父の世話をしてくれないか」と頼んだ。

「私も連れていってほしい」

菊代さんは最初は同行を懇願したが、最後は「私がちゃんと世話をするから大丈夫」と鶴嗣さんの願いを聞き入れた。

菊代さんは当時を振り返って、「一緒に行きたかったけど、仕方なかった。家族だから、だれかおじいちゃんのめんどうをみなくちゃいけない。それに、あとから日本に呼び寄せてくれると約束してくれたから」と笑う。

外事課も、「養父の面倒は死ぬまで娘の菊代が見ることになっている」という鶴嗣さんの説明に納得して帰国を許可してくれた。鶴嗣さんは菊代さんに「必ずあとで日本に呼び寄せるから、おじいちゃんを頼む」と約束し、妻の琴絵さんと琴絵さんとの間に生まれた下の四人の子どもたちとともに日本に向かった。

一万円の生活保護の制約

一九八三年八月一七日。鶴嗣さんは夢にまで見ていた日本への永住帰国を家族とともに果たした。このときの旅費は国費でまかなわれた。まずは、熊本県砥用《ともち》町（現・美里町）のおば宅に数日世話になり、その後、町営住宅に入居した。

いまでは、国費帰国する残留孤児は定着促進センターという施設に六カ月間入所し、日本語や日本の習慣を学べるが、当時はそんな施策はなく、日本語が全くできない鶴嗣さんも、そのまま熊本県砥用町での暮らしを始めなくてはならなかった。

自立支度金が一家で五〇万円ほど支給されたが、中国にいる間に肺に穴が開いて入院したときにした借金の返済にあてた。日本での生活は何もない状態からのスタートだった。

二週間ほどで、鶴嗣さんは病院で掃除などの雑用係の仕事を見つけ、働き始めた。月収は七万円。足りない分は生活保護を受けるしかなかった。子どもたちは、一七歳、一五歳、一三歳、一一歳だったが、みんな日本語がわからず、全員小学校に入った。

帰国した当時の井上鶴嗣さん・琴絵さん夫妻（写真提供・井上鶴嗣）

一年半ほど砥用町で暮らした後、鶴嗣さんは、中国での職業だった理髪の仕事に就けないかと、理髪の職業訓練校に通うことにした。そのために、熊本市に近い熊本県菊陽《きくよう》町の県営住宅に引っ越した。いずれは理髪店を開きたいという希望を胸に職業訓練校に一年通ったが、戸惑いの方が大きかった。すべてにおいて、やり方が違っていたのだ。

「中国では六分で一人の散髪をこなしたが、日本では、一人に一時間も二時間もかける。細かすぎてついていけなかった」

一年間通い続けて、理髪の免許は取得できた。その後、インターンで三カ月間、七、八人が勤める理髪店で働いた。何とか技術は習得したが、言葉ができないために、客の注文をよく理解できない。また、お客がいなくても座ってはいけないと言われ、納得できなかった。中国では客がいなければ、座っておしゃべりしているのが、普通だったからだ。店長からはインターン期間後、「いてもいいけど、給料は払えないよ」と言われた。仕方なく、理髪店で働くことをあきらめ、求人のあった家具工場で働くことにした。タンスや流し台の組み立ての仕事で、月給は七万円だった。

そのころ、琴絵さんは個人病院の炊事の仕事を見つけ、働き始めた。午前五時半に家を出て午後三時までの勤務か、午前九時から午後七時までの遅番か、交代制だった。琴絵さんの月収は一〇万円。ふたりの収入を合わせて一七万円は、生活保護の水準より低く、一カ月に一万円だけ生活保護を受けていた。しかし、その一万円の生活保護は制約が多かった。

クーラーはつけてはいけない。自宅に家具が増えると、福祉事務所の担当者が「いつ買ったのか。いくらだったのか」と聞いてきた。生活にそんな余裕はなく、家具は全部、粗大ゴミから拾ってきたものだったのだが、疑いの目で詰問された。また、子どもがバイクの免許を取りたいと言っても、ぜいたくだとして許してもらえなかった。一万円のために、こんなにうるさいことを言われるのなら、生活保護を辞めた方がいい。鶴嗣さんは四女の珠美さんが高校を卒業したのを機に、「生活保護はいらない」と福祉事務所に宣言した。

そのころ、求人案内を見て、鶴嗣さんはビル清掃の仕事についた。月給は手取りで一一万円。悪くなかった。熊本市内の会社に朝、車で出勤し、そこで、六〇歳ぐらいの高齢の女性たち四、五人を乗せて、午前七時には会社を出る。その日に指定されたビルに行き、午前八時から午後四時半ぐらいまで掃除をする。休みは月に四日しかないが、正社員であることが魅力だった。鶴嗣さんは以来、ずっと、このビル清掃の仕事を続けている。

中国に残した長女と次女を呼び寄せる

一方、鶴嗣さんの妻・琴絵さんの連れ子で次女の由紀子さんは関という家にもらわれ、「関麗芬」として中国で暮らしていた。鶴嗣さんらが病弱な由紀子さんのことを考え、少しでも裕福な家にと、養子に出したはずだった。しかし、由紀子さんは決して幸福な子ども時代を過ごしてはいなかった。

生後一年にも満たない由紀子さんがもらわれた先は農家だった。すでに二人の義兄と一人の義姉が家を出て、二つ年上の義兄が家にいた。「実子の中に付け加えられた感じ」と由紀子さんは言う。四、五歳になり、皿洗いができるようになると、すぐに皿洗いをするように言われた。

小学校には通わせてもらえたが、朝早く起きて、養母が朝食を作るのに、かまどを使えるようかまどの灰をはき出して、草や薪を燃やしてたきつけをするのが幼い由紀子さんの役目だった。寝坊したときは、養母にたたかれ、ののしられた。また、養母がかまどで料理をしているときに薪をくべたり、醤油やみそ、塩などを棚から持ってきたりするのも、由紀子さんの仕事だった。手伝いをさせられていたのは、由紀子さんだけだった。二歳年上の義兄は手伝いはしなかった。食べ物も義兄とは別だった。おいしいものは全部義兄に与えられた。由紀子さんには少し腐ったような残りものしかなかった。

小学校のころ、同級生の母親に「もらわれた子だ」と言われたが、由紀子さんには意味がわからなかった。だが、一年一年大きくなるにつれて、養母の自分に対する態度を振り返るうちに、「自分はもらわれた子だ」と確信するようになる。中学二年で学校を辞め、村の生産隊に入って、農作業をした。

一九八三年に、同じ村の馬好平（浩一）さんと結婚、その後、実の両親を捜し始めた。

「結婚前は、養母にいじめられるのではないかと思って、両親を捜すことはできなかった。そんな勇気はなかった。でも、結婚して、家を出て、夫が支持してくれたので、捜してみようと思った」

村で開かれたある結婚のお祝いの席に行ったとき、村の老人たちが由紀子さんがもらわれてきたときの状況を話してくれた。村の人たちはみんな知っていたのだ。情報をたどっていくと、実母の琴絵さんが働いていた東京城鎮の床屋がわかった。由紀子さんは長男の東くんを妊娠、身重だったため、夫の浩一さんが由紀子さんの代わりに、床屋に走った。

だが、そこには、琴絵さんの姿はなかった。すでに日本に行ったという。浩一さんは落胆しかけたが、そこに、姉・菊代さんの夫がいた。ボイラー管理や雑用の仕事をしていた。そこで働いていた人たちはみな琴絵さんを知っていた。浩一さんは、菊代さんの夫に連れられ、菊代さんの自宅に行き、食事をした。

その話を聞いた由紀子さんはすぐに、菊代さんに会いに行った。ふたりは抱き合って泣いた。菊代さんも、妹がいることは両親から聞いていたのだ。それからは、菊代さんと由紀子さんは連絡を取り合うようになった。

由紀子さんは、養母に「実母が見つかった」ということを報告した。すると、養母は棒を持って殴り込んできた。「育ての恩を忘れたのか」と家のガラスをたたき割った。由紀子さんの実母・琴絵さんへの思いはつのるばかりだった。

一九九〇年、鶴嗣さんの養父が八一歳で亡くなった。菊代さんから鶴嗣さんに手紙で連絡があった。鶴嗣さんは少ない生活費の中から、毎年二万円を養父と菊代さんに仕送りし、生活を支えてきた。命の恩人である養父の死亡の報を聞き、中国に帰りたかったが、仕事を休むわけにもいかず、菊代さんに後のことを頼むしかなかった。

翌九一年、鶴嗣さんは菊代さんとの約束を果たすべく、菊代さんと夫、ふたりの息子、計四人を日本に呼び寄せる手続きを始めた。福岡入国管理局に申請したところ、許可が下りなかった。福岡入管に理由を尋ねに行ったが、よくわからなかった。琴絵さんが「私が日本国籍になったら呼び寄せることができるか」と聞いたが、担当官はあいまいな返事をした。ただ、「姓が違う」ということを指摘されたことはわかった。

当時の菊代さんは、琴絵さんの最初の夫の姓「潘」を名乗っていた。鶴嗣さんが琴絵さんと結婚後まもなく文化大革命が起こったため、鶴嗣さんの姓「孫」を名乗ると、日本人の子どもであるこ

帰国前に中国で撮影された井上鶴嗣さんの養父・孫振起さん（前列中央）と菊代さん（後列左から２番目）一家（左が龍男くん、右が成男くん、前列左が前夫）、由紀子さん（後列右端）と浩一さん（前列右端）夫妻（写真提供・井上由紀子）

とが明らかになり、迫害されるのではないかと心配して、琴絵さんの前夫の姓のままにしておいたのだった。

日本の出入国管理法では、六歳以上の養子や成人した連れ子は、在留資格を得られないことになっていた。しかし、鶴嗣さんには、法的な細かいことがわからなかった。しかも、菊代さんは琴絵さんの連れ子とは言っても、ずっと一緒に暮らしてきて、実子同然の家族だった。家族を日本に呼び寄せることは許されると信じて疑わなかった。

琴絵さんは、菊代さんたちを呼び寄せるのに役に立つのならと、帰化の手続きを進め、一九九三年二月に日本国籍を取得した。「一緒に永住した子どもたち四人はみな日本籍で、私だけが一年に一回ビザを取りに入国管理局に行かなければならなかった。

仕事も自由に休めないし、また、菊代たちのためになればと思って帰化の手続きをした。家族で日本で暮らせれば、それ以上の幸せはないから」と琴絵さんは中国語で話す。

帰国して一〇年。鶴嗣さんと琴絵さんは八月に一カ月の休みを取り、初めて中国に一時渡航した。菊代さんに会うため、そして、菊代さんから手紙で連絡を受けていた「見つかった次女」由紀子さんに会うために。菊代さんの自宅に行き、それから、案内してもらって、寧安市に暮らす由紀子さんの家を訪ねた。

由紀子さんの顔を見たとたん、鶴嗣さんの脳裏に養子に出したときの幼い赤ちゃんの由紀子さんの顔がよみがえってきた。言葉を発することもできなかった。その横で琴絵さんはぽろぽろと涙を流して、由紀子さんと抱き合った。にこにこと笑顔が絶えない鶴嗣さんの姿に、由紀子さんは「一目見て、父のことが好きになった」と振り返る。

鶴嗣さんと琴絵さん夫妻は、菊代さんと由紀子さんの家族とできるだけ一緒にいたいと願った。近くの観光地に出かけるなど、家族としての幸せな時間を過ごした。そのときに、由紀子さんからもらわれた先でつらい経験をしたことを聞き、鶴嗣さんは心が痛んだ。そして、時間をともに過ごすうちに、「由紀子も自分の子だ」という思いを強くした。

一カ月の中国滞在を終え、鶴嗣さんと琴絵さんが日本に帰国してまもなく、菊代さんの自宅が火事で焼けた。身分関係の書類を消失した菊代さんは、公安局に行き、戸籍上の名前を「潘」から「孫」に変えた。「偽るつもりはなかった。ただ、実態に合わせたつもりだった」と菊代さんは振り返る。

その報告を受けた鶴嗣さんらは一九九六年に改めて、呼び寄せの手続きをした。法律違反をしているつもりは全くなく、ただ、長女とその家族を呼び寄せたいと申請した。菊代さん家族の来日が許可され、菊代さんらは暮れも押し迫った一九九六年一二月二八日に帰国した。

鶴嗣さんが暮らす県営住宅の部屋に菊代さん一家四人は身を寄せた。菊代さんは、一カ月ほどして、電子部品工場での仕事が見つかり、働き始めた。時給は五八五円。呼び寄せの家族にはふつうは生活保護が出ないため、働くしかなかった。日本語は勉強するところがなく、習えなかった。先に帰国していた末っ子の綾子さんが最初通訳してくれたが、二四時間つきそってもらえるわけではない。言葉ができず、わからないことばかりだった。四、五カ月すると、同じ県営団地に空き部屋が出て、そこに入居することができた。先に帰国した四人の子どものうち、二人は同じ県営団地で暮らしており、菊代さんは、ほかの妹弟たちから「大姐《タージエ》」（中国語で一番上のお姉さん）と呼ばれた。休みの日はいつも鶴嗣さん宅にみな集まり、食事をしたり、話をしたりした。菊代さんは近くのスーパーの魚屋での仕事に変わり、そこで、頼りにされて働くようになったが、車の解体の仕事をしていた夫は、日本での暮らしになじめず、二〇〇〇年に中国に戻って行った。

鶴嗣さんは養子に出して苦労させた由紀子さんにも責任を感じていた。罪滅ぼしのためにも、由紀子さん一家を日本に呼び寄せたいと考えていた。手続きを進め、一九九八年一〇月、由紀子さんと夫の浩一さん、東《あきら》くん、晴子ちゃんを呼び寄せた。

由紀子さん一家は、一カ月ほど鶴嗣さん宅に同居していたが、その後、熊本市内で民間アパートを借りて、植木センターなどで仕事をしながら、なんとか暮らした。一九九九年一〇月には鶴嗣さんが暮らす県営団地の空き部屋に引っ越し、由紀子さん一家も鶴嗣さん、琴絵さんの近くで生活するようになった。由紀子さんは鶴嗣さんの下の子どもたちから「二姐《アージェ》」（中国語で二番目のお姉さん）と呼ばれ、ほかのきょうだいともすぐにうち解けた。

菊代さん、由紀子さんの子どもたちは戸惑いながらも学校生活にも慣れ、みな頑張って働いた。決して、ぜいたくができる生活ではなかったが、休みの日になれば、家族がみな鶴嗣さん宅に集まり、鶴嗣さん、琴絵さんを囲んで、中華料理を作ってわいわいとにぎやかに時間を過ごした。こんなとき、鶴嗣さんはいままでにない幸せを感じるのだった。

新たなたたかい――強制退去命令の取り消しを求めて

しかし、その幸せは、二〇〇一年一一月五日の朝に、突然、破られたのだった。

菊代さんと由紀子さんの一家が入国管理局に連れて行かれてしまったその日から、鶴嗣さんの新たな闘いが始まった。

国から強制退去命令を発布された鶴嗣さんの子どもと孫ら計七人は、同じ年の一二月末には、強制退去命令の取り消しを求めて福岡地方裁判所に提訴した。長年中国残留邦人問題を取材してきた私はたまたま転勤で福岡に赴任しており、鶴嗣さん一家のことを聞いて訪ねたのだった。それが提訴から約一一カ月たった二〇〇二年一一月末だった。菊代さん、由紀子さん、そして子どもたち四人は仮放免されたものの、由紀子さんの夫浩一さんの収容は依然として続いていた。

日本政府は血統主義を根拠に、帰国した中国残留孤児らの中国人配偶者の連れ子で成人に達した人や六歳以上の養子には定住資格を認めていなかった。私はそれまでにも鶴嗣さん一家のように強制退去命令を受けた家族をそれまでにも何件か取材していた。しかし、いつも疑問に感じていたのは、国が家族としての実態をどうとらえているかということだった。国の帰国政策の遅れで、中国残留孤児らの日本への永住帰国は戦後四〇年、五〇年たってからになっている。それだけの時間が過ぎれば、家族ができるのは当たり前だ。その家族をどうとらえているのかだ。日本人である孤児だけを帰国させればいいというのではあまりにも不十分だ。

たとえば、インドシナ難民の場合は、法務省告示で「日本人や日本に適法に在留する外国人の配偶者、親、子（養子を含む）に随伴する親族で、その家族構成等からみて、人道上に入国を認めるべきもの」にも在留資格が与えられるとする「人道配慮条項」がある。しかし、戦前、国策で中国に渡り、残された中国残留邦人と呼ばれる日本人に対しては、同等の配慮もなかった。

鶴嗣さんは少しなまった日本語で繰り返した。

「娘たち、孫たちの在留資格を認めてほしい。家族団らんが一番望むこと。生活保護をもらうとかそういうことは全く考えていない。自分たちで働いて、自分たちで生活していく。ただただ家族が一緒にいたい。もし、子どもや孫が中国に帰されたら、心が痛む。私は子どもと絶対に離れたくない。菊代も由紀子も私の娘だ」

その横では、妻の琴絵さんが、ちょっと声を荒げて中国語で言った。

「日本の政府はおかしいよ。菊代と由紀子は私の娘。私のそばにいてほしい。私もだんだん年をとってなかなか中国には行けない。子どもたちがそばにいてくれることだけを望む」

長女の菊代さんは、中国にいるときは魚の行商をして生計を支えていた。月四〇〇から五〇〇元（一元は約一三円）程度の収入しかなく、貧しい暮らしを強いられていた。再び中国に帰されても、すでに夫とも離婚しており、どうやって生活していけばいいのか、メドも立たない。親戚もいない。

由紀子さん一家は、中国では農家。一家四人総出で農作業をした。長男の東くんは一〇歳になる前から牛に草を食べさせたり、畑を耕したり、収穫を手伝ったりした。晴子ちゃんも朝は畑に焚き物を取りに行き、昼間は草むしりや鎌をもって農作業を手伝っていた。

菊代さんも由紀子さんも口をそろえて言う。

「中国には何もない。仕事も家も何もない。このまま日本にいたい。もし、中国に帰るようなことになったら、子どもたちに勉強を続けさせることはできなくなる」

強制収容で一変した生活

強制退去命令が出た後も、菊代さんは近くのスーパーの魚屋で魚をさばく仕事を続けた。一カ月の収入は約一四万円。それで、息子二人との生活をなんとか続けているのだ。

それでも、菊代さんは弱気になることもある。

「いつ解決するのか。いつまで続ければいいのかわからない。それが心配なんです」

由紀子さんは収容されてからの一年で体重が一〇キロ減った。しかも、夫の浩一さんは収容されたまま。不安で毎日泣いていた。「でも、子どもの将来のために日本に残りたい。今帰ったら、中途半端に子どもの将来をつぶしてしまうことになる」と自分に言い聞かせるように、歯を食いしばる。

ただ、菊代さん、由紀子さんという親だけでなく、思春期の多感な時期を迎えていた子どもたちへの精神的なプレッシャーも大変なものだった。それでも、「日本で生活したい」という思いだけが彼らを支えていた。

仮放免後、由紀子さんは縫製工場でパートでアイロンかけの仕事をしていた。時給は六一〇円。月収は月五〜六万円しかない。家計を助けるために、東《あきら》くんは全日制高校への進学をあきらめ、自転車で一時間ほどかかる定時制高校に進んだ。同時に、車の解体現場で働く。午前六時五〇分に起き、自転車ですぐ職場へ。職場は割と近く、一〇分程度で着き、午前七時半から仕事だ。時給は九〇〇円。夕方五時に仕事を終え、定時制高校へ自転車を走らせる。一時間の道のりだ。バイクの免許を取りたくても、仮放免の身では、それも許されない。ひたすら自転車をこぐしかない。午後九時すぎまで授業を受け、帰宅は午後一〇時過ぎだ。仕事も決して楽ではない。夏は暑く、冬は寒い仕事だ。ガラスの破片が刺さってしまうこともある。

「サボりたいけど、でも、行かなきゃいけない。運命だから、こうするしかないんだと思う。父さんが収容されなかったら、普通高校に進んでいた。でも、家の経済状況とか、お父さんがそばにいないということを考えると仕方ない。中国に帰されるのかなあと思うと、不安で、怖いし、悲しい。家族も彼女も日本にいる。中国には帰りたくない」

月給は一五万円ほどになるが、ほとんど家に入れている。

「家族が一緒にいられないこと。そして、経済状況が悪いことがつらい。パソコンを買うこともできないし、免許もとれない。でも、日本に残りたいから、頑張る。日本に残りたいんだ」

日本に来たのは一四歳のとき。日本では小学六年に編入した。すでに五年がたち、中国語では世間話はできても、複雑な話はできなくなっている。文章を書くのは日本語の方がいいという。「中国に帰ると、学校にも行けないし、金もない。日本にいたい」。

ひとつ下の妹、晴子ちゃんは、一九九八年の来日当時は、小学五年だったが、すでに中学三年になっていた。数カ月後に卒業式を控え、「お兄ちゃんの（通っている定時制）高校に行こうと思う」と言っていた。「だって、一石三鳥だから。働けるでしょ。自分のためになるでしょ。そして、経済的には家のためになるから」と気丈に振る舞う。

「でもね、お父さんが収容されていなかったら、普通の高校に行くと思うよ。だって、学校は楽しいから」

晴子ちゃんは、中国に戻ることは、自分のすべてが終わってしまうように感じていた。日本に来るとき、中学に入るとき、自分の人生の目標を立てた。通訳になることだ。日本語、中国語、英語の三カ国語の通訳になりたいと思っている。将来、いい仕事を見つけて、お金をためて、いろんな国に行ってみたい。そして、老人ホームを訪ねるようなボランティアもしてみたい。

「こんな将来は中国にいては、絶対に考えられないこと。せっかく日本に来たのだから、やりたいことをやりたいと思うの」

将来のことを笑顔で話す晴子ちゃんだが、我慢していることも多い。受験を控えた親友に五〇〇円のお守りを買ってあげたいのだが、そのお金がない。中華料理屋でアルバイトをして手にできるアルバイト料はほとんど家計に入れているからだ。

そして、大好きな父・浩一さんが一年以上も収容され続けていることに、本当は心が張り裂けそうな思いなのだ。

「お父さんのことをよく考える。何をやっているのかな、どうしているのかなあとか。お母さんとお兄ちゃんとよく三人でけんかするけど、お父さんがいればこんなことにならないのに、とも思う」

晴子ちゃんは自分でもよくわからないと言いながら、突発的にパニックになることがよくあるという。夜もよく眠れない。

「中国に帰されちゃうのかと思うと、悲しくて……」

晴子ちゃんは目にいっぱい涙をためて、振り絞るように話す。

「家族四人で中国に帰されたら、学校にはもう行けない。四人で働くしかない。将来真っ暗です。でも、とにかく我慢するしかない。こういうことになったという運命は変えられないけど、負けられないと思う。だって、お父さんは収容されて我慢しているのがわかるから。でも、いま一番感じるのは、裁判の判決が出るまで頑張る意味があるのだろうかってこと。もし、裁判で負ければ、いま頑張っていることや勉強していることは無駄になるわけでしょう。勉強したり、働いたりする意味がないわけでしょう。そういう気持ちになかなかなれないの」

いつ、どういう結果になるかもわからない、将来が予測できない手探りの状況の中で、生活はしていかなくてはいけないという現実。晴子ちゃんたちは精神的にもギリギリに追いつめられていた。どれほど追いつめられているかは、近くで支えていた井野先生が一番感じていた。井野先生は中学校で日本語を教えている。ある日のこと、井野先生の携帯電話が鳴った。出てみると、晴子ちゃんだった。

「先生……、苦しい……」

井野先生が慌てて、晴子ちゃんの自宅に飛んでいくと、胃腸薬の瓶が転がっていた。晴子ちゃんは薬をひと瓶丸ごと飲んでいたのだ。幸い、晴子ちゃんは意識もあり、大事には至らなかった。

「自殺未遂ですよ。かなり追い込まれている。鶴嗣さんや由紀子さんに言うと心配するから、内緒にしてあるけど、晴子ちゃんたちの心は追いつめられている」と井野先生。

井野先生は、小学校の日本語担当の寺岡先生と協力して、裁判の口答弁論のときや入国管理局への出頭の際に必ず晴子ちゃんたちに寄り添い、話を聞いている。こうした存在が、家族以外では、晴子ちゃんたちをかろうじて支えていた。

晴子ちゃんには、おじいちゃんの鶴嗣さんの存在も欠かせない。晴子ちゃんは鶴嗣さんのことが大好きだ。気持ちが落ち着かなかったり、不安に襲われたりすると、同じ団地内の鶴嗣さん宅に行く。顔をくっつけたり、ふざけたりする。ときどき、鶴嗣さんのひげがあたって痛いけれど、そんなことも気にならない。

「じいちゃんは、毎日笑顔で、ニコニコして生きている。そんなじいちゃんが大好き。じいちゃんのそばにいたいな」と晴子ちゃん。

「日本人にとっては家族はどういう意味があるのですか？　私には、家族は血はつながっていなくても、みんなが愛していれば、それが本当の家族だと思っている。法律違反だと言われるけど、法律は人が作ったものでしょ。どうしてそれを変えることができないのでしょうか。日本の法律で家族がバラバラになってしまう。悲しすぎる……」

そう晴子ちゃんは真剣なまなざしで言った。

二〇〇二年一二月四日付けの晴子ちゃんの陳述書がある。裁判所に提出されたものだが、晴子ちゃんの気持ちが随所に現れているので、引用したい。

私はおじいちゃん、おばあちゃんが大好きです。おじいちゃんは、みんなにとても優しいし、おばあちゃんは、私にとって大切な事を教えてくれる人です。今の団地に引っ越して来た時は、毎日おじいちゃんの家にみんなで集まってご飯を食べたりしていました。今は受験があるので、減ってきたけれど、一週間に一回か二回は必ず会いに行きます。

また近くにいる綾子おばさんや忠文おじさんは、日本のことがよくわかっているので、父や母に相談しにくい日本のことなど相談にのってもらっている私にとって大切な人です。近くに住んでいる綾子おばさんとは毎日会っています。忠文おじさんとは会いたいけど、おじさんが忙しいので、会えません。また、遠くの蘭子おばさんやおじさんたちとは連休や夏休みやお正月、春節など特別な日に熊本に帰って来るときにしか会えません。けれど、中国に帰されたら、そのだれとも全く会えなくなってしまいます。（中略）

その後、私たちは、再び、仮放免されました。私とお母さんとお兄ちゃんと一緒に出て少し遊んで、でも、中にいるお父さんを思い出すと悲しくなります。お父さんとお母さんはたくさんの病気を持っています。お父さんは中にいて何もできません。逆にお母さんは一生懸命働かなければなりません。この苦しんでいるお父さんとお母さんを見て、私はさらに悲しく、悲しくなります。

私は二度入管に入り、二度お父さんから離れ、お父さんが私あての手紙を書きました。それをみるともう自分がダメになってしまいそうです。泣いて、泣いていました。それから、お父さんが大村に移されました。会うのも難しくなりました。毎回お父さんと会って、お母さんは必ず泣きます。私はお父さんの前では泣きません。もしどうしても一人入らなければならないのだったら、わたしをお父さんの代わりにしてほしいです。私はいつも家族と口ゲンカをします。だけど、本当はみんなを愛しています。特にお父さん、お母さんを愛しています。

今、父が収容されていて生活は苦しいです。中学校三年生なので受験勉強をしています。でも学校には一緒に笑ったり、悲しんだり、相談しあう友だちがいて楽しいです。きつくても学校を休みたくないくらい楽しいです。

私は絶対に絶対に日本に残りたいです。私のすべてが日本にあります。私にとって大事な友だち、思い出とか将来の夢とかすべて日本にあります。裁判に負けて中国に帰されてしまうかもしれないと思うと夜も眠れません。父がこれ以上収容されると、体をこわしてしまうと思い心配です。今の生活も、経済的に苦しくてとても困っています。

今もし中国に帰されたら、これまでの努力は何もないものとなり、学校にも行けなくなるし、通訳になりたいという夢や目的、幸せがない希望のない生活になってしまうと思います。死にたくなると思います。今、私はだれも傷つけないようにと思っています。お父さん、お母さんをこれから守っていきたいです。今まだ裁判中ですけど、お父さんを早く出してほしいです。

私にとっては大事な成長の時期を日本で過ごしてきました。友だちとか将来の夢とかを、日本で過ごした生活の中で作ってきました。記憶力や考え方など、一番強く残っているのがこの四年間です。中国ではまだ小さかったので、遊んでいただけです。いろんな事はあまり覚えていません。この日本での四年間は、私の人生、考え方をずいぶん変えてくれました。いま中国に帰されても、また新しい環境になり、日本での四年間が無駄になりますので、絶対に中国に帰されたくありません。

私にとっては、法務大臣や入国管理局が認めなくても、おじいちゃんは私のおじいちゃんだし、この家族は私の家族です。だれも代わりはできません。

いつになったら浩一さんは仮放免されるのか、いつになったらこの状態は打開されるのか。何の糸口もつかめないまま、じりじりと時間を重ねていかなくてはならないもどかしさ。そんな中でも、鶴嗣さん一家は、生きるために働かなければならないのだ。私が何度か取材に訪れても、家族のいらだちが伝わってきた。あるとき琴絵さんに「いくら取材を受けても、記事を書いてもらっても、全然状況が変わらない。取材を受ける意味があるのか」と声を荒げて言われたことがある。私はただ、黙ってその言葉を聞くしかなかった。

浩一さんはそのころ、大村入国管理センターで肉体的にも精神的にも限界に近い状態だった。どこに連れて行かれるかもわからないまま、福岡から大村に移された。「電話をさせてくれなければ、行かない」と言い張る浩一さんを、入管職員は、ガムテープで手足をぐるぐる巻きにして自由を奪い、移送した。「強制送還されるのではないかと思った。人の心を不安にさせて、もう中国に帰ると言わせるように精神的に追いつめるようなやり方だった」と振り返る。由紀子さんや晴子ちゃんら家族が面会に来るのは月に一回、それも会えるのは三〇分だけだ。一〇畳ぐらいの部屋で九人が生活した。運動は月曜から金曜の午後に三〇分だけ。自由がなかった。

食事も口に合わず、心配ばかりで夜は眠れず、胃も痛んだ。「(妻の)由紀子とは一度もケンカしたことがない。別居はもちろんない。家族のことが心配で心配で。でも、私が挫折してはいけないと自分に言い聞かせ、家族がいるのだから頑張らなくては、と思っていた」。

浩一さんは自分で自分がおかしくなるのではないかと感じることもあったが、面会に来た家族には「一〇年、二〇年、ここにいても、子どものために頑張る」と気丈なところを見せ、晴子ちゃんたちには決して涙を見せなかった。

収容され続けた浩一さんと、仮放免された由紀子さん、東くん、晴子ちゃん、そして、菊代さん一家と、それを見守る鶴嗣さん、琴絵さん夫妻。家族全員が、不安で押しつぶされそうになる中、絆を必死でたぐり寄せ、互いを思いやり、耐え続けた。

敗訴――福岡地裁三〇一号法廷「棄却する」

七人が強制退去命令取り消しを求めた裁判は、二〇〇一年一二月の提訴以来、一年三カ月。六回の口頭弁論を重ね、二〇〇三年三月七日に結審を迎えた。この日は、原告六人が最後の陳述を行い、いまだに長崎県大村市の入国管理センターに収容され続けている浩一さんの手紙も提出された。鶴嗣さんの長女菊代さんは、福岡地裁の法廷で、裁判長に向かって、声を震わせながら、たどたどしい日本語でこう訴えかけた。

お父さん、お母さん、きょうだいと一緒に暮らしたい。どうして、私たちだけ、別々にされるの。どうして中国に帰らせようとするの。お母さん、本当のお母さん。お父さんと小さいときから一緒に暮らしてきた。本当のお父さんと同じ。今まで、みんなでずっと一緒に暮らしてきた。間違いない。お父さんが日本に帰るとき、一緒に日本に行きたかった。でも、中国のおじいちゃんのことを、私がみることにした。お父さんの大切なおじいちゃんだから。

涙がこぼれて声が詰まる。アーと大きくため息をついて、続けた。

やっと日本に来れた。私は、みんな日本に来ているから来た。やっとみんなで一緒に暮らせるようになった。もう別れたくない。私、みんなと一緒に暮らしたい。ずっと日本にいたい。
最後はすすり泣きながらの陳述になった。自分の名前を言い終え、菊代さんは涙を手でぬぐった。
続いて、背中が曲がった次女の由紀子さんが裁判長の前に立った。こちらもたどたどしい日本語で、手元の原稿を読み上げた。

私のお父さんも、お母さんも、姉、妹、弟も、みんな日本に来て暮らしています。一緒に暮らしたい。お父さん、お母さんと一緒に暮らしたい。お父さん、お母さんを助けたい。お父さん、お母さんに心配かけたくない。

言葉に詰まって、しばらくの沈黙。

子ども二人の希望を、日本に暮らしたいという希望を親としてかなえたい。いま、学校に行っている。まだ学校が終わっていない。中国に帰されたら、生活で使う簡単な言葉はわかるけれど、仕事で使う言葉はわからない。中国に帰されたら何もできない。子どもの将来が心配。日本で暮らしたい。中国に帰っても家も何もない。日本に残りたいです。

次は子どもたち。みな緊張に顔を引きつらせている。菊代さんの長男・成男くんが立ち上がった。

僕は日本に来てもう六年も暮らしているのに、なぜ今になって中国に帰らなければならないのですか。いまつきあっている彼女とずっと一緒に、普通に暮らしていきたいです。おじいちゃん、おばあちゃんとも離れたくないです。日本に残りたいです。ぜひ残してください。何年かかっても、最後まで裁判を頑張ります。

由紀子さんの長男・東《あきら》くん。

僕には夢があります。いま、高校で習っているパソコンの技術を生かして、貿易の仕事がしたいです。お母さんは小さい時に、おばあちゃんと離れなくてはなりませんでした。お母さんはおばあちゃんの本当の子どもであり、二度も離れさせないでください。おじいちゃんもお母さんに対してとても優しくて、自分の子どもと同じように暮らしています。

僕は日本に来てたくさんの壁にぶつかり、いつも友だちが支えてくれて、応援してくれて、今僕がここに立って自分の思いを述べるまでになりました。だから、僕は友だちと決して別れたくありません。僕は日本に残りたいです。僕にとっては、大切な人や大切な事が日本にありますので、ぜひ日本に残りたいです。

東くんの妹の晴子ちゃんは、少し強い口調で、裁判長に挑むような声で、思いをぶつけた。

裁判官に聞いてほしいことがたくさんあります。一昨年から今年まで私や私の家族、応援してくれた人々と長い長い道を歩いてきました。この道は、きつくて、悲しくて、大変だったんです。きつくても、大変でも、私たちはあきらめません。私たちは間違えてません。間違えているのはあなたたちです。血がつながっていないから家族じゃないなんて、私は血がつながっていなくても、お互いに思いやって、お互いに助け合って、愛し合っていれば、いいと思います。

この事件が起きてから、私たちはどんな思いをしているか知っていますか。私たちの心にどんな傷をつけたか知っていますか。私たちは毎日眠れなくて苦しんでいます。今回の事で私の家族をバラバラにして、みんなの心に大きな大きな傷穴があいて、厳しい生活の中で私たちはまだいろんなことをしないといけないのです。厳しい生活の中で私たちは心の穴を埋めようと努力しています。でも、私たちを殺そうと一生懸命計画を立て、その計画を実行しようと思っている気がします。

晴子ちゃんの声が静まりかえった法廷内に鋭く響く。

私たちは厳しい生活をしながら、勉強をしながら、自分のやりたいことを思うようにできないで、日本の法律と闘っていかないといけないのです。

私の家族をバラバラにして、それを見て、楽しんで、何がおもしろいんですか。人の家族をバラバラにすることが平気なんですか。そんなに家族を分裂させることが好きなんですか。

だれにでも家族があるし、もしその家族と一年四カ月別れさせられたらどう思いますか。私のお父さんは何も悪いことをしていないのに、なぜ、お父さんを収容し続けるのですか。お父さんは今、もうダメの状況に陥っています。早くお父さんを出さないなら、私は絶対、絶対、絶対に許しません。私がお父さんの代わりになりますから、お父さんを出してください。私は若いから。お父さんはもう五〇歳の人です。これ以上入管の中にいるとどんな結果になるかだれにもわからないです。もし、私のお父さんに何かあったら、永遠に許すわけにはいかなくなります。日本が差別をしている国だということを私はどんな方法を使ってでも、訴えていきます。お父さんもお母さんもお兄ちゃんも、私ももうダメになります。

でも、私たちはあきらめません。私たちは悪いことをしていないから、正々堂々と最後まで闘っていきます。日本の今のきまりや法律や人々の考えが通るなら、それは世界の恥だと思います。私たちはじいちゃん、ばあちゃんとは本当の家族です。一緒に暮らしたい。日本は人権を大切にしている国ですね。お父さんを一年四カ月も収容して、それでも人権を大切にしていますか。

晴子ちゃんの心の叫び、怒りが強い調子で、伝えられた。

最後は中学一年の龍男くん。菊代さんの次男だ。恥ずかしそうに、うつむきながら法廷に立った。

ぼくの願いを言います。友だちと別れたくない。先生と別れたくない。じいちゃん、ばあちゃんも年寄りだから、心配させたくない。学校で友だちとも仲良くやっているし、また最近新しい友だちもできて、ますます学校が楽しくなってきたから、みんなと別れたくないです。勉強も頑張っています。じいちゃんやばあちゃん、おじさんやおばさんたちとあたたかい家族の中で生活しています。だから、みんなと別れたくないです。ぜひ、このまま日本にいたいです。

由紀子さんの夫・浩一さんはまだ大村市の入国管理センターに入ったままだった。中国語で二枚の手紙を寄せた。

みなさま、いかがお過ごしでしょうか。私は今日の裁判に参加できないことを、大変遺憾に思っています。特別な気持ちで裁判官あてにこの手紙を書いています。裁判官に私の話を受け止めていただけることを心から願っています。

私はまるで、病気がない患者のようです。強制的に病院に連れて行かれました。私本人が裁判官に願うことは、私を普通の人間と同じようにしてください。私に身体的、精神的な重大な影響を与えないでください。私は良心に誓って、うそをつきません。日本の法律を守ります。裁判官、どうか早急に私が仮放免され、家に帰されるようにお願いいたします。

これまでの裁判のことを聞いて、長期にわたって私を収容していることによって、私の身体、精神は重大な影響を受けています。腰も痛く、毎日薬物に依拠して、睡眠薬による睡眠です。それでも現在、毎日の睡眠時間は三時間にもなりません。私の身体、健康に重大な影響を与えています。頭痛、昏迷、めまい、精神不振、悪夢が毎日続き、頻尿などたくさんの症状があります。記憶力は減退し、心が落ち着きを失っています。一月二二日から二月二八日まで風邪を引き、一カ月以上病状が続きました。全身無力で、二月二八日から現在まで、毎日胃薬を飲んでいます。日夜涙が私の顔をぬらし、日中は鉄窓から藍色の天を仰いでいました。

私は裁判官が、昏迷の中から救出してくれることを願っています。願いがかなえば私は馬になっても牛になってもかまいません。心から祈ります。早くここから出て行きたいです。出て行きたい、出て行きたい。これまで私を支持してくださった方々に心からの感謝と畏敬の念を表します。ありがとうございます。

それから約一カ月、判決の日がめぐってきた。

二〇〇三年三月三一日。福岡地裁の三〇一号法廷は、期待と不安が入り交じった空気に包まれていた。

原告席にいる晴子ちゃんは膝の上に、勝訴を願ってたくさんの友人が折ってくれた色とりどりの千羽鶴を抱えていた。傍聴席の最前列では、鶴嗣さん、琴絵さん夫妻が心配そうに見つめる。菊代さん、由紀子さんの妹弟になる蘭子さん、綾子さん、忠文さんも見守る。

午後一時一〇分、裁判長が入ってきた。みなが息をのんで見つめる中、裁判長の声が響いた。

「棄却する」

その途端、「あー」という大きなため息が法廷内にもれた。

原告七人の請求が棄却された瞬間だった。鶴嗣さん一家が望む結果は得られなかった。負けたのだ。

原告席の六人は呆然とした様子だ。菊代さんが手で顔を覆って、すすり泣きだした。裁判長らが退室すると、菊代さんが、傍聴席で立ち上がることもできない母・琴絵さんに抱きつき、声を上げて泣く。さらに、菊代さんが「お父さん」と鶴嗣さんに抱きつくと、鶴嗣さんは「まだまだ頑張る。これで終わっていない。よかよ。頑張る」と歯を食いしばるように言葉を吐き出した。

由紀子さんは原告席で泣き崩れ、全く立ち上がれなくなった。ショックのあまり、気絶、救急車で病院に運ばれた。晴子ちゃんは井野先生に抱きつき、「何を信じていいかわからない」と泣きじゃくった。ふらふらとおぼつかない足取りで法廷を後にした。

「もうがんばれない」「不公平」「私の将来ない」

晴子ちゃんはその言葉を何度も何度も繰り返した。傍聴していた鶴嗣さんの三人の実子たちの目にも涙が浮かんでいた。

判決は、菊代さん、由紀子さんらは身分を偽って不法入国したと認定した。「井上（鶴嗣）さんとの家族的なつながりを全く無視していいわけではないが、中国残留孤児の妻の子であっても不法入国は許されない」と指摘した。さらに、「原告らが中国で生活することが不可能とまでは認められず、在留特別許可を与えないことが社会通念上著しく妥当性を欠くとは言えない」との判断を下した。

判決を受けて、仮放免中の六人が収容される可能性も出てきた。弁護人の松井仁弁護士は「不当な判決だ。法相の裁量権に裁判所が臆病になっている。入管は原告を収容しないでほしい」と話し、即日の控訴を表明した。

判決後の集会では、みなが沈鬱な表情を浮かべていた。

最後に鶴嗣さんが一家を代表して、涙をこらえ、絞り出すように、たどたどしい日本語で話した。

「私は中国残留孤児、井上鶴嗣です。今日の判決、残念でした。なぜ、日本の国、こんな判決、おかしいと思うです。私、小さいとき、終戦のとき、ソ連軍、日本人殺していろいろありました。私そのとき、命わからないです。食べ物ないし、病気あったらそのまま倒れて死ぬか、ホントわからんです。中国人は私を子どもと思って育てて、ずっと。日本人の小さい子から大きくなった。私一生戦争残ったです。成人になって、妻と知り合いして、三歳の長女と一歳の次女一緒に暮らした。

次女病気があったから、他の人に養子やって長女と一緒に暮らして育てた。日中友好から日本帰るチャンスあったで、しかし、養父もめんどうみられんです。みないと日本に帰れないと言われた。自分の国ですから、どうしても、日本に帰りたかった。長女に頼んでめんどうみてもらった。私やっと日本に帰ってきた。日本に帰ってきて、一〇年前に養父亡くなった。長女を日本に呼び寄せたいと思った。娘やっと呼び寄せて、私ホント心から家族一緒で幸せと思ってた。一年半前、娘たちを入管局は中国に送り帰そうとした。娘とかわいい孫たちと離れたくない。実の子と変わらんです。母ちゃんの子ども、母ちゃんの心です。今度の判決、残念。まだチャンスあれば、もう一回やります。ホント、娘とかわいい孫と離れたくない。それ、私の気持ち。そういうことです」

鶴嗣さんは頭を下げた。目には涙が光っていた。いつもどんなときにも笑顔を絶やさない鶴嗣さんだけに、見ている方にも、悲しさが伝わってきた。

控訴審開始

敗訴になって六人が再収容される恐れもあったが、まもなく原告七人は、福岡地裁の判決を不服として、福岡高等裁判所に控訴、六人が再収容されることはなかった。

鶴嗣さん一家の闘いはまた、いつ終わるかもわからないまま、続くことになった。しかし、鶴嗣さん一家に残された方法はそれしかなかった。歯を食いしばって裁判を続けることしか道はなかった。一方で、由紀子さんの夫・浩一さんの収容もまた、延々と続いた。仮放免申請をすること五回、逃亡する恐れもないのに、仮放免は認められず、塀の中での捕らわれの身の生活は変わらなかった。

福岡高裁での控訴審は、二〇〇三年七月一四日に第一回の弁論が開かれた。

原告七人、まだ、大村入国管理センターに収容されている浩一さんも含めて、全員が裁判官に向かって思いを陳述した。浩一さんの陳述は代読という形で裁判官の耳に届いた。

鶴嗣さんらの代わりに鶴嗣さんの養父の最期を看取った菊代さん。陳述書をつっかえつっかえ日本語で読み上げた。

お母さん、本当のお母さん。
お父さん、小さいときからいっしょに暮らしてきた。
かけがえのない、お父さん。
今まで、みんなでずっといっしょに暮らしてきた。
間違いない。

小さいときにほかの家に預けられた由紀子さんと子どもたちも後に続き、日本に残りたい、日本で生活していきたいという気持ちを切々と訴えた。

四人の子どもたちの中では一番年長の、菊代さんの長男、成男くんは不安な気持ちを正直に吐露した。

今、熊本工業高校の定時制に通っていますが、またいつ収容されるかといつも不安でいっぱいです。考え出すと、何も手につかないときもあります。夜中、一人でいるとき考えると眠れないから、テレビやビデオを見たりして気を紛らわしています。日本に残りたいです。安心してくらしたいです。

由紀子さんの長男、東くんが、緊張気味に陳述書を読む。これまでになく自分の心の内を語った内容だった。

僕は四年半前、家族と一緒に中国のすべてを捨てて、日本に来ました。日本に来て、すべて最初からしないといけないです。僕たちは普通の日本人よりも二倍三倍の力も出しました。言葉がわからないときに我慢してわかるように勉強して、そのすべては、これから日本で暮らしていきたいことの証です。

僕のお母さんは生まれたばかりの時、養子として人にだまされています。やっと、日本に来て家族と一緒に暮らしていますが、このまま中国に帰されると、お母さんにとって何よりも苦しいと思います。僕も自分の家族と一緒に、日本で暮らしていきたいです。

僕は三年半前、ある人と出会い、そのときの僕の気持ちは「これからの人生はこの人と一緒に過ごしていきたい」と決めました。

僕が入管に入ったときに、この人は僕のために毎晩泣いて、悲しんで……。面会も何度も来ました。僕の前で無理矢理自分の気持ちを抑えて僕を励ましてくれました。

でも第二回の収容のときは彼女は来ませんでした。きっと彼女にはこの打撃は大きいでしょう。僕の前で泣くのが怖くて、それで来なかったのでしょう。

僕が仮放免されて彼女に会うとき、彼女のうれしい気持ちを心から感じました。僕は今、夜間の高校に行っています。将来高校で習った技術を生かして、彼女と一緒に日中の架け橋になることが夢です。

僕は彼女のため、自分のために日本に残りたいです。ずっと、彼女と一緒に生きていきたいです。よろしくお願いします。

お父さんはもう一年半以上収容されています。病気を持っているお父さんの体はすごく心配です。もうこれ以上耐えられないと思います。一日でも早くお父さんを出してほしいです。

続いて、東くんの妹の晴子ちゃん。晴子ちゃんは、裁判官をまっすぐ見つめ、厳しい口調で陳述書を読み上げた。

こんにちは、当事者の井上晴子です。この名前を知っている人もいて、知らない人もいると思います。でも私たちの現実生活や私たちの苦痛、悩みや、精神状況は人々が永遠に理解できない事です。私たちは日本に来た時に夢をもってきました。その夢に向かって毎日毎日頑張って生活していました。疲れなどがたまったときは、その疲れを治してくれるのはおじいちゃんと、おばあちゃんの所でした。毎週土日じゃないけれども、とにかく時間があれば、大人や子どもが合わせて約二〇人という大きな家族が一緒に話をしたり、食べたり、飲んだり、遊んだりしていました。口ではいえない楽しさがたくさんありました。毎日の感動を送りました。生活していました。笑っていました。幸せな日々でした。でも、二〇〇一年一一月五日の日から私たちの生活も運命も大きく変化しました。

五日の朝、六時ぐらいに入国管理局の人が来て、私たちに「不法入国ということで、上陸許可が取り消されました」。この言葉を聞いて、あのときはもう頭が混乱していて、涙が止まらなかった。入管の人が説明しても、あまり聞けなくて、最後に荷物をかたづけて、入管の人について行きました。そこで、約一カ月の夕暮れのない生活をしていました。この一カ月はとても長くて長くて、一〇年のような気がしました。

中では、私たちは涙を流すばかりでした。家族に会いたい、友人に会いたい、先生たちに会いたい、そして学校に行きたい、自由もほしい、外に出たい。あの夕暮れのわからない日々の中から、出たい。そして、私の願いがかないました。その逆にもう一つ大きな悪運が私たち家族に降りかかった。お父さん以外六人は仮放免でき、外で暮らせるようになりました。仮放免できた日から以前と同じ楽しい日々を過ごすことはできないけれど、少しの自由がもどってきました。でも、お父さんはできません。お父さんと離れた時に、私だけ、お父さんと一目会って、最後の別れができました。私はお父さんの部屋の鉄格子窓をつかんでお父さんを見つめながら泣いていました。お父さんとあまり離れたことはなかった。小さい頃からお父さんとよく遊んでいました。お父さんがいない日々の中では、つらい、悲しい、家族じゃない、あたたかさも感じない。これだけでもいい足りない気持ちがいっぱいです。

いつも長崎までお父さんに会いに行った時は、お父さんを見て、胸がいっぱいになり、言葉が出てきません。お父さんとは三〇分しか会うことができませんけど、お父さんと会うことが、一目でも会って、とてもうれしく思います。いつも面会が終わった後にドアを閉めようとした瞬間に、その隙間からお父さんの目をずっと見つめていました。お父さんの目からわかったのは、お父さんがこの中にいたくない、お父さんは自由がほしい、そして、お父さんは一人ですごく寂しそうに見えました。なんかお父さんだけに残酷だなと思いました。もし、代わってもいいなら、私はお父さんの代わりにしてもらいたい。

私のお母さんは今のおじいちゃんと血がつながっていません。それは確かに認めます。だからといって私たちは家族じゃないという判断については認めません。人々が一生生きていくうちにたくさん大事なことを見失っています。家族は別に血縁がないからダメではありません。

血縁はただ表面的な問題です。家族というのは情けです。愛情です。人間感情です。私はともに笑って、食べて、飲んで、遊んで、悩んで、話をして、相談にのって、これらすべてが人だれでも経験することです。今の家族は本当の家族。今の情けは本当の愛情。私は大人よりそんなにわかってないけれども、一五歳の私にとっては血のつながりではなく、それは世界にただ一人のおじいちゃん、おばあちゃん、お父さん、お母さん、おじちゃん、おばちゃん、お兄ちゃん、弟、妹たちです。この世界には二人目はいません。ただの一人だからです。

これ以上、家族のみんなを苦しめないでください。お父さんを早く出してください。私たちはお金や服などはいっさい要りません。ただ、家族みんなと普通の暮らしをしたいです。楽しく生活をしたいです。

法廷に響いた晴子ちゃんの言葉は、傍聴していた約四〇人の心を突き刺した。最後は一番年少の、菊代さんの次男、龍男くん。うつむきがちに、陳述した。集会や裁判でもほとんど話したことがない龍男くんが、初めてと言っていいほど、自分のことを話した。

僕は七年前に日本に来て、小学校一年生に入りました。言葉もわからず、友だちが話しかけてきても文句を言われていると思って、ケンカになることが多くきつかったです。でも友だちは一緒に遊ぼうと誘っていたというのがあとでわかりました。その後、日本語がだんだんわかるようになり、勉強も少しずつわかってきました。友だちも少しずつできて、ケンカも少なくなりました。

今は、武蔵ヶ丘中学校の二年生です。今、何よりも大切なのは友だちです。友だちと遊ぶのはとても楽しいです。いつも中国に帰されるかもしれないという不安があって、悲しくなることがよくあります。でも、そんなときに友だちと遊んだり、いろんなことを話したりしていると悲しくありません。友だちとは、この裁判のことについて話をすることはありません。でも、みんな知っているし、応援してくれているのもなんとなくわかります。だから、絶対に友だちと離れたくありません。

友だちとは一緒に高校に行こうと約束しています。もう二年生なので、学校では先生が進路のことをよく話します。高校に行って勉強して、卒業したらどんな仕事でもしっかり頑張って家族を支えたいです。これからも、友だちと一緒に高校に行きたいし、勉強したいと思います。でも、裁判のことを考えるとまた悲しくなって、勉強ができないことがよくあります。

もし中国に帰されたら、僕は生きていけないと思います。友だちはいないし、中国語がほとんどわからないし、読み書きはまったくできません。だから、中国の学校に行っても全く勉強がわからないです。友だちもいません。将来のことも考えられません。だから、ぜひ、日本に残してください。よろしくお願いします。

最後に入国管理センターに収容され続けている由紀子さんの夫、浩一さんの陳述書が代読された。

私は、妻と父の血縁がない事による裁判での敗訴は、納得がいきません。今の社会は何でも法律で解決しますが、今の井上家族の状況も考えていただきたいのです。法律は人間の尊厳を守るためにあるべきだと思います。日本と中国の不幸な歴史がなかったら、今の井上家族も当然いませんでした。私たちは日本で、ただ、ただ家族のみんなと一緒に暮らしたいのです。そして、妻にも親孝行をしてもらい、悔いのない人生を送り、幸せに暮らしてもらいたいのです。

しかし、入国管理局の人に「お金が目当てで日本に来ている」と言われたときに、信じられませんでした。私の名誉を傷つけられるような言葉でした。私たちから見ると、入国管理局は日本政府を象徴しています。人間の尊厳がいかに大事であるかを考えてもらいたいのです。このことについて井上家族は大変遺憾に思っています。家族幸せに、普通に暮らしたいという最後の願いもかなわずに、今、井上家族はみんな大きなショックを受けています。私たちは中国には一円のお金も残していません。今、子どもたちも在学中です。人の文化知識はお金では買えるものではありません。妻は今のお母さんと本当に血のつながりがあります。現在、その母は日本国籍をもっています。今の母は日本人ではないのでしょうか。

私はここに今まで一年半以上も収容されています。この中では、一〇〇〇年、二〇〇〇年経っても構いません。ほんの少しでも希望があれば、最後まで頑張ります。今私が一番願っているのは、この日本（世の中）の人々が道徳心でこの事件を解決してもらいたいということです。どうかよろしくお願いします。

控訴審はこうやって、幕を開けた。

拘留一年一〇カ月後の仮放免

この第一回弁論の三日後、浩一さんの仮放免が突然、認められた。二〇〇三年九月一七日だ。前の晩、突然、浩一さんに告げられた。収容は「永遠と感じるような」（浩一さん）一年一〇カ月だった。浩一さんは不眠症になり、睡眠薬なしでは眠れなくなった。胃も壊していた。精神状態も、身体状態もずたずただった。浩一さんを支えていたのは、とにかく家族で日本で暮らすためには頑張らなければ、という思いだけだった。

仮放免されて二週間ほどして、浩一さんは疲労困憊の体をベッドに横たえていた。午後三時ごろだった。急にめまいに襲われた。胃の中のものを吐き出した。吐き気が止まらない。救急車で病院に運ばれ、一週間入院した。

めまいはストレスが原因、胃は急性胃炎と診断された。その後九カ月も薬を手放せなかった。ただ、浩一さんが仮放免されたことで、由紀子さん一家は精神的には少し楽になった。東くんも晴子ちゃんも父親がそばにいることが何よりもうれしかった。

しかし、これまでの不安定な生活は変わらない。

入管に摘発されるまでは、アルバイトながら、スプリンクラー設置の仕事をして月三〇万円は稼いでいた浩一さんの就職先が見つからない。収容中にスプリンクラー設置の会社は倒産してしまった。就職活動をしても、五〇歳を越えた、仮放免中の外国人を雇ってくれる企業はなかった。「この年では在留資格があっても就職が難しいのに、在留資格がなければ、なおさらだ」と浩一さんはため息をつく。

浩一さんが働けない分を、体の弱い由紀子さんと東くん、晴子ちゃんが働いている。由紀子さんは中華料理屋に、東くんは定時制高校に通いながら、最初は車の解体現場、そしてその後は引っ越し屋で働く。晴子ちゃんも、食堂やゲームセンターなどでアルバイトをする。

しかも、一家そろって、毎月二五日は仕事を休んで、福岡入国管理局に出頭しなければならない。県外に出かけるなら、福岡入管に許可をもらいに出向かなくてはならない。

それでも、浩一さんは「いま私には仕事はないし、家族もみな苦労しているけれど、子どもたちは私がいるというだけで安心している。家族が一人でも欠けたら、幸せじゃないから、頑張るしかない」と笑う。

浩一さんによると、一家で来日する前は鶴嗣さんがしょっちゅう中国にいた由紀子さんに手紙を送ってきたという。「血縁がなくても、血縁がある以上に近い肉親だと思う。妻とお父さんの結びつきは強い。私たちは非合法で入国してきたわけではない。ちゃんと申請して、許可されて入ってきた。それなのに、日本政府はいきなり『出て行け』というのか。もし、私たち家族四人が中国に帰されれば、なすすべは何もない。家も土地もない。でも、そんなことを考えずに、希望をもたなくてはと思っている」

時折、笑顔を見せながら、静かに話す浩一さんだが、ストレスは相当なものだ。まだ、あまりよく眠れない。押しつぶされそうになるほどの大きな不安を心の奥に沈めて、「我慢して、我慢して、裁判での勝利を信じたい」と念じるように話した。

ストレスは、浩一さんだけではない。多感な晴子ちゃんにも襲いかかっている。父・浩一さんが仮放免され、ひとつ心配は減ったものの、精神的なプレッシャーはなくならない。バイトを探すのも、在留資格がないことを内緒にして、恐る恐る。入管への出頭時も、また収容されるんじゃないか、強制送還されるんじゃないか、と不安が大きくなる。裁判の結果だって、だれにもわかりはしない。

「負けても勝っても仕方ない。やれるだけのことをやって、結果を待つしかない」

晴子ちゃんは自分に言い聞かせるように、半ば吐き捨てるように言った。

鶴嗣さんの妻・琴絵さんのイライラも募っていた。

「取材に来てくれても、結果が出ない」

久しぶりに訪れた私に怒りが飛んできた。在留資格がないために、孫たちがバイクの免許が取れないことに、祖母として心を痛めていた。特に孫の東くんが定時制高校まで一時間も自転車をこいで通う姿に、なんとかバイクの免許を取らせたいという思いがつのる。

「学校からの帰り道は上り坂のすごい坂道が続く。そこを、汗だくになって夜遅くに帰ってくる。昼間は引っ越し屋の仕事。夏は暑くて、疲れて倒れたよ。中国に帰されるかもしれないと思うと、家具を増やすこともできないし、心ここにあらずという感じだよ。落ち着かない。本当に不安定だ」

鶴嗣さんも珍しく、厳しい口調で言った。

「菊代や由紀子が来たのは、入管が許可したから、来たんだ。非合法なら、なぜ許可したのか。入管は血縁関係のことばかり言うけれど、菊代と由紀子はうちの母さんのホントの長女と次女だ。日本との血縁関係ないと言うけど、私たち夫婦でしょ。私の子どもでしょ。なぜ、血縁関係ばかり言うのか。二人の子どもを呼び寄せる前に、琴絵はもう日本国籍になっていた。血縁関係というなら、お母さんはもう日本人で、日本国籍なんだから……。入管の方が権力が大きい。口が大きい。私たち権力小さいけど、いったいだれの言うことが道理にかなっているか」

隣で聞いていた晴子ちゃんが「権力の違いが大きすぎて勝てるかどうかわからない」と言うと、浩一さんが「でも信じて闘おう」と笑いかける。

鶴嗣さんが「子どもも大切だけど、私は孫が一番かわいい。とにかく晴ちゃんたち孫のことが心配で」と言うと、晴子ちゃんが「私、じいちゃんの孫でよかった」とにっこりする。

不安と恐怖に襲われながら、暗闇の中を、肩を寄せ合って進む家族がそこにいた。

勝訴――福岡高裁五〇一号法廷「原判決を取り消す」

控訴後、鶴嗣さんたちにとって、朗報が届いた。大阪市内で暮らす、鶴嗣さん一家と全く同じ、中国人の配偶者の連れ子二人の家族計九人に、特別在留許可が出た。二〇〇三年六月のことだ。前年の暮れに、入国管理局が強制退去の手続きを進めていることが明らかになり、地域の人たちなどを中心に八万人の署名を集めて提出、法務大臣に対して特別在留許可を求めていた。それが認められるという異例の決定だった。

「特別在留許可が出た大阪のケースはうちと全く同じ。ここは同じ日本の国なのかな。大阪で特別在留許可が出て、なぜ、こっちで出ない？　日本の国は、あるところ道理にかなっているけれど、これは道理にかなっていない。同じ国、同じ国家なのに、場所によって違うのは不公平。一番思っているのは、大阪と同じようにしてほしい。全く同じなんだから、状況は……」

鶴嗣さんは思いを吐きだした。

鶴嗣さんら家族の心配、不安が募る中、控訴審の弁論は、二〇〇三年一二月までに三回開かれた。翌〇四年一月には、鶴嗣さんが菊代さん、由紀子さん家族を呼び寄せるときに提出した資料で、ふたりのことを「実子」と偽った形跡がないことが明らかになった。中国では、「養子」「実子」「連れ子」などの区別はなく、「子」は「子」として扱う。鶴嗣さんらも、「実子」と偽るつもりではなく、普通に「自分の子ども」として申請していたのだ。提出していた出生証明書や婚姻証明書から、鶴嗣さんと琴絵さんの結婚した日より前に、菊代さん、由紀子さんが生まれていることは明らかになっていたのだった。結婚前に生まれた子であることは、提出された書類を見ればわかるが、それがわかっていて入国が許可されていたことになる。

弁護人は国に対して、鶴嗣さん一家と同じ状況で特別在留許可が出た大阪の家族についての入国申請記録と、菊代さん、由紀子さんの入国申請時の提出書類を国側に明らかにするよう求めたが、国側は抵抗、口頭弁論は開かれないまま、文書提出による攻防が繰り広げられた。原告側は、裁判所による文書提出命令の申し立てをしたが、結局、国側が任意での証拠提出に応じたため、申し立てを取り下げ、弁論は二〇〇四年一〇月に約一〇カ月ぶりに再開した。

弁論の中で、国側が第三者からの通報をもとに調査し、鶴嗣さんの家族が不法に上陸したとして強制退去命令を出したことを明らかにした。つまり、鶴嗣さんの家族は鶴嗣さんと血がつながっていないと、だれかが告げ口をしたということだった。弁護人は、告げ口をした第三者の供述を裏付ける客観的な偽造文書や偽装行為がなければ上陸許可取り消しは成立しないと主張した。裁判はいよいよ大詰めとなった。

二〇〇四年一二月一五日、結審を迎えた。

原告の七人は、裁判官に向かって、最後の陳述をした。菊代さんは、涙をこぼしながら、不自由な日本語で訴えた。入国申請時の提出書類について――

私はうそをついていない。私のお父さんだから。書類もそのまま書いた。書類もうそをついていない。お父さんの娘だから、そのまま書いた。

仮放免された浩一さんと由紀子さん夫妻は中国語で陳述し、子どもがそれを日本語に訳した。浩一さんが訴えた。

私たちの裁判は三年たちました。私は入管に一年一〇カ月収容されました。やっと、一年前に仮放免が認められました。でも入管での生活は私の精神と体に大きなショックを与えました。私の人格は辱められ、周りから罪人と思われているかもしれません。

体が健康であることは幸せのはじまりです。収容されている間は私は毎日睡眠不足でずっと睡眠薬を飲んでいます。収容されている間は、体に大きなショックを与え、今、聴力と視力が下がっています。これからの人生に対して、不便とか、家族のみんなに心配や負担をかけました。このすべては全部政府の責任だと思っています。

この一年の間、私にとって毎回裁判に行くと、緊張し続けています。何か違法、何か「血縁がつながっていない」。それは全部入管の言い訳です。私たちに責任をとらせて、それは私たちにとってあまりに不公平です。

私たちの渡日手続きには、偽の手続きは存在しません。政府をだましているわけではありません。私たちが日本に来る手続きはすべて入管のしたことです。日本での申請が認められてから、中国で申請して手続きをしました。何か間違いがあるとしても、それは入管側のミスだと思います。政府をだましているのは由紀子ではありません。入管に通報した人の話だけ聞いて、私たちがこんな目にあうなんて、私たちは本当の被害者です。

続いて由紀子さん、長男の東くんが裁判官の前に立った。そして、最後はいつも力強い陳述をしてきた晴子ちゃん。この日も目に涙をためながらも、強い口調で、裁判官に挑みかかるように、自分の気持ちをぶつけた。六〇人ほどが座っていた傍聴席は静まりかえり、晴子ちゃんの言葉に耳を傾けた。少し長いが、晴子ちゃんの思いが詰まった言葉をそのまま引用したい。

私は日本に来て六年目になります。この六年間の中で何が一番楽しかったですか？　何が一番悲しかったですか？　何が一番幸せだったですか？　何が一番よかったですか？　何が一番つらかったですか？　何が一番いやだったですかとよく聞かれます。日本にいる六年間の記憶、私は半分しかありません。最初の三年間の記憶はほとんどなくなり、今、頭に残っているのはあとの三年間の裁判の記憶だけです。

今でもはっきり覚えている。あの日は二〇〇一年一一月五日の朝五時ごろ、外はまだ薄暗いです。あの年は寒かった。入国管理局の人がドアのベルを鳴らし、お母さんがドアを開けた瞬間、五、六人の男性が入り込んできました。腕のところに入国管理局と書かれてあります。そして、いきなり、あなたたちは「こういう」理由で上陸許可が取り消されました。私たちについてきてください。あまりにもうるさくて、私は目覚めました。「たくさんの人がいる！　何事？」。そして、通訳の方が事情説明して、その時頭の中が真っ白になりました。「取り消し」。どういうこと？　電話をしようとしても受話器が取り上げられる。トイレに行ってもドアを閉めようとしても、閉めないでくださいと強く言われ、すぐドアのそばで見張っていました。下にも、道路にも入国管理局の人がいました。一一月五日朝、小雨が降っていました。車の中、七人が無言です。静かに車の窓から外の景色を見ていました。外、雨が降っている。神様が泣いている。そして車の中、私たちが泣いている。車の中、私の頭の中にたくさんの画面が浮かび上がりました。今でもはっきり覚えている。それは、私が小さい時からあった記憶で、ずっと今まで日本に来て一一月五日までのあった事がテレビのように頭の中に次々と出てくる。何かもう自分が死んでしまいそうな感じでした。

三年間裁判をして、三年もたちました。この三年間、私たちがどんな気持ちで生活しているか誰にもわからない。三年間、私は何をしていた？　自分が生きていたかなって思ってしまいます。三年間、魂だけどっかに消えて、ただの殻だけが残ってある。学校に行くって言っても、ちゃんと勉強できる訳ないじゃないですか。「ちゃんと勉強しないと収容される」という不安もあってどんなに気持ちがのらないとしても、勉強しないといけない。私と兄は毎日毎日生活のこと、裁判の事、学校の事、そして父と母の事、そして自分たちの事、いろいろと悩みました。私と兄は他の人より倍も悩んで、苦労して生きてきました。

お兄ちゃんは前、もっと明るかった。いっぱいしゃべってくれた。たくさんの笑顔を見せてくれました。だが、だんだん笑顔が消えていって、静かになって、別人になりました。じゃ、お聞きします。あんなに元気で優しくて、笑顔のたくさんある私のお兄ちゃんはどこに行ったのですか？　どうしてこうなったのですか？　前、どんなに体が悪くてもまだ働けるお父さんはどこに行ったのですか？　もともとこんな体じゃないのに、だんだんと悪くなって、毎日あちこっちが痛くなり、こんなに無理して働いているお母さんはどうしてですか？　そしてお父さんが出てきてまもなくすぐ入院してしまい、ストレスといわれ、胃炎になってしまい、これらはすべて誰のせいですか？

私たちはそんなに悪いの？　血縁はつながっていない。逆に日本人の中では血縁があって、親が子を殺し、子は親を殺して、それがよい家族なんですか？　すべての日本人はそうじゃないかもしれません。けど、すべての中国人もそう悪いものじゃないですよ！

法律は人間のためにあるんですよ。私たち家族が、おじいちゃんとおばあちゃんのいる日本で暮らせないという日本の政府のやり方は理解できません。人から聞いて表面だけ見て収容して、聞き取りも一つ一つするのではなく、いい加減にしか聞かず送り帰す。子どもに対してのやり方も入国管理局は卑怯です。いとこの龍男は小学校六年生で小さかったのに、心にどんな大きな傷穴があいたかわかりません。

私は何も要らない。ただ、家族のぬくもりがほしい。以前のようにいっぱい話してくれるお兄ちゃんがほしい。明るくて元気なお兄ちゃんがいてほしい。そしてお父さんとお母さんも元気で幸せでいてほしい。お金は大事だけど、お金は愛を買うことができない。お金がたくさんあっても、亡くなるときに持っていけない。私はお金より、家族みんなが元気で幸せで暮らしていてほしい。そしてすべての人も幸せで暮らしていてほしい。特にお父さんとお母さんも元気で幸せ、健康でいてほしい。日本のお金なんてほしくないよ。お金のために日本にきたなんて考え方が汚すぎる。あり得なさすぎる。私は家族が一番。父と母と兄は本当につらいです。心には大きな大きな傷穴が開いて、永遠に埋められない穴です。私は何もできないけど、ただ穴が大きくならないように、自分の愛情をあげる。

私は家族好き。パパ、ママ好き。お兄ちゃんも好き。もし生まれ変われるなら、またこの家族がいい。おじいちゃん、おばあちゃんのそばにいたい。裁判のことで私は少しずつお父さんとお母さんをわかり、お兄ちゃんのことももっと好きになり、そして、心の中、一番大事なものって何かもわかってうれしいです。この三年間で私はさらに成長して家族愛せて、これが幸せです。私は日本に残って、おばちゃん、おじちゃん、おじいちゃん、おばあちゃんのそばで暮らしたいです。私は夢に向けて頑張るので、日本で一番役立つ人間になります。絶対になります。


裁判闘争を通して成長した晴子ちゃんの姿がそこにはあった。

晴子ちゃんらの、家族で一緒に暮らしたいというささやかな願いがかなうのかどうか。判決は二〇〇五年三月七日に言い渡されることになった。


運命の日がやってきた。

二〇〇五年三月七日。

判決が言い渡される福岡高裁五〇一号法廷には、約一〇〇人が駆けつけ、傍聴席は満席だった。菊代さんや由紀子さんら原告七人は祈るような表情で原告席に着いた。傍聴席の最前列には鶴嗣さん、琴絵さん夫妻が見守る。

午後三時半。入廷してきた三人の裁判官の先頭は、控訴審が結審した二〇〇四年一二月に新潟家裁の所長に転勤したはずの石塚章夫裁判長だった。通常は、裁判長が交代した場合は、新任の裁判長が代読する。わざわざ石塚裁判長が福岡高裁に出張してきていた。裁判の指揮をとっていた大倉英士弁護士は「わざわざ福岡に来るというのは、勝つのかな」と思った。

「原判決を取り消す」

石塚裁判長の声が法廷内に響いた。傍聴席からはどよめきと拍手がわき起こった。「やったー」という歓声も。感動して泣き出す人もいて、騒然となった。原告七人も一瞬驚いた表情を見せたが、すぐに抱き合い、涙を流した。鶴嗣さんは何度も何度も原告の菊代さんや孫らに向かってうなずいた。

「静かにしてください。判決文はこのあとも続きます」

裁判長がざわつく傍聴席に向かって諭すように話した。この後、一五分ほどかけて、判決要旨が朗読された。その間、原告七人の涙は止まらず、途中でタオルが差し入れられた。

判決は、「家族の実態などを国際人権条約に照らせば強制退去処分は社会通念上著しく妥当性を欠く」と判断、国側の主張を認めた一審判決を破棄して、強制退去処分を取り消すという内容だった。長女の菊代さんのことは「鶴嗣さんの家族の一員で実子以上の存在」と認定し、このような家族関係は、家族の結びつきを擁護した国際人権B規約などに照らしても、十分保護されなければならないとした。また、由紀子さんも鶴嗣さんやその家族との関係も菊代さんと同様尊重されるべきであると指摘した。

また、中国残留日本人孤児の歴史的問題にも触れ、「過去の国の施策が遠因となり、その被害回復措置の遅れによって結果的に在留資格を取得できなくなってしまっている原告の立場は、特有の事情として、特別在留許可の判断にあたって十分に考慮されなくてはならない」とした。

強制退去処分の根拠となった入国のときの虚偽申請については、原告に身分関係を偽っているとの認識があったと認められるが、申請時に出した戸籍は真正で、違法性は重大なものとは言えない、と結論づけた。

判決後の集会には、うれし涙と笑顔があふれた。

「心からうれしい。日本語、そげん完全に上手でない」

鶴嗣さんはニコニコしながら、熊本弁でそう切り出し、その後、中国語で言った。

「子どもや孫たちと一緒に生活することが確保され、すごく幸せ」

満面の笑顔がこぼれた。由紀子さんは「この三年間は不安でいっぱいだった。私の夢がやっと実現した。家族、きょうだい、支援者に感謝したい」と笑顔で語った。

菊代さんは苦しかったときのことを思い出したのか、大粒の涙をこぼしながら、「夢は家族と普通の生活をすること。それが一番です。ありがとうございました」とあいさつした。

希望の歌「離れたくない」

喜びに包まれた鶴嗣さん一家だったが、国側が上告してくるかもしれない。鶴嗣さん一家は法務省に上告断念を求めて、弁護士や支援してくれる人たちと上京することにした。

二〇〇五年三月一三日。日曜日。初めての家族旅行ともいえる東京だった。東京タワーに行き、上野動物園でパンダを見た。晴子ちゃんはうっすらと化粧をし、「初めての家族旅行になった」と声を弾ませた。夕方は支援者による集会が開かれた。

鶴嗣さん夫妻と原告七人は口々に「勝訴してうれしい」と言い、支えてくれた人々への感謝の気持ちを繰り返した。

鶴嗣さんの妻・琴絵さんは「心の中でたくさん言いたいことがある。でも、三年間、時間を費やして支えてくれた人たちに感謝したい。勝訴して、感謝している」と笑顔で語った。

晴子ちゃんは「勝訴判決を受けた日のことは一生忘れない。勝ちたかったけど、勝てるかどうか心の中では不安だった。勝ったと聞いて、言葉を失った。夢みたいな、現実みたいな、涙を流しっぱなしだった。勝ったのは私たち家族だけじゃない。弁護士の先生、学校の先生、みんなのおかげです。打ち合わせでは衝突もあった。勝ったのは、みんなの思いが裁判官に伝わったから。明日も法務省に上告断念を訴えに行くが、その思いが伝わるよう頑張っていきたい」と晴れやかに話した。

鶴嗣さんが「付け加えたい」と話し出した。

「日本で私と同じ境遇にいる人たくさんいると思う。そういう人たちに同情する。親は子どもを愛している。子どもも親を愛している。人道的に言うとだれでも愛することはできる。全国にいる同じ境遇の人たちを支えていきたいと思う」

翌一四日午後、鶴嗣さんらは、当初から支えてくれた支援者の一人、市民団体「コムスタカ・外国人と共に生きる会」の中島真一郎さん、大倉弁護士らと法務省へ向かった。しかし、法務省は「当事者とは会わない。鶴嗣さん夫妻、支援者とは会う」と返答、菊代さんら原告七人は法務省の敷地内に入ることも許されなかった。原告の七人は寒風が吹く中、屋外で一時間以上待たざるを得なかった。鶴嗣さん夫妻と支援者四人の計六人が法務省内に入り、上告断念を求める法相あての要請書などを職員に渡した。

中島さんは「違法という認定を受けたのは法務省だ。その違法な側が（勝った原告を）交渉の相手にもしない、敷地内にも入れないというのはおかしいのではないか。本来負けたのは法務省。原告を犯罪者扱いして敷地内にも入れないというのは、これが法務省の体質を表している。誠意をもった対応をするのが当たり前なのに。普通に会って血の通った普通の対応をしてもらいたかった。もし、判決が確定したら、法相は謝ってほしい」と声を荒げた。

鶴嗣さんは「子どもや孫七人はロビーで待つことも許されなかった。とても寒かった。法務省の態度は冷たかったね」と漏らした。晴子ちゃんは腹を立て、話すこともできなかった。こうした法務省の態度に落胆した菊代さんら原告七人は熊本に戻った。

翌一五日夕方、うれしいニュースが飛び込んできた。法務省が上告を断念するというものだ。これで家族が離れることなく、日本で暮らすことができるようになる。鶴嗣さん家族はみなで抱き合った。

鶴嗣さんはその日夜の記者会見で、深いため息の後、言葉を絞り出した。

「三年間きつかった。これで安心。ずっと一緒に暮らしたい」

鶴嗣さん一家の闘いは終わった。長女の菊代さん、次女の由紀子さん、由紀子さんの夫の浩一さ

2005年３月13日、福岡高裁での勝訴判決を受けて開かれた集会で、「離れたくない」を歌う原告の６人と、いつも原告たちを支援、寄り添ってきた井野幸子先生（右端）と寺岡良介先生（左端）。原告の６人は右から晴子ちゃん、菊代さん、浩一さん、由紀子さん、東くん、成男くん。もう一人の原告・龍男くんは恥ずかしがって前に出てこなかった

ん、孫の成男くん、龍男くん、東くん、晴子ちゃん、七人は、三年五カ月ぶりに安心して暮らせる日常を取り戻した。家族が近くで一緒に暮らすこと。そんなささやかな願いがかなうまでの道のりは決して楽ではなかった。しかし、家族がいたから、乗り越えられた。家族と一緒に暮らしたい、世界で一番大切な家族と一緒にいたいという、一人ひとりの思いが、彼らを支え、困難な時を克服することができた。

　東くんと晴子ちゃんが思いを書いた詩を支援してくれた人たちが歌にしてくれた。くじけそうになったとき、泣きそうになったとき、集会でみんなで集まったとき、この歌は何

回も何回も歌われた。鶴嗣さんは「この歌はとっても深いよ。とってもいろんな意味がある。これはいい」と言った。

離れたくない

一　離れたくない　離されたくない　家族や友やあの人と
離れたくない　離されたくない　やっとなじんだ　この空と
夜中に眠れなくて　夜空を見上げてると　父の笑顔が浮かんだ
「父さんは大丈夫だよ」と　ささやく声が聞こえた
優しい父の声が

二　離れたくない　離されたくない　家族や友やあの人と
離れたくない　離されたくない　優しい目をした　先生と
ある朝突然に　知らない人たちから　僕らは収容された
友だちは僕のことを　知っているのかな
早く会いたいみんなに

三　離れたくない　離されたくない　家族や友やあの人と

離れたくない　離されたくない　おじいちゃんの故郷　この国と
私は泣きました　私が何をしたの　でも私は負けない
大好きな日本の家族と　大好きな日本の友だち
一緒に暮らしたい

「残留日本人」を生み出した歴史と残された課題

日本に永住帰国した中国残留日本人孤児約二二〇〇人が、全国一五の地方裁判所で、「国は早期の帰国支援と帰国後の生活支援を怠った」として、集団で国家賠償請求訴訟を起こしている。二〇〇二年一二月二〇日の東京地裁を皮切りに、訴訟のうねりは鹿児島、名古屋、京都、広島、徳島、高知、札幌、大阪、岡山、神戸、長野、福岡、仙台、山形の順に全国に広がっている。

本書に登場する池田澄江さんは、東京・第一次訴訟の原告番号一番だ。

全国の原告数は帰国した全孤児の八割を超える。国家賠償を求める訴訟で、原告になった人の割合は、ハンセン病訴訟が全体の約一割、ＨＩＶ訴訟も二割に満たないという。八割以上という数字を見れば、いかに孤児たちが追いつめられているかがわかる。

実は、この集団訴訟より早く訴訟を起こした人たちがいる。二〇〇一年一二月に東京地裁に提訴した東京在住の残留婦人ら三人だ。敗戦当時一三歳以上だった女性たちは、孤児よりも年齢が高いために、過酷で、悲惨な人生を歩んだ人が多い。ソ連軍による強姦、逃避行の中で我が子を殺したり、捨てたりした経験など、人前では語れない体験を持つ人も少なくない。また、日本で教育を受けた人がほとんどで、昔ながらの日本女性らしい慎ましさをもち、控えめで、〝お上《かみ》〟である国を訴えることに抵抗感がある人も多い。そのために、原告がなかなか集まらず、三人での提訴となった。

その後、孤児の集団訴訟が進む中で、高知と埼玉でも、残留婦人らによる訴訟が起こされ、まだ少数ながらも、孤児の集団訴訟とも歩調を合わせつつある。

残留孤児と残留婦人ら戦後、中国に残された残留日本人たちが、恋いこがれた祖国・日本を訴えるという行動をとらなければならなかったのはなぜなのか。これだけ多くの人が、言葉の不自由さや高齢を乗り越えて裁判という手段に訴えるという事態は、何を示しているのか。

彼らを突き動かしたのは、「国は何度、私たちを捨てるのか」という激しい怒りだ。同時に、そこには、長年異国に取り残される中で愛してやまなかった祖国・日本の、あまりにもひどい仕打ちに対する深い悲しみも横たわる。

「棄民政策」とも言える歴史をここで整理してみたい。

日露戦争に勝った日本は、中国東北部（旧満州）へと支配の手を広げていく。一九三一年には関東軍が満州事変を起こし、翌三二年に、国際的な批判を受けながらも日本の傀儡国家「満州国」の建国が宣言される。

日本政府は「日満一体」論をとり、「満州国」は日本帝国主義の戦略基地として軍需用重工業発展の重責を担わされる。その経済産業政策で大きな力を発揮したのが、戦後首相となり、残留孤児問題の解決を遅らせる最大の原因となった「中国敵視政策」を取った岸信介だ。岸は農商務省の官僚から「満州国」総務庁次長となり、一九三六年から三九年の間「日本のための満州国」という政策を強力に推し進めた。

その中で、日本人の農業移民政策も展開された。「満州国」での日本人の人口増加による治安の維持と、対ソ戦への準備が狙いだった。日本政府は一九三六年、二〇年間で一〇〇万戸、五〇〇万人を中国東北部（旧満州）に移住させるという満州開拓政策の大綱を決定した。移民の送出は国策として進められ、日本各地から開拓団が送り出された。戦況が逼迫する一九四五年八月まで送り続けられたことが知られている。

しかし、「満蒙開拓」でいう「開拓」は名ばかりで、実態は中国人農民の農地を強制的に安い値で、あるいは無償で取り上げ、そこに日本人農民を送り込んでいた。また、岸ら官僚と関東軍が推し進めた統制経済によって、物資はすべて日本人に接収され、中国人たちは塗炭の苦しみをなめさせられたのだった。こうしたことが、ソ連軍の進攻、日本の敗戦で、取り残された開拓団員の多くが中国民衆から襲撃を受け、悲惨な末路を迎える原因となった。

一九四三年以降、日本の戦況が悪化していったため、関東軍は南方、本土などに転出されていった。四五年になると、大本営は本土防衛のため、ソ連軍進攻に対しては旧満州の四分の三を放棄し、旧満州地域の南東部と朝鮮半島を防衛地域とする持久作戦計画を立てた。開拓団員ら旧満州にいた日本人の保護を放棄した作戦計画だった。

また、四五年七月には、旧満州にいた日本人男性に対して根こそぎ動員が発令され、一八歳以上四五歳以下の男性が召集された。その結果、開拓団には女性、子ども、高齢者ばかりが残ることになった。

一九四五年八月九日、ソ連が参戦。ソ連軍が旧満州に進攻すると、関東軍は在留の日本人を置き去りにして一斉に後退、何も知らないままソ連国境近くの開拓団に残された女性、子ども、高齢者たちはソ連軍進攻の前面に放り出される形になった。開拓団員らは鉄路をたどるなどして、南方を目指して避難したが、ソ連軍や暴徒と化した中国人に襲撃されて命を落としたり、逃げ切れないと集団自死を選んだりした。逃避行を何とか生き延びたとしても、難民生活の中で、寒さや飢えで命を落とす人も後を絶たず、そうした中で残留孤児や残留婦人が生まれた。

旧厚生省の『援護五〇年史』によると、敗戦前後の混乱で、中国東北部（旧満州）では、二四万五〇〇〇人の日本人が死亡したとされる。『満州開拓史』（満洲開拓史刊行会）によると、満蒙開拓団は在籍者二七万人。応召した約五万人を除く約二二万人のうち、八万人近くが死亡している。ちなみに、当時の中国東北部には約一五五万人の日本人がいたとされている。しかし、関東軍に捨てられ、旧満州に取り残された形の多くの日本人たちに対して、日本の指導者たちによる最高決定機関は、戦後まもなく、民間人の現地土着方針を決めた。将来の日本帝国の復興再建を考え、関東軍総司令官はなるべく多くの日本人を大陸の一角に残すように計画したのだった。

引き揚げは大幅に遅れた。旧満州から引き揚げが始まったのは、敗戦の翌一九四六年五月。四八年八月までに一〇〇万人以上が旧満州から引き揚げた。が、四九年に中国共産党による中華人民共和国が成立、その新中国を日本政府は承認しなかったため、日中間の国交が断絶。そのため、政府による引き揚げは中断となった。

一九五三年、中国紅十字会と日本赤十字社、日中友好協会、日中平和連絡会が北京協定を締結し、民間レベルでの引き揚げが再開された。

しかし、その後再び、日中関係が冷え込んでいく。一九五七年二月、「満州国」建設の立役者のひとりだった岸信介が首相に就任するが、岸内閣は「中国敵視政策」を取り、さらに翌五八年には長崎のデパートで開かれていた切手展で中国国旗が引きずりおろされ、日本政府が容疑者を簡単に釈放した「中国国旗事件」が発端となり、中国側が態度を硬化させた。その結果、民間レベルの引き揚げも中止になってしまった。

中止されるまでの五年間で引き揚げた日本人は約三万三〇〇〇人。だがこの間、本書にも書いたように、日本人のみの帰国で、中国人との間に生まれた子どもや中国人の夫を同行することができなかったため、残留婦人は泣く泣く帰国をあきらめざるを得なかった。

さらに、日本政府は一九五九年三月、「未帰還者に関する特別措置法」を公布、未帰還者の失踪宣告を家族でない厚生大臣もできるという特則をもうけた。この法律によって中国に残された残留日本人は、戦時死亡宣告の対象となった。
この前年の五八年末、日本政府は未帰還者の特別一斉調査を、通信調査という不十分な形ではあったが、実施している。その時点では、中国からの未帰還者は二万一〇〇〇人を超えるという結果を得ていた。にもかかわらず、岸内閣下で「未帰還者特別措置法」が制定され、一九五九年以降、一万三五〇〇人を超える人が死亡宣告を受け、戸籍を抹消された。国家権力によって、中国で生きている残留日本人は「死者」となった。以降、残留日本人は「存在しない人」として放置されたと言える。

再び、残留日本人問題が動き出すのは、一九七二年の日中国交正常化後だ。日本語ができ、自分のふるさとを覚えている残留婦人らが自ら日本の親族や役所に手紙を書き、一時帰国するようになった。しかし、あくまでも、日本側の肉親が受け入れの手続きをしなくてはならなかった。

一方、身元がわからない残留孤児については、民間のボランティアが動き出した。自分の子どもや弟妹たちを中国に置いてきた人たちが家族を捜すために、自費で訪中すると、どこから聞きつけたのか、「私は日本人」という身元のわからない孤児たちが、滞在するホテルに押しかけてきた。孤児たちは「肉親を捜してほしい」と必死で訴えた。

娘を中国に残してきた長野県の住職、故山本慈昭さんが中心となって一九七四年六月に「日中友好手をつなぐ会」を設立、本格的な肉親捜しを始める。会は厚生省に働きかけたが、「厚生省援護局は復員軍人のための部局」という姿勢で、国は非協力的だった。

この年の八月一五日、『朝日新聞』に肉親を捜し求める孤児たちの「生き別れた者の記録」という特集記事が掲載された。それがきっかけで、「自分の娘だ」「私の弟だ」などと日本側の親族から反応があり、身元が判明する人が続出した。こうした動きに、厚生省も北京大使館や厚生省に寄せられていた情報を公開せざるを得なくなった。七五年三月に報道機関に孤児の情報を提供する「公開調査」がようやく始まった。

孤児たちが来日して、肉親捜しをする訪日調査が始まるのは一九八一年三月。日中国交正常化から九年も経過していた。しかも当時は、日本人であるかどうかわからない人に国費で旅費を出すのかと大蔵省は主張したという。残留日本人問題にどう対処していくのか、国としての方針は全くなかったと言わざるを得ない。

訪日調査も、中国側から「調査のスピードが遅すぎる」と指摘されるほどだった。そうした内外からの批判を受け、一九八五年に三六〇人、八六年には六七二人が来日する大量調査が実施されたが、翌八七年に厚生省は、孤児からの調査依頼はさほどないとして、調査の打ち切りを発表した。この方針にも当然のことながら、批判が集中、厚生省は事実上方針を撤回し、その後、「補充調査」として調査を続行した。

残留日本人の永住帰国について、日本政府は、日本側の親族が受け入れることを原則としていたため、残留孤児の場合は当初、訪日調査で身元が判明した人しか帰国できなかった。しかし、同じ日本人孤児なのに、身元がわからないから帰れないというのはおかしい、という批判が国内外から上がった。厚生省は、一九八五年に身元引受人制度を発足させ、身元がわからない人には、肉親の代わりに世話をする「身元引受人」をあっせんし、帰国させることにした。国の対応はいつも後手で、対症療法的措置ばかりだった。

身元引受人制度の導入で、身元が未判明の孤児の永住帰国は機械的に進められるようになった。ところが、今度は、身元がわかった孤児の方が永住できないという事態が生まれた。すでに父母が亡くなっていたり、日本側の親族の高齢化が進んだり、あるいは関係が遠い親族しかいなかったりで、言葉のできない残留孤児とその家族を引き受けることを躊躇する親族が増えたのだ。永住帰国は親族の受け入れが原則とされていたために、親族に反対されると、残留日本人の永住帰国の実現はきわめて難しかった。最初から身元がわかっている残留婦人らも同じ状況だった。

厚生省は孤児については八九年に「特別身元引受人制度」をつくり、本籍地で親族に代わる「特別身元引受人」を見つければ、永住帰国できる、とした。残留婦人らにこの特別身元引受人制度が適用されるのは九一年だ。しかし、本書でも記したように、実際はほとんど利用できない制度だった。中国にいたまま、本籍地で身元を引き受ける日本人を探すことは不可能に近かった。帰りたくても帰れない人たちは、「強行帰国」事件が起こる九三年の時点で残留婦人、孤児合わせて約二五〇〇人いた。

身元が判明していようが、していまいが、希望者は国費で永住帰国できるようになったのは、「強行帰国」事件以後、一九九四年からだ。厚生省は特別身元引受人制度を身元引受人制度に統合し、自分で探さなくても、国が身元引受人をあっせんする形になった。これにより、帰国は進んだが、身元引受人制度という制度そのものに問題点が少なくなく、上下関係を生む要素があることは本書でも指摘した。

こうしてやっとの思いで永住しても、池田さんや井上さんを見ればわかるように帰国後の生活支援は不十分だった。日本語や生活習慣を学ぶための中国帰国孤児定着促進センターができたのは一九八四年だ。期間は四カ月（二〇〇四年からは六カ月）、しかも、入所できるのは国費帰国した残留孤児に限られていた。センターを出るとそれぞれの定着地に移り、制度上は八カ月は生活保護を受けながら、自立研修センターに通って日本語を学べることになっていたが、自立研修センターがあるのは全国一五カ所程度（八八年）で、全員が通えるわけではなかった。また子どもを呼び寄せるためには、経済的な自立が必要とされ、ほとんどが早く自立するように追い立てられた。

その結果、多くの帰国者は日本語が不十分のまま、低賃金の単純労働に就かざるを得なかった。しかも、帰国が遅かったために、働いた年数は長い人でも一〇数年しかなく、老後に受け取れる年金は多い人でも月数万円というのが現状だ。そのため、すでに約七割の帰国者が生活保護を受けて暮らしている。しかも、その生活保護には、さまざまな制約がつきまとい、「尊厳が傷つけられる」と感じる帰国者が少なくない。全国で二一〇〇人以上の残留日本人が訴訟に立ち上がった問題の本質が、そこにある。

本書に登場した井上鶴嗣さんも最近退職、年金は月額一〇万円余しかなく、琴絵さんとの暮らしも困窮をきわめている。


二〇〇五年七月に全国で初めての判決が出た大阪訴訟では全面敗訴し、二〇〇六年二月に東京地裁で出された残留婦人ら三人に対する判決も、請求そのものは棄却された。しかし、残留婦人らに対する東京地裁判決は、この問題を長期にわたって放置してきた政治的怠慢を指摘し、長年中国に残された日本人に対する特殊性を認め、原告の主張する被害事実をほぼそのまま認定した。

二〇〇六年五月には、最多の原告を抱える東京訴訟が結審を迎える予定だ。

国会でも、与党プロジェクトチームが救済の道はないのかと動き始めているが、厚生労働省などの反撃にあってなかなか厳しい状況だ。国の政策を変えるには、残留日本人らに対する世論の高まりが欠かせない。

日中国交正常化後、日本に国費帰国した残留孤児は約二五〇〇人、残留婦人らは約三八〇〇人、合わせて約六三〇〇人。中にはすでに亡くなった人もいる。また、いま中国に残る孤児、残留婦人らは約五〇〇人。合わせても七〇〇〇人にも満たないこの人たちを、私たちの社会はどう迎えているのか。

かつての「大日本帝国」の行いを背負い、中国で苦難の人生を歩んできた彼らが、日本に帰ってきてよかったと思えるような晩年を迎えることはできないのだろうか。全国に広がる集団訴訟は、損害賠償請求という形を取らざるを得ないため、ひとり三三〇〇万円の賠償を求めているが、彼らが真に求めているのは、人としての尊厳を保ちながら、安心して暮らせる老後の生活保障制度だ。生活保護という制度を使うのではなく、帰国者独自の生活保障制度を確立する必要があると思う。ハンセン病の元患者らに対する制度や北朝鮮拉致被害者らに対する制度など、参考になるものはある。

残留日本人の歴史をどう受け止めるのか。結局は、戦後六一年を迎える私たちの社会が、理解と共感をもてるかどうかにかかっているように思う。問われているのは、日本の国であるとともに、その国に暮らす私たち国民自身ではないだろうか。

最後になったが、つらいことも含めて私にさまざまな話を聞かせてくださった残留婦人、残留孤児、その家族の方々、いつも通訳を引き受けてくれた延江昭子さん、そして、三年近くも原稿を待ってくださった編集者の真鍋かおるさんに深く感謝したい。

二〇〇六年五月

大久保 真紀

大久保真紀（おおくぼ・まき）
朝日新聞記者。1963年福岡県生まれ。国際基督教大学卒業。87年朝日新聞社に入社。盛岡、静岡支局を経て、東京本社社会部、くらし編集部、西部本社社会部などに在籍。2002年４月から編集委員を務め、06年４月から鹿児島総局次長。

【著書】
『買われる子どもたち―無垢の叫び』（明石書店、1997年）
『市民参加で世界を変える』（朝日新聞社、1998年、共著）
『こどもの権利を買わないで―プンとミーチャのものがたり』（自由国民社、2000年）
『明日がある―虐待を受けた子どもたち』（芳賀書店、2002年）
『明日がある―児童養護施設の子どもたち』（芳賀書店、2003年）
『ああ　わが祖国よ―国を訴えた中国残留日本人孤児たち』（八朔社、2004年）

※記事中、撮影・提供者の明示のない写真はすべて著者が撮影した写真

中国残留日本人
――「棄民」の経過と、帰国後の苦難

●二〇〇六年　六　月　一　日―――第一刷発行

著　者／大久保　真紀
発行所／株式会社　高　文　研
東京都千代田区猿楽町二―一―八
三恵ビル（〒一〇一＝〇〇六四）
電話　03＝3295＝3415
振替　00160＝6＝18956
http://www.koubunken.co.jp

組版／株式会社ＷｅｂＤ（ウェブ・ディー）

印刷・製本／株式会社シナノ

★万一、乱丁・落丁があったときは、送料当方負担でお取りかえいたします。

ISBN4-87498-365-0 C0036